明治が歴史になったとき

史学史としての大久保利謙

佐藤雄基〈編〉

勉誠出版

〈アジア遊学248〉

明治が歴史になったとき

史学史としての大久保利謙

【目次】

［本扉・表紙使用図版］

◉大久保利謙原稿
（『大久保利謙歴史著作集3　華族制の創出』吉川弘文館、1993年）（個人蔵）

◉大久保利通書簡 門脇重綾宛（国立国会図書館憲政資料室所蔵）

第三部　大久保史学にみるアーカイブズ・蔵書論

［目次使用図版］

◉『大久保利謙歴史著作集』（1986年刊行開始）の頃（個人蔵）
◉若き日の大久保利謙『東京帝国大学五十年史』（1932年）刊行の頃（個人蔵）
◉下地図版＝志筑忠雄「万国管闚」乾之巻の内題（立教大学図書館所蔵）

序論

佐藤雄基

一、歴史家と史料――本書の背景

歴史家と史料をめぐる風景から史学史をみること、これが本書の狙いである。本書の企画は、二〇一七年十二月八日（金）・九日（土）の公開シンポジウム「大久保利謙と日本近代史研究 家族・学問・教育」（於立教大学池袋キャンパス、主催・立教大学日本学研究所）に遡る。(1) 大久保利謙（一九〇〇～一九九五年）は、大久保は日本近代史研究の先駆者のひとりであり、国立国会図書館憲政資料室の創設に関わるなど、近代史研究のための史料環境の整備に尽力した。また、第二次世界大戦後、新制大学において近代史が歴史学の研究・教育の対象となっていく中、大久保は一九五九年より立教大学文学部史学科において最初の日本近代史担当教員となった。その縁もあって、明治期の文化史・学問史・教育史に関する貴重書を中心にして大久保の蒐集した蔵書が生前、立教大学に寄贈され、立教大学図書館所蔵「大久保利謙文庫」となった。

このシンポジウムの成果の一つとして、歴史家が「明治時代」を新たに歴史学の対象としたとき、歴史を書く材料としての史料の収集・編纂・公開が課題だったことが浮き彫りになった。大久保の近代史研究は史料編纂やアーカイブズ（未来に伝達するため保存された記録・資料群あるいはその保存施設）の整備と不可分であった。そこで、大久保利謙が整備に関わったアーカイブズを素材にして、史学史・史料論・蔵書論の観点を交えて、日本近代史研究の誕生の瞬間を描き出す論集を編むことを企画した次第である。本書をつうじて、新しい時代がどのようにして歴史学の対象となるのか、その一端を考える材料を提供することができたら幸甚である。

「史料をして語らしめる」。言語論的転回を経た現代歴史学では古めかしく聞こえるが、少なからぬ職業的な歴史家は経験的にこの言い回しを好む。新たに発見した史料を使って歴史家が歴史を生き生きと叙述するとき、史料が歴史家をして語らしめるという言い方さえできるだろう。だが、後世に伝わって史料として利用されることになるテクストやモノは、基本的には後世の歴史家の史料たるべくして作成された訳ではない（政治家の回想録など、後世の史料たるべく作成されたと思われるテクストも存在するが）。それらは歴史家がある目的のもとに読み込んで用いることによって「史料になる」。史料とは歴史家が自らの語りの材料として選び出して用いるものである。歴史家が何を語ろうとするのかによって、史料として選択されるものは多様である。ここでいう歴史家とは、大学に所属する職業的な歴史研究者に限定されるものではなく、学芸員・図書館員などの（史料を直接取り扱う）専門職やアマチュアの歴史家を含めて、広く史料を用いて歴史を書く／語るものを想定している。歴史家なくして史料はなし。しかし、史料がなければ歴史家は歴史を書くことはできない。二〇〇九年に公文書管理法が制定されて、近年では公的なアーカイブズの整備が進められつつあるが、それ以前の近代日本では、アーカイブズの未整備という条件が重くのしかかっていた。そうした中、歴史を書こうとするならば、自ら研究を切り開くために史料保存・調査にも関わらなければならなかった。同時代資料はいかにして「史料になる」のだろうか。(2) 過去が「歴史になる」とともに「史料になる」過程にこそ、歴史学が何によって何を対象とする学問なのか、その本質がかいまみえるのではないかと思う。

歴史学の展開を対象とする歴史研究のことを「史学史」という。近年、史学史研究が流行している。その背景の一つには、歴史学を含む人文系諸学問のおかれた一種の危機的状況のもと、自らの学問の由来・アイデンティティを再確認しようという機運があるのだろう。その側面だけ強調すると、史学史研究が回顧的で、後ろ向きのもののようにみえてしまうだろう。だが、決してそうではない。もう一つの背景には、国民国家論を経て、歴史家は史料を用いてゼロから歴史を「復元」してきたのではなく、あらかじめ何らかの構想や歴史像をもっていた以上、そうした歴史家の時代被拘束性を自覚することが必要だという認識が広まったことがある。それはもちろん「今ここ」に生きる私たち自身も「自由」なのではなく、自覚し得ないものを含めて、何らかの時代被拘束性をもつ可能性への「気づき」をもたらすものである。長い時間軸のなかで、未来の歴史家たちの眼に私たちがどうみえるのかを意識させられるという意味において、史学史研究は未来志向の学問である。こうした史学史の研究において、本書が目指すのは、どのような時代状況のもとで歴史家がどのように史料と向き合ってきたのかに注目する、歴史家と史料からみた史学史である。

　伝統的な史学史は過去の歴史家の歴史叙述それ自体の内在的な分析を中心とし、しばしばその叙述のもつ政治性を指摘してきた。だが、歴史家の営みは狭い歴史学者のサークルの中でだけ行われてきた訳ではない。どのような時代被拘束性のもとに、史料を見出してきたのか。史料それ自体も様々な意図があり、それをどのように読みとるのかもまた、読み手の問題である。歴史家は自らの構想や歴史像について、史料から引き出した情報によって根拠づけたり、修正を繰り返したりしていく。そしてどれほど豊富にみえても、所詮は（しばしば権力者の歴史が記録に残されやすいと批判されるように）様々な恣意と偶然をともなって伝わり、かつ断片的な記録に過ぎない「史料」のみから全体像を「復元」するのは本来的に不可能であり、史料から導かれた断片的な情報を繋ぎ合わせるだけではなく、史料から直接導かれた情報以外のものを多く利用せざるを得ない[3]（そこには社会科学や比較史のもつ知見や「設計図」、そして私たち自身のもつ「常識」が含まれ得る）。そのような歴史叙述が、私たちに断片的・選択的に残された「史料」に関連づけて過去を「復元」してみせたことを積極的に評価するか、あるいはどこまでも過去の（究極的には不可知の）「真実」の姿とは似て非なるものに過ぎないとみるかは、意見が分かれるところであろう。(4) だが、純粋に史料のみによって過去を再構成する訳ではなく、「史料」と史料以外の情報をどのように結びつけるか、その試行錯誤によって不断に更新されるものであるにせよ、「史料になる」何かがなくては歴史家は何かを語ることができない。過去について何らか語ろうとするとき、史料との偶然の出会い、史料をめぐる人と人とのコミュニケーションといった個人的な体験を含めた、歴史家と史料との関係が重要となるのは、史料に基づいて過去を語ることの本来的な困難さに由来する。こうした歴史家と史料との関係こそが、歴史叙述のもつ面白さと危うさとともに、歴史家同士の相互批判を担保する。これこそが史料に基づく歴史家の歴史叙述と単なる物語とを区別するのではなかろうか。

本書の対象となるのは、史学史というより「近代文化史」であるのかも知れない。だが、「近代文化史」という個別一分野化してしまうことで、歴史学にとっての史学史の必要性が見失われることを恐れている。編者の専門は日本中世史であるが、中世史家も時代区分の縦割りを越えて、近世・近代の史学史を学ぶ必要を痛感している。中世の古文書・古記録も近世近代の伝来過程を経て現在「史料」となっているが、それらのほとんどは偶然と何らかの意図が重なりあって現在に伝わったものであり、そのバイアスを正確に理解する必要がある。編者の研究から、一例をあげると、南九州の中世武家文書として著名な「長谷場文書」は、子孫の授爵運動にともなってその由緒として利用され、そこにアカデミズムの歴史家が関わって世に知られるようになったものである。(5) 二十世紀前半にアメリカで活躍した歴史家朝河貫一は、一九一八年年末から翌年年始にかけて、宝塚に住む長谷場純敬宅において家伝の「長谷場文書」を調査し、様々な話を長谷場から聞いた。その出会いによって九州の武家文書に関心を向けて、同年中に九州調査に赴くことになる。日本封建制に関する日本中世古文書の英訳である朝河の編著 *The Documents of Iriki*（一九二九年）で知られる「入来文書」の再発見は、鹿児島県を訪れた朝河がたまたま郷土史家による自治体史編纂を知ったことがきっかけであった。公的なアーカイブズが未整備であった近代日本において、「家」や「地域」における顕彰運動と史料・史跡保存は密接に結びつき、歴史学の専門家と非専門家が緊張をはらみつつも多様な人的ネットワークを結んで協同していた。そうした条件は現在もそれほど変わりがないのかもしれない。歴史家が拠って立つ「史料」がそもそもどのようなもので、過去と現在とのあいだにどのような来歴を経てきたのか、そこに歴史家はどのように関わってきたのか、それは過去と現在とを結ぶ史学史の問題である。現代歴史学の潮流の一つに史料論の活況があるが、(6)私たちが手にすることのできる史料とは何かという問題に史学史は直接かかわってくる。こうした問いに基づく「史学史」は「文化史」の一部であるとともに、史学理論・方法論とならんで歴史研究の基礎を構成するのである。

二、本書の構成

以下、本書の構成を述べる。本書は三部構成から成る。

第一部「**明治**」**が歴史になるとき**」では、新しい時代が歴史研究の対象となる過程を史学史の対象とした。**松沢裕作**「**大久保利謙と戦後日本近代史研究の出発**」は、大久保利謙のもつ多様な人的ネットワークを通じて、昭和初期に集中して行われた周年事業に着目して、卒業論文を中世史で執筆した大久保がそれらの事業に関わる中で近代史研究に入っていくことを指摘し、編纂事業が歴史家を育てたと論じる。だが、なぜ編纂事業でしか歴史家が育たなかったのか。後掲の葦名論文ともかかわるが、公的な常設アーカイブズの未成熟という問題が重くのしかかってくるように思われるのである。

このような狭義の（「史学科」的な）歴史学に対して、諸学問における歴史研究はどうだったのか。その一例として、政治学において明治時代がどのようにして歴史研究の対象となるのかを追究したのが、**松田宏一郎**「**政治学者における**「**明治**」**の歴史化**」である。松田論文で注目されるように、政治学における「明治」の歴史化の画期となったのは、一九二七年の吉野作造の論文「我国近代史に於ける政治意識の発生」である。このとき大久保は国史学科の学生だったことを念頭におくと、大久保と政治学者たちが一種「没交渉」であったという指摘が興味深い。その背景を考えることが重要であろう。

「歴史になる」とき、同時代的には現用であった文書は、歴史叙述の材料に変わっていく(「史料になる」)が、そのときに取り扱われ方はどのように変わっていくのだろうか。**箱石大「明治政府による記録編纂・修史事業と近代文書」**では、維新政権期の明治太政官文書が、明治政府による各種の編纂事業において、どのように扱われたのか、特に文書への名称付与とその分類に注目して論じている。そして、近代史料学の先駆的な業績であった大久保の近代文書論に関して、現在の研究水準を踏まえた位置づけを行う。戦前の維新史料編纂事務局の業務として「史料となる文書に名称を付与して分類する作業」があり、そのための内規が作成されていた。箱石論文によれば、大久保は元維新史料編纂官の藤井貞文からその内規について教示を得て、近代文書学の論文を執筆したという。藤井は国立国会図書館憲政資料室の調査員をつとめ、大久保の同僚でもあった。こうした人のつながりの上に、編纂事業で培われた学知・経験知が伝わり、戦後、近現代史料論が出発したという事実は、編纂事業が歴史家を育てたという松沢論文の指摘ともかかわって興味深い。

第二部「大久保利謙の歴史学」では、大久保利謙個人に焦点をあてる。**マーガレット・メール「大久保利謙と近代史学史研究」**は、大久保の史学史関係の著作を網羅的に検討することで、その関心の変遷や特徴を探る。メール氏は近代史学史研究の第一人者であり、二〇一七年には主著の翻訳『歴史と国家――19世紀日本のナショナル・アイデンティティと学問』(東京大学出版会)が刊行された。大久保の史学史研究をもっとも発展的に継承した歴史家であるメール氏が、大久保史学史をどのように読み解いているのかが興味深い。博士論文執筆中に日本に留学した際、大久保と出会った思い出が語られるなど、この論文自体が史学史の重要な証言であろう。

小澤実「大久保利謙と立教大学史学科(一九五八〜七二)」では、編纂事業によって先行していた近代史研究が大学での教育・研究の対象となるときに焦点をあてる。自伝や回想記事だけではなく、当時の立教大学の課程表や教授会資料(!)などを活用して、史学科という組織の制度設計や将来構想を軸に据えて、そのなかに立教への大久保の招聘を位置づけている。戦後の新制大学における史学科の歴史をどのように再構成するのか、一つのモデルケースとなる論文である。それとともに、現在の大学行政に生きる著者自身の感慨が随所に溢れている点も興味深く、立教大学史学科創設の頃のフィクサーである小林秀雄に向ける眼差しとともに、[7]大学組織における歴史家の生き方について考えさせられる。

今井修「大久保利謙『日本近代史学事始め』についての覚書——大久保史学の史学史的検討のために」は、大久保の自伝『日本近代史学事始め』（岩波新書、一九九六年）の成立過程を明らかにする。優れて文献学的な研究であるとともに、同書の作成に関わった著者の語りは、ひとつの自伝がどのようにして生成するのかという一種のオーラルヒストリーにもなっている。松沢・小澤・今井各論文は、それぞれの視点から『日本近代史学事始め』の記述を批判的に読みといており、大久保を史学史的に再検討する基礎となるだろう。

松田好史「小伝・大久保利武——大久保家三代の系譜」は、大久保利謙の父利武に関して、初めての本格的な伝記的研究であり、次兄牧野伸顕のブレーンとしての一面を明らかにした。利武は内務官僚であったが、父利通や故郷鹿児島の歴史に強い関心をもち、その歴史を書いた。歴史を書くことは職業的な歴史研究者の専売特許ではない。近い時代について書くことは、自らのアイデンティティとする人びとの営みでもあった。その営み自体が「史料」の伝来・生成とも深く結びついていたことを忘れてはならないと思う。

第三部「大久保史学にみるアーカイブズ・蔵書論」では、大久保の構築したアーカイブズや蔵書、「史料」に焦点をあてる。**佐藤雄基「大久保利武・利謙父子の学問形成と蔵書——立教大学図書館・学習院大学史料館所蔵「大久保文庫」」**は、蔵書からみる史学史の試みである。[8]利謙の学問形成を探る材料となる旧蔵書を紹介するとともに、松田好史論文とも重なるところがあるが、利謙の父利武の旧蔵書に焦点をあてている。留学生・文化外交史研究に有益であるとともに学問的な近代史研究の成立以前に、大久保家や鹿児島という「家」・「地域」における修史事業に利武が関わっていたことに注目し、大久保利謙のバックグラウンドを考えた。

葦名ふみ「国立国会図書館憲政資料室と大久保利謙の構想」は、大久保が貴族院五十年史編纂掛にかかわった縁から、国立国会図書館における憲政資料室の「創設者」となっていく様相を描く。貴族院五十年史編纂に関していえば、大久保が近代史研究を始めるきっかけが昭和初期に多く行われた周年事業にあったことを指摘する松沢論文とも関わる。「歴史を書く」ことを目的に設置された憲政史編纂が尾佐竹猛の構想のもとで、まず史料収集を中心に行うようになった。この点は、明治期の修史事業が最終的に歴史叙述を放棄して史料編纂事業として存続したことと相似するかも知れない。歴史編纂事業は史料編纂事業から始めざるを得なかったが、公的・恒常的なアーカイブズが整備されれば、史料編纂事業の必要はなくなっていくのだろうか。あるいは史料編纂事業自体がアーカイブズとしての新たな社会的使命を担っていくのだろうか。この問題を考えるとき示唆的な事例として、東京大学史料編纂所は近年、大日本史料編纂の目的で収集した所蔵史料・データの公開を進めており、アーカイブズ的な性格を強めているように思われる。日本における歴史学の「かたち」を考えるとき、葦名論文は示唆に富む。

また、貴族院五十年史編纂掛と憲政史編纂会において写本作成・原本返却が主であったという指摘も興味深かった。江戸幕府による修史事業や明治期以来の東京大学史料編纂所の調査では、基本的には文書原本を収集することなく、その写を作成して(謄写本、影写本、近年では写真撮影)文書自体は所蔵者に返却する、というスタイルが主だった。(9) そうであるならば、戦後の憲政資料室において原本の収集が始まったのは画期的であるといえよう。単に購入の予算がついたからなのか、それまで史料を保存してきた「家」が戦後の社会変動の中で保存できなくなったといった社会的な背景があるのか、あるいは史料そのものに対する考え方の変化があったのか(歴史編纂に必要な情報だけ収集できればよいとするのではなく、史料保存を意識し始めたのか)。何故か。

大島明秀「大久保利謙と蘭学資料研究会・蘭学書」は大久保の蘭学観と蘭学研究・蘭学書蒐集の特徴を明らかにするものである。大久保の蘭学観が「日本の近代化」にとっての意義を探るという目的の制約を受けており(メール論文における「目的論的」傾向という指摘とも関わる)、板沢武雄『蘭学の発達』の域を出るものでもないという指摘は重要である。一方、自身の研究にほとんど用いることのない蘭書・洋書やその和訳書、版本、写本などを大久保が熱心に蒐集しており、現在「大久保文庫」のなかの蘭学書コレクションを形成していた。

大久保が蔵書構築の際に抱いていた構想を考えるうえで重要な論考である。

小田部雄次「華族と歴史学——大久保利謙の華族研究と華族史料」は、大久保の華族研究と華族史料に焦点をあてつつ、華族による歴史研究の特徴を探ったものである。その際、勲功華族としての大久保家の位置という指摘は、大名華族には大久保の名声は通じなかったという著名論文での指摘とあわせ、興味深い問題である。島津家や毛利家の大名華族の家における編修所については研究が深められているが、[10] 松田好史論文・佐藤論文で指摘されているように、大久保利武・牧野による父大久保利通に関する史料収集など、明治維新の歴史を回顧する勲功華族の動きも重要である。

序論にしては冗長に過ぎた。ぜひ詳しくは各章を読んでみていただきたいと思う。なお本書は、立教ＳＦＲ共同研究「グローバルヒストリーのなかの近代歴史学」（研究代表者＝小澤実）と文部科学省科学研究費補助金（基盤Ｃ）「近代日本の大学における歴史研究・教育体制と学術行政」（研究代表者＝奈須恵子）による成果である。また、大久保利謙氏のご遺族からは、生前の利謙氏のお話を伺うとともに、資料提供など格別のご高配に預かった。

注

（1）シンポジウム企画者である小澤実による「二〇一七年度公開シンポジウム　大久保利謙と日本近代史研究　家族・学問・教育」（『立教大学日本学研究所年報』一七号、二〇一八年）参照。当日の登壇者と報告タイトルは以下のとおりである。

マーガレット・メール「大久保利謙先生と私の研究　史学史・漢学教育・音楽史を中心に」
佐藤雄基「大久保利武と利謙：立教大学図書館所蔵大久保コレクションからみた大久保父子の学問形成」
松沢裕作「大久保利謙と戦後日本近代史研究の出発」
小澤実「大久保利謙と１９５０―６０年代の立教大学史学科」
今井修「大久保史学の史学史的位置」
以上の五報告とともに、十二月九日の昼休みには立教大学図書館の全面的なご協力のもと、同図書館所蔵「大久保利謙文庫」の内覧会を催した。

（2）二〇一七年の国立歴史民俗博物館企画展示「［1968年］無数の問いの噴出の時代」は、近い時代の「歴史化」とその史料生成を考えるうえで示唆的だった。
（3）この部分は「遺された歯の一片から死滅した過去の動物の全体を復元して見せる古生物学者の大胆さが必要である。この大胆さは歴史学に必須の精神である」と説く石母田正『中世的世界の形成』（一九四六年）（初版序は一九四四年）の著名な序文を意識している。石母田はそれに続いて「この大胆さを学問上の単なる冒険から救うものは、資料の導くところにしたがって事物の連関を忠実にたどってゆく対象への沈潜と従来の学問上の達成に対する尊敬以外にない」と記す。だが、この比喩では、史料をめぐる（必ずしも職業的な歴史家ではない）人と人との（偶発性を含む）コミュニケーションの問題が入らず、零れ落ちていくものがあるように感じている（この点、内田力氏に助言をいただいた）。
（4）「実証的な歴史家は歴史の真実を語っていない」とする類の批判は、後者の感覚に近い。一方、実証的な歴史家自身からも、前者に対しては「設計図を外から輸入している」「近代的概念・枠組みを過去に当てはめている」という類の批判がある。第一の批判の問題は永遠に解消されないのかも知れないが、歴史家同士の応酬である第二の批判に関していえば、学史を振りかえるときに「後人の後知恵」とならないように注意しなければならないだろう。
（5）以下の説明は、拙稿「朝河貫一と入来文書の邂逅――大正期の地域と歴史をめぐる環境」（河西英通・浪川健治編『グローバル化のなかの日本史像――「長期の19世紀」を生きた地域』岩田書院、二〇一三年）。
（6）拙稿「「史料論の時代」における古文書学の可能性――古文書学を学ぶ人のために」（秋山哲雄・田中大喜・野口華世編『増補改訂　日本中世史入門』勉誠出版、二〇二〇年度中刊行予定）でその一端を示したが、政治史・制度史・文化史における全般的な研究状況については別途、研究動向をまとめる予定である。
（7）小澤実「小林秀雄とその時代　戦前・戦中の立教史学科・史学会・『史苑』（仮）」（小澤実・佐藤雄基編『史学科の比較史』勉誠出版、二〇二〇年度中刊行予定）。
（8）二〇一七年二月二十日に内田力氏・神野潔氏とともに「大久保文庫」の大久保利武コレクションの調査を進める中で、史学史上の大久保の位置づけが課題として浮上したことが直接の契機であった。当初は、利武や朝河貫一をはじめとするイェール大の日本人留学生への関心に基づく。本書所収の諸論考が示すように、歴史家が研究を進めるにあたっては史料との出会いが大きな意味をもつが、大久保の残した史料が導き手となったことに因果を感じる。
（9）江戸幕府の古文書採訪事業については、相田二郎『相田二郎著作集3　古文書と郷土研究』（名著出版、一九七八年）。なお、関連文献も含めて、拙稿「明治期の史料採訪と古文書学の成立」（松沢裕作編『近代日本のヒストリオグラフィー』山川出版社、二〇一五年）参照。
（10）一例として、島津家に関して寺尾美保「明治期島津家における家史編纂事業――大名華族による「国事鞅掌」始末取調」（前掲注9松沢編著所収）など。

［Ⅰ「明治」が歴史になるとき］

大久保利謙と戦後日本近代史研究の出発

松沢裕作

日本近代史研究のインフラ整備者としての大久保を考える上で、彼の大学卒業前後に明治期に創設された機関・団体の五十年史・六十年史編纂事業が盛んであったことは重要な意味を持つ。また、大久保は労農派マルクス主義者と戦前来の交流があり、華族大久保家の一員という以外に、多様な人脈を有していたことに本稿は着目する。

まつざわ・ゆうさく――慶應義塾大学経済学部教授。専門は日本近代史。主な著書に『明治地方自治体制の起源』（東京大学出版会、二〇〇九年）、『重野安繹と久米邦武』（山川出版社、二〇一二年）などがある。

はじめに

大久保利謙の歴史学への貢献には、その研究にとどまらず、国立国会図書館憲政資料室の創設にかかわり、近代政治家の個人文書の収集・公開に道筋をつけたことが挙げられる。また、多くの史料集や、『内務省史』をはじめとする組織・団体史の編纂にも関与した。いわば、大久保利謙は、日本近代史研究のインフラストラクチャーを整備した人物としても、史学史上にその名を留めているのである。

一方で大久保利謙は、大久保利通の孫、華族大久保侯爵家の一員であった。この「(旧) 華族」大久保利謙と、史料収集・公開事業の関係について、大久保自身は自伝で次のように語っている。

わたしが大久保家の人間だということ、また戦前から何らかのお付き合いのあるひとが多かったことも、スムーズにことを運ぶひとつの要因だったことはたしかです。樺山文書の場合とくにそうでした。(1)

ここで大久保は、自身が「(旧) 華族」であったことは、事業を「スムーズ」に運ぶ上でプラスに作用したことを認めている。しかし、大久保が関与した史料収集・公開が、すべて彼の「(旧)華族」という属性で説明できるわけではなく、それは「ひとつの要因」でしかないことにも同時に留意する必要がある。

また、大久保自身は、次のように、自分が華族としてのネットワークに強く所属していたわけではないとも回想している[2](なお、大久保利謙が貴族院議員となるのは父の死後、一九四三年(昭和十八)のことである[3])。

わたし自身は華族さんとあまりつきあっていません。学習院に在学していたので、華族の仲間で親しくしていましたが、卒業後は社交的つきあいはほとんどない。もっとも貴族院議員になってからは多少おつきあいがはじまりましたが。

華族会館に行くようになったのも戦後です。『華族会館史』をやってからですから。

そこで、本稿では、大久保がかかわった多様なネットワークに着目して、戦後日本近代史研究の「インフラ整備」が、いかなる戦前の遺産を継承しておこなわれたのかにについて検討を加えてみることにしたい。

一、大久保利謙と戦前の編纂事業

大久保が東京帝国大学文学部国史学科を卒業したのは、昭和三(一九二八)年のことである[4]。卒業論文のテーマは武田信玄の経済政策であったが[5]、卒業後の大久保は、『東京帝国大学五十年史』の編纂に携わることになった。「この編纂事業からはじまって、近代史研究を生涯の仕事とすることになるのです」[6]と回想しているように、帝国大学五十年史編纂事業の存在が、大久保を日本近代史研究者たらしめた直接の契機であったことに注目しておきたい。そして、この編纂事業の過程で、大久保は、憲政史を中心とする日本近代史研究の先駆者である尾佐竹猛と面識を得ることになり、明治文化研究会へ参加した[7]。さしあたり、大久保の近代史研究者としての系譜は、明治文化研究会系列に属するものとして始まる。

次いで、昭和七年(一九三四)からは、日独文化協会のシーボルト文献調査嘱託となる。このきっかけは、同協会の会長が父大久保利武(ドイツ留学経験をもつ)であったことによる[8]。そして昭和十三年(一九三八)からは帝国学士院嘱託として『帝国学士院六十年史』の編纂に従事する。また、同年からは、その後の大久保の履歴におおきな影響を及ぼすことになる『貴族院五十年史』編纂にかかわった。帝国学士院に大久保を推薦したのは東京帝大文学部国史科の教授辻善之助であり、[9]『貴族院五十年史』の場合は尾佐竹猛の人選であった。

『貴族院五十年史』の編纂過程では、大木喬任文書・黒田清隆文書の借用と写本作成に関与している。「大木家の場合は、当主の大木喜福さんが学習院の先輩だったので、お願いして借りてきた。黒田家の場合は、国際文化振興会の理事だった黒田清氏を訪ねて交渉しました」[10]と大久保は回想する。

以上のように、大学卒業後の大久保利謙は、各種の編纂事業を嘱託として渡り歩くという経歴をたどる。もちろん、大木・黒田文書の借用にみられるように、華族・大久保家の一員としての要素が評価されていなかったわけではないと思われるが、主として国史学科卒業生としての専門性にもとづくものであろう。そうした嘱託のポストは東京帝大国史科（辻善之助）と、尾佐竹猛が大久保に紹介したものであった。

ここで注目しておきたいのは、大久保が大学を卒業した時期には、五十年史ないし六十年史という大きな編纂事業が相次いでいたということである。これは、一九三〇年代が、一八八〇年代にその骨格を整えた明治国家の各種制度整備からちょうど五十周年を迎えるタイミングにあったことによる。まさにそのタイミングで国史学科を卒業したことが、大久保の日本近代史研究者としての出発を画すものであり、また大久保の履歴から、これらの年史編纂事業が日本近代史研究の一画期であったことが知られるのである。

そして、後年の日本近代史家大久保利謙の多岐にわたる研究業績のうち、『東京帝国大学五十年史』『帝国学士院六十年史』の編纂にかかわったことは、洋学史研究や学問史研究につながっており、『貴族院五十年史』への従事は政治史研究につながっている。これら戦前の各種編纂事業は、研究者としての大久保利謙を直接に形作ったのであった。

二、労農派との接点

(1) 土屋喬雄との出会い

一方、大久保利謙には戦前から、労農派マルクス主義史家たちと交流があることにも注目しておきたい。

次の引用にみるように、大久保自身の回想によれば、この交流の発端は、一九三〇年前後、土屋喬雄と面識を得たことにあるという。[11]

日本資本主義論争で「労農派」の旗頭になる土屋さんに初めて会ったのは昭和五〜六年、『(東京帝国大学、引用者) 五十年史』編纂の頃です。当時、史料編纂所にいた友人、中村吉治さんが突然、土屋さんを連れてわたしの部屋に来た。大久保利通が主導した殖産興業のことを調べているので、お宅にある史料を見せてもらえないかというのです。非常に丁重なひとでした。それからわたしの家に来られて父に会い、史料を見ていった。

後に労農派の論客として、講座派批判の旗頭となる土屋喬雄であるが、この時期の土屋は東京帝国大学経済学部助教授として、近世経済史の研究に取り組む一方、史料編纂事業を多く手掛けていた時期である。土屋自身はこの時期について、次のように述べている。[12]

昭和四年夏留学から帰朝したとき私は三十三歳の新進気鋭の助教授で、江戸時代の経済史の問題でどうしても掘り下げておかねばならぬものの研究に三分の一、維新以後の資本主義発達史の史料収集、考証に三分の二の時間を注ぐ方針をきめた。そしてウイークデーの日中は、ほとんど大蔵省文庫と内閣文庫の根本史料の調査に時間を費やした。

その成果は、当時非公開の内閣文庫所蔵「太政類典」「公文録」「府県史料」等から、農民騒擾関係の情報を抜粋、編纂した『明治初年農民騒擾録』（一九二九年）や、明治前期の経済政策にかかわる基本史料集である『明治前期経済財政史料集成』（一九三一～一九三六年）に結実する。

このうち、『明治前期経済財政史料集成』は、刊行に当たり財団法人啓明会の出版助成金を得ている。啓明会とは、鹿児島出身実業家赤星弥之助の遺産から一〇〇万円を子の赤星鉄馬が牧野伸顕に提供して設立された財団法人であり、毎年研究助成事業をおこなっていた。[13] かつ、当時の理事長は利謙の父、大久保利武であった。[14] 薩摩系の研究助成財団といってよかろうが、利謙が土屋と啓明会の媒介者であった可能性もある。いずれにしても、土屋が大久保家を訪問したのは、土屋がこうした編纂事業に熱心に取り組んでいた時期であり、大久保家の史料閲覧はこうした史料収集・閲覧の一環であったのだろう。

土屋を大久保に紹介した中村吉治であるが、中村は大久保の翌年昭和四年（一九二九）の国史学科卒業生である。[15] 近世農村史を専門とする中村と土屋の接点について、はっきりしたことはわからないが、この時期、両者はともに農村社会学者・有賀喜左衛門と近しかった。土屋は大正四年（一九一五）に仙台の第二高等学校に入学しているが、その同級生に、渋沢栄一の孫でのちに日銀総裁などをつとめる渋沢敬三、そして有賀喜左衛門がいたが、土屋の回想によれば、渋沢と特に親しかったという。[16] 渋沢敬三は民俗学・民具研究の研究組織であるアチック・ミューゼアム主宰したことで知られる。昭和十年（一九三五）に有賀と土屋は共同で岩手県南部二戸郡石上村斎藤家の調査をおこなっている。この事例研究は有賀の「家」論の基礎となったことで著名であるが、このときの調査報告書はアチック・ミューゼアムから昭和十五年（一九四〇）に刊行されている[17]（もっとも、このときの土屋の研究方法について有賀の評価は低い[18]）。

一方、有賀と中村吉治は同じ長野県上伊那郡朝日村平出の出身で、有賀が中学生、中村が小学生のころから親交があり、学問的な影響も強い[19]。以上のように、有賀、中村、土屋はそれぞれ接点があり（なお、中村吉治を東北帝国大学法文学部の経済史担当教員として推薦したのは土屋喬雄であったという[20]）、こうした交友関係から土屋は大久保と接点をもったわけである。

総じていえば、土屋と大久保のつながりも、この時期の、日本近代史史料編纂気運の高まりを契機とするものであるといえようが、大久保利謙自身がもともと、河上肇の影響をうけ一度は京都帝国大学経済学部に進学したように[21]、社会科学的な関心と無縁でなかったことを念頭に置く必要もある。なお、大久保は、文部省教学局が昭和十五年（一九四〇）に作成した「自由主義的傾向アル直轄、私立学校教職員一覧表」、「共産主義的傾向アル直轄、私立学校教職員一覧表」のうち、後者の「共産主義的傾向」のリストの中に、土屋とともに名前があげられている（肩書は明治大学講師）。土屋周辺の人物として教学局にマークされていたのである[22]。

（2）「新歴史協会」と雑誌『新歴史』

土屋と大久保の関係は戦後も続く。昭和二十一年（一九四六）に創設された土屋主催の「新歴史協会」への参加である。大久保は次のように回想している[23]。

この会は内藤民治という人の出資です。内藤さんという人は、大正の頃から、雑誌『中外』を主宰していて、当時、日ソ貿易の仕事をしていたらしい。この協会がどうして生まれたのか、経緯は何も知りませんが、「講座派」に対抗する「労農派」の土屋さんと向坂逸郎さんが中心になって、若い研究者を集めていました。

土屋門下からは、揖西光速・加藤俊彦。大内力といった人たちです。日本史の方では、わたしと川崎庸之さん、西洋史では林健太郎さんがいました。最初の事業計画はなかなか大きなもので、会員分担で部門別のあたらしい日本史をつくろうということだった。

会合は当初内藤邸でおこなわれており、たまたま山川均が訪れたこともあったという。「おかげで、この著名な老社会主義者の風貌に接することができた」と大久保は回想している。その後の会の様相について、大久保の述べるところは次の通りである。

内藤氏の手を離れてから、会場は銀座の交詢社に変わりました。その事情は知りませんし、変わった時期もよく覚えていない。わたしは交詢社に移ったあと、津田真道について、何か発表した記憶があります。

そののち、さらに東大の土屋研究室に移りました。ここは東大労農派のたむろするところとなっていて、「講座派」攻撃の気炎をあげていましたね。わたしもその仲間になっていて、揖西光速さんをはじめとする土屋門下の人たちと親しくなったわけです。

「新歴史協会」については、雑誌『新歴史』を発刊していたことが確認できる。現存するのは三号までである。また、「浅沼稲次郎関係文書」のなかに、雑誌『新歴史』創刊記念講演会の次のような案内状が残されている。(24)

拝啓　盛夏の候貴台益々御清福の御事およろこび申し上げます。陳者当協会発足以来絶大なる御支援を賜りまして感謝にたえません。就ては今回機関紙「新歴史」創刊を記念いたしまして左記により講演会を開催いたします。講演者木村氏はインフレーション問題の最高権威者であります。必ず皆さんの意にご満足を与へて下さるものと確信いたします故ご多忙中とは存じますが是非御来駕の程をお待ち申上げてをります。

日時　七月十九日午后一時

会場　共立講堂（神田区一ツ橋）

司会　向坂逸郎氏

講演　「日本インフレーションの特質と国民生活」　木村禧八郎氏（ほかにニュース映画数巻）

司会が向坂逸郎で、この翌年に社会党から参議院議員に当選する木村禧八郎を講師に迎えたこの講演会は、日本社会党色、特に社会党左派色の明瞭な集会であり、(25)内容も特に歴史にかんする講演会ではなく、時事講演会である。この講演会が実際に開催されたことは、『新歴史』第二号の記事から知られる。

さて、その雑誌『新歴史』の内容を次に紹介しておこう。

第一号　昭和二十一年（一九四六）六月

林健太郎「歴史学革新の方向と課題」／土屋喬雄「国定国史教科書の検討」／山川菊栄「水戸藩の農民騒動」／前島信次「サラセン文化の東方への影響」／加藤俊彦「明治初年のインフレーション」

第二号　昭和二十一年（一九四六）十二月

対馬忠行「民主主義革命の歴史的諸型」／山田坂仁「科学史研究の新方向」／揖西光速「塩を造った歴史」

／阿部真琴「幕府政治の基礎的性格」
第三号　昭和二十二年（一九四七）九月
山田坂仁「科学と政治の関係について」／川崎庸之「万葉人の世界」／嘉治隆一「中江兆民の人と事業」／対馬忠行「民主主義革命の歴史的諸型（下）」
質疑応答欄「明るい研究室」
「わが国の封建制の始点はいつか」応答者　石母田正
「神功皇后の三韓征伐は史実か」応答者　川崎庸之

たしかに書き手の中心は労農派の論客であるが、特に関係のないものや、石母田正の名も見える。大久保が回想する通り、体系的な研究構想を有していたようで、二十余名の専門家に研究員として研究テーマを委嘱している（林健太郎「史学史」、土屋喬雄「資本主義成立史」、山川菊栄「女性史」、加藤俊彦「金融史」、山田坂仁「自然科学史」など）。また『新歴史』第二号掲載の「新歴史協会　報告」によれば、毎月の定例研究会が開かれており、第一回が加藤俊彦「明治初年のインフレーション」、第二回が山田坂仁「科学と政治の関係について——ガリレオの場合」、第三回が川崎庸之「国文学に現はれた言葉と思想——天平時代を中心に」、第四回が大久保利謙「津田真道に就いて」となっている。大久保の回想に言及される「津田真道について、何か発表した記憶」とはこの第四回定例研究会の際のことであろう。

林健太郎は、霞町に邸宅を持つ内藤民治の後援によって「歴史科学研究所」が設立されたと回想している。[26] これが「新歴史協会」と同一のものを指しているのか不明であるが、おそらく同一のものか、同一でないにしても関連組織であることは確実であろう。林によれば、向坂からの依頼によって林がメンバーを選んだという。林は次のように述べる。

私よりも年配の人では川崎庸之、江口朴郎の両氏、それから石母田正、藤間正大、松本新八郎、林基というような人々であった。これらの人は川崎氏のほかは皆共産党で講座派的な考えの持ち主であった……（中略）……あるいは私には、当時山川氏が提唱していたような、共産党や社会党の枠を超えた「人民戦線」を歴史家の中につくりたいというような願望があったのかもしれない。

これらのうち『新歴史』に執筆しているのは石母田、川崎の両名だけであるが、これが契機となって林と鈴木鴻一郎、大島清、楫西光速、加藤俊彦、安藤良雄、大内力らと接点が生まれたという。林は大久保利謙の名前は挙げていない。

三、『くにのあゆみ』とその批判

(1)『くにのあゆみ』執筆

次に、戦後の大久保がかかわった事業として、昭和二十一年(一九四六)九月に刊行された国民学校用国定歴史教科書『くにのあゆみ』についてみておこう。国民学校では、GHQの指令により、前年から歴史の授業が停止されていたが、この年の九月から復活することになっていた。『くにのあゆみ』はそれにまにあわせるために作成された国定教科書で、大久保利謙はその執筆に参加している。

この経緯について、大久保は次のように回想している。[27]

戦後のごたごたで、売り食い生活を強いられていたときのことです。昭和二一(一九四六)年の五月頃だったかと思いますが、文部省から突然呼ばれた。教科書を執筆しろというのです。

戦後はじめての国定歴史教科書『くにのあゆみ』ですね。人選をしたのは、当時、文部省教科書局にいた国史科出身の丸山国雄さんに違いありません。

丸山国男は昭和四(一九二九)年国史学科卒で、大久保の一学年下にあたる。執筆者は家永三郎、森末義彰、岡田章雄、大久保利謙の五名で、家永三郎の回想によれば、編集会議の会場は史料編纂所の高等官食堂で、厳しい時間的制約があったという。[28]

大久保たちが書いた原稿に対して、GHQ民間情報局に勤務していたトレイナーが校閲を加えた。しかし、家永は「こういうことを書けと強制されたのは……(中略)……巻末(大久保氏分担の部分)の「政府も国民も司令部の占領の目的によく力をあはせて、平和な日本をきづき上げることにはげんでゐます。」「新しい政治がはじまりました。今度こそ、ほんたうに、国民が力をあはせて、日本を民主主義の国にするときであります。」という占領政策の宣伝を効かせた一節である」として、GHQの要求はこの部分のみであったとしている。この点は大久保の回想とも一致する。[29] ただし、トレイナー検閲後の修正箇所について、トレイナーが認めなかったため、不適切な記述が残ったと家永は回想している。

(2)『朝日評論』の批判座談会

『くにのあゆみ』は、刊行後、主としてマルクス主義者からの批判にさらされた。特に大久保執筆の近代史部分に、不自然に曖昧な記述があることは、今日の目からみても否定できない。たとえば、「明治十五年(西暦一八八二年)朝鮮の京城で、とつぜんさわぎがおこり、引きつづいて十七年にまたおこりました」「昭和六(西暦一九三一年)九月、満州の奉天の近くで、南満州鉄道が、ふいに、ばくはされました」といった箇所である。こうした批判について、大久保の自伝は、雑誌『朝日評論』主催の座談会が開かれたこと、それが不愉快なものであったことを記している。(30)

わたしと岡田さんの二人が『朝日評論』主催の座談会に呼ばれたことがあります。銀座裏の料亭に席が設けられていて、わたしと岡田さんは上座にすわらされたのですが、ものものしくて、ほとんど被告席という感じでした。そして、井上清・藤間生大のお二人が先頭に立って、さかんに「講座派」史論を述べる。つぎに、大将格の羽仁五郎さんが一席ぶつわけです。社会・経済の話が多くなっているのはいいが、やはり皇室中心主義で天皇制を擁護するものになっている、現代史では戦争責任のことが全然書かれていない、そういう厳しいお叱りでした。わたしは何のことかわからず、さりとて彼らと喧嘩してもはじまらない。黙って聞いていましたが、何とも不愉快でしたね。

この座談会は、『朝日評論』一九四七年三月号、四月号に掲載されている。活字となった座談会の内容を見ると、大久保が完全に「黙っていた」わけではなく、それなりに重要な発言をしていることが分かるので、以下、その内容を紹介したい。

まず、座談会の出席者であるが、大久保の回想で言及されている岡田、大久保、羽仁、井上、藤間のほかに、当時国民学校教員であった小池喜孝が参加し、中野重治が書面で意見を提出している。

大久保が回想するように、確かにそれは執筆者が「被告」として扱われるようなものであった。

羽仁　国際軍事裁判みたいになってきたな。(笑声)
藤間　書いた人物がいるから、ちょうどいい。
羽仁　まったく戦犯裁判だ。
岡田　初めからそのつもりで来ていますよ。(笑声)
羽仁　出席しただけでも誠意はよく認めてるけれども。
……(中略)……
羽仁　いわせておけば、いくらでも言うからね
大久保　充分言つてください。
羽仁　いくら言つても聞きおくだけじゃダメよ。文部省に言わなくちゃ。
大久保　その点は政治になるから……。
……(中略)……
井上　それじゃ「第十　明治の維新」。
大久保　どうも絞首刑になるかもしれんナ。

このように、全体が「つるし上げ」調のものであること

は確かである。もっとも「(笑声)」が含まれていることや、「絞首刑」についての大久保のリアクションからは、ややそれが冗談めかしたものであったこともうかがえる。特に羽仁、大久保、岡田の三名の間には、ある種の先輩後輩的な空気が感じられなくもない。(例えば羽仁は、近世の対外関係について書かれた箇所について「これは岡田君の得意なところなのに、なぜ君のよく知つてる通りに書かなかつたと思うんだよ」というような発言をしている。羽仁が昭和二年(一九二七)、大久保が昭和三年(一九二八)、岡田が昭和七年(一九三二)の国史科卒業生である)[31]。

(3)大久保の初等教育像

「被告」である大久保と岡田を比べると、たしかに岡田が反論している個所が多いが、大久保は、「国民学校の教科書」に何を盛り込むべきかという基本的スタンスで対応しているように見受けられる。

たとえば、小池が、教科書における政治的中立性はありうるかという問いを発したのに対し、大久保は「結局、つきつめていって政治の問題にならなければ――人民の立場と、上からの立場、その問題になるわけですね」といったん小池の発言を受け止めている。ところが岡田は、「あなたは児童の生活というものをあまり政治的に考えすぎるのじゃないでしょうか」「例えば、ハトの習性とか、ツバメの習性とか、マメの発芽とかいうことを自然科学で教えますね。それに対して政治的に、また階級的にどうお考えになりますか」と小池に強く反論した。大久保はこれを受けて次のように発言している。

小池さんのいわれることも、岡田さんのいわれることもごもっともなんだ。教育の課程において、つまり国民学校だけですべての教育課程を終るわけではなくて、もつと上まであるわけですから、結局のところは小池さんのいわれるようになるわけだけれども、それを国民学校の課程の中でどこまで教えるか、ということに一つの問題があると思う。

つまり小池、岡田の双方の言い分に理があることを認めつつ、問題は国民学校という初等教育の場において、何をどのように教えるのかという点にあると大久保は問いを立て直しているわけである。

資本主義論が十分に展開されていないという批判に対しても「例えば明治の経済の動きというのは資本主義の成立と発展、それから帝国主義、こういうことですけれど資本主義なんていうことを子供に理論的に説明してもおそらくハツキリわからないだろうと思うんですよ。むしろ眼に訴える点では、産業とか、技術の進歩、あるいは機械の発達とか、そういう点が子供には生活環境的にすぐハツキリわかる」と大久保は述べている。また、戦争の原因としての地主制や財閥に触れていないという小池の発言に対しても、「非常に御説ごもっともですね。併しそこまで子供によくわかるか、わからないか。今度はその点は上級の教科にゆずることにして、ここには触れなかったのです」と述べている。いずれも、批判を学術的には妥当と受け止めたうえで、それは初等教育の課題ではない、という応答をしているのである。

興味深いのは、戦争の「暗さ」をめぐる小池、大久保、羽仁の以下のやり取りである。

小池　子供は戦争の暗さをよく知つているんですから。

大久保　それはもう少し上の中等以上の教育でよくはないかと考えた。

羽仁　それは小池君の言う通りだよ。すでに小学校の時に、自分の兄や姉が紡績工場へいって、肺病になって死んだり、暗黒な生活の中にいるんだよ。その暗黒な生活の面に触れないということは、光明を与えないということになるんだ。日本の小学児童の八〇％はそういう暗黒な生活の中にいるんだからね。大久保君なんかはそういう暗黒な生活をしらないんだ。

大久保　それは別問題にして……。

羽仁の、大久保が「暗黒な生活をしらない」という批判は言いがかりめいているが、大久保は「暗さ」の教育は中等教育以上に譲ってしかるべきであると述べている。

留意したいのは、大久保の、『くにのあゆみ』はあくまで初等教育用教科書であるという拘泥が、単に批判者への防衛的スタンスというにとどまらないことである。それは、座談会のなかで、「自分で読んでみて、内容が、あまり盛り沢山のような感じがするんですが、どうでしょうね、子供に読ませるには。子供の世界は、やはり夢もあり、詩もありますからね。物語的に、子供に合うように書いた方がいいような気がする」と自己反省的な発言をしていることからもうかがえる。「子供の世界」における「夢」や「詩」や「物語的」叙述の必要性という観点が、何に由来するものであるのか、ここで明らかにすることはできない。しかし、すでにふれたように、戦前・戦後の大久保はアカデミズム史学の中でのみ生きていたわけでも、「暗黒な生活」と無縁な華族社会のなかでいきていたわけでもない。土屋喬雄を通して労農派マルクス主義者たちと協働関係にあり、おそらくは日本資本主義の位置づけは異なるにせよ、羽仁や小池のマルクス主義的問題設定は十分理解できた。それゆえ、大久保はいったん彼らの批判を受け止めたうえで、なお、「子供の世界」を、いわば

「暗黒の生活」に巻き込まないことに重点を置いているように見える。

（4）「不愉快」「違和感」の文脈

一方、近代対外関係における不自然にあいまいな記述については、「併しこの問題は現在の国際情勢上からあまりハッキリ書かぬほうがよいからだ。」「ぼやかして書きましたから」と、意図的であることを明言している。この点は執筆時点で与えられた制約だという割り切りがあるように見える。

しかし、大久保が実際、「不愉快」に黙っている箇所と、反論している個所も存在する。それは自由民権運動と大日本帝国憲法の制定にかかわる部分である。井上清が、「文明開化の土台になった自由民権というもの、民主主義的な精神というものは出ていない。そういうことが全体に一貫しているのじゃないかと思う。大久保さん、どうですか」と問うたのに対して、大久保は「いや、もう……。」としか答えていない。別の箇所では、「しかし事実としては政府のほうが憲法案を出したりしたのは早いんじゃないですかね。民間のほうから具体的に出てきたのは、民選議院設立の建白書以後ですからね。政府では明治の初年から江藤なんかがプランをだしていますね。」と述べている。明治文化研究会・議会史の編纂を通じて尾佐竹から憲政史を学び、史料を見ている大久保にしてみれば、この点で井上清に喋々されるのは我慢ならなかったのであろう。

全体としてみれば、この座談会での大久保の立ち位置は、岡田より発言回数は少なく、反論のトーンも抑えがちで、また岡田より批判者よりの立場をしめしている。また、羽仁らの批判を受け止めつつも、初等教育の枠にこだわっているが、専門にかかわる部分では不快感を示している、ということになろう。「講座派的な研究動向には違和感がありました。」[32]と述懐する大久保であるが、すくなくとも『くにのあゆみ』をめぐるやりとりからは、これは単にアカデミズム的実証主義の立場からする「違和感」だけではなく、労農派との関係や、初等教育における歴史教育がいかなるものであるべきかといった複数の文脈を設定したうえでの「違和感」であったとみるべきであろう。

四、憲政資料室の設立

戦後の憲政史・貴族院史編纂事業から国立国会図書館憲政資料室設立に至る経緯については、二宮三郎の先行研究[33]に尽くされており、また、設立後に大久保が果たした役割の大きさは各種回想[34]などでもしばしば言及されている。

まず、上記二宮の研究によりながら、憲政資料室の設立に至る経緯を整理しておこう。

昭和二十二年（一九四七）五月三日、日本国憲法が施行され、帝国議会にかわり国会が設置されると、戦前に着手され、途絶していた衆議院史編纂事業（憲政史編纂会）と、貴族院史編纂事業は、それぞれ衆議院調査第一部、参議院調査部第二課が引き継ぐことになった。昭和二十三年（一九四八）六月五日に国立国会図書館が開設されると、衆議院側の収集史料は坂田精一が中心となり国会図書館憲政史資料係へ移管され、参議院側は引き続き参議院総務部資料課が担当することとなった。同課の市川正義が、嘱託小沢三郎経由で大久保に議会史編纂について協力を求めたというが、二宮によれば、このあたりは当事者の証言が一致しないという。

このような状況のなかで、昭和二十三年（一九四八）十一月、大久保利謙は「日本国会史編纂所ニ関スル請願」を衆参両院に提出する。その後の経緯については不明な点を残しつつ、昭和二十四年（一九四九）九月一日、国会図書館国会分館に「憲政資料蒐集係」が設置され、大久保はその嘱託となる。ついで昭和二十五年（一九五〇）七月一日には憲政資料係長に就任し、昭和二十八年（一九五三）の名古屋大学教授転任までその職にあった。

大久保が中心となった初期の国会図書館憲政資料収集事業には、三年間で九〇〇万円という、当時としては破格の史料購入予算が計上されていた。二宮は「なぜこれだけの高額の予算が突如付いたのか、その疑問は憲政資料室成立に関する大きな謎」と述べている。史料収集がこの予算があればこそ可能であったことは、「あの頃はみんな一も二もなく、譲ってくれましたね。当時、金銭面をふくめて困っている家が多かったし、史料は公的機関にきちんと保管されるというので、喜んでくれたわけです」[35]という大久保の回想からも明らかである。

二宮は、九〇〇万円の予算成立は岡田温図書収集部長にも大久保利謙にも知らされていなかったこと、伊藤博文文書の買い入れは、国会図書館長金森徳次郎から岡田温への指示によるものであったことから、金森館長の主導性を指摘している。金森については、大久保は「土屋喬雄さんに相談したら大変心配して下さって、わざわざ金森さんのところへ行ってくれました。そのとき土屋さんは、学者としての立場から、憲政史編纂が必要だという意見を述べてくれたようです。それで結局、国会図書館でやるということになった。これはもちろん、金森館長ご自身の決断だったのでしょう。」[36]と、土屋から金森への働きかけがあったことを回想している。

また、やや意外なルートでは、戦前に史料編纂官をつとめ、

戦後は明治大学に勤務していた日本中世史家渡辺世祐が、憲政資料の収集に協力していたことを、大久保は回想している。(37)

渡辺（世祐、引用者）先生は、たしか辻先生より年長なんですが、やはり傍流でした。長州藩出身で、長州の学生寮の舎監なんかをやっていて、東大に入ったのが遅いのです。毛利家の仕事をずいぶんやっていましたし、井上馨の史料もよく調べていました。

そういうことがあって、別に弟子でもなかったのですが、渡辺先生とはずっとつきあいがありました。戦後、維新関係の家柄で没落して史料を処分したいというひとは渡辺先生のところに相談に行くものですから、「大久保、ちょっと来い。こういう史料があるから図書館で買ったらどうか」といってくれるんです。

初期の憲政資料収集事業における大久保の役割は、単に大久保が旧華族であったという点に求められるべきではなく、労農派経済史家土屋や、戦前のアカデミズム史学といった大久保が属する多様な関係のなかで見定められるべきものであることを、これらの回想は示している。

小括

以上、それまでアカデミズム史学において歴史研究の対象とされてこなかった日本近代史の、第一世代の歴史家としての大久保利謙と、その誕生を可能にした条件について若干の事実を紹介してきた。

大久保に即してみた場合、近代史家・大久保を生み出した条件は、明治の制度整備からちょうど五十年・六十年をへて、一九三〇年代に相次いだ各種の年史編纂であったといえるだろう。いわば編纂事業が研究者を育てたのである。尾佐竹猛らの明治文化研究会は、『明治天皇紀』編纂事業の深谷博治や、文部省維新史料編纂会の藤井甚太郎などの参加から知られる通り、そうした各種編纂者の結節点として機能していたと位置付けることができるだろう。また、大久保利謙が、こうした編纂事業のネットワークの中で、土屋喬雄を通じて、労農派マルクス主義者との接点をもったことも、大久保の独特の立ち位置を考えるうえで看過できない事実である。

戦後の大久保利謙は、憲政資料室の設立をはじめとする、日本近代史のインフラ整備に力を注いだが、大久保は戦前編纂事業で培った専門性と人脈をすべて動員して課題に取り組んだといえる。貴族院議員、華族としての経歴は、国会請願や、コネクションを通じた史料収集に結びつくこともあった。東京帝国大学国史科というアカデミズム史学を出自として持つことは、渡辺世祐を通じた長州系政治家史料へのアクセスを可能にした。また、土屋喬雄とのつながりは、土屋から国会図書館長金森徳次郎への働きかけにつながった。

アカデミズム史学のなかでの後発学問としての日本近代史については、政治学（吉野作造や岡義武）、ないし経済学（日本資本主義論争）における研究が、文学部系歴史研究に先行したと考えられがちだが、戦前の各種編纂事業の存在もまた戦後の近代史研究のルーツとして位置づけられるべきであろう。東京大学文学部最初の日本近代史担当教員である下村富士夫が、外務省における外交文書編纂担当者であったことをここで想起してもよいかもしれない。

そもそも日本におけるアカデミズム史学の出発においては、『大日本編年史』という正史編纂事業が先にあり、しかる後にその従事者たちが歴史家となっていったということを念頭に置くならば、編纂事業が先にあり、研究がそれに続くという構図自体は、タイムラグがあるとはいえ、前近代史研究においても近代史研究においても、日本史研究分野の生成過程に共通している。大久保利謙と日本近代史研究の出発を位置づけるにあたり、日本資本主義論争から戦後歴史学へという単線的な史学史把握ではなく、各種編纂事業やその従事者のたちの相互関係を視野に入れた、複線的な史学史がもとめられることが示しえたとすれば、さしあたり本稿の目標は達成されたことになる。

注

（1）大久保利謙『日本近代史学事始め』（岩波書店、一九九六年）一六二頁。
（2）同上、一四四頁。
（3）『議会制度七十年史　貴族院・参議院議員名鑑』（一九六〇年）一一三頁。
（4）『東京帝国大学卒業生氏名録　昭和八年三月末現在』（一九三三年）二九〇頁。
（5）注1前掲書、六七頁。
（6）注1前掲書、七四頁。
（7）注1前掲書、八三頁。
（8）注1前掲書、一〇五頁。
（9）注1前掲書、一一二頁。
（10）注1前掲書、一三〇頁。
（11）注1前掲書、九三頁。
（12）『私の履歴書　第三十集』（日本経済新聞社、一九六七年）二九三頁。
（13）『財団法人啓明会講演集第一回』（一九一九年）。
（14）『財団法人啓明会事業報告書　第十三回』（一九三一年）。
（15）注4前掲書。
（16）土屋喬雄（聞き手安藤良雄・石井寛治）「社会科学五〇年の証言一五　日本経済史を学ぶまで」（『エコノミスト』）五一―四三、一九七三年、八五頁。
（17）有賀喜左衛門『南部二戸郡石神村に於ける大家族制度と名子制度』（アチック・ミューゼアム、一九四〇年）。

（18）「渋沢さんは土屋君と非常に仲よかったしね。僕とも仲はよかったが。そりゃ考え方が違うということはお互いに知っていたですよ。論争するということもなかったがね」「私は労農派の経済学者の土屋喬雄と一緒にやることになったんだけれども、土屋君の見方にはどうにも納得できなかったわけです。村に行ったのは八月の初めでしたが、彼は一週間か一〇日ぐらい村にいて東京に帰るとすぐにもう簡単なものを帝大（東大）新聞に書いたんです。その内容は、いわゆる公式的なもので、私はそんなことではとても納得できない」（有賀喜左衛門・中野卓「社会学への道　有賀喜左衛門著作集刊行に寄せて」『［第二版］有賀喜左衛門著作集　別巻　有賀喜左衛門研究』（未来社、二〇一二年）一七、二六頁。

（19）中村吉治『社会史への歩み二　学界五十年』（刀水書房、一九八八年）。

（20）中村吉治『社会史への歩み四　社会史研究史』（刀水書房、一九八八年）二二六頁。

（21）注1前掲書、五〇～五七頁。

（22）寺﨑昌男・奈須恵子「教学刷新体制と高等教育機関」（駒込武・川村肇・奈須恵子編『戦時下学問の統制と動員――日本諸学振興委員会の研究』東京大学出版会、二〇一一年）および同書附表六。おなじく「共産主義的傾向」のリストの中には、直接に土屋との関係では、山口和雄が「土屋教授ノ弟子ニシテ同ジ学説ヲ抱ク」と注記されているほか、中村吉治の名もある。なお、同リストに大久保の名前があることについては、奈須恵子氏の教示を得た。

（23）注1前掲書、一五一―一五二頁。

（24）国立国会図書館憲政資料室所蔵「浅沼稲次郎関係文書（その2）」四〇三一―一。

（25）木村禧八郎は昭和二十三（一九四八）、社会党が与党となっていた芦田内閣提出の予算案に反対票を投じ（『朝日新聞』東京、朝刊、一九四八年七月六日）、のちに社会党を脱党して黒田寿三ひきいる労働者農民党に参加した（のち社会党に復党）。

（26）林健太郎『昭和史と私』（文芸春秋、一九九二年）二〇〇―二〇七頁。

（27）注1前掲書、一四七頁。

（28）家永三郎『「くにのあゆみ」編纂始末』（民衆社、二〇〇一年）。

（29）同上。

（30）注1前掲書、一四九頁。

（31）注4前掲書。

（32）注1前掲書、一八二頁。

（33）二宮三郎「憲政資料室前史（上）（中）（下）」（『参考書誌研究』四三、四四、四五、一九九三～一九九五年）。

（34）たとえば、「特集 憲政資料室の三五年」（『みすず』二七六、一九八三年）には、大久保を含む三十三名の回顧談が掲載されている。

（35）注1前掲書、一六二頁。

（36）注1前掲書、一五七頁。

（37）注1前掲書、六七―六八頁。

（38）マーガレット・メール（千葉功・松沢裕作訳者代表）『歴史と国家――一九世紀日本のナショナル・アイデンティティと学問』（東京大学出版会、二〇一七年）。

（39）拙稿「歴史学のアクチュアリティに関する一つの暫定的立場」（歴史学研究会編『歴史学のアクチュアリティ』東京大学出版会、二〇一三年）。

【I 「明治」が歴史になるとき】

政治学者における「明治」の歴史化

松田宏一郎

まつだ・こういちろう——立教大学法学部教授。専門は日本政治思想史。主な著書に*Patriotism in East Asia*, (Jun-Hyeok Kwakと共編著、Routledge、二〇一四年)、『擬制の論理　自由の不安』(慶應義塾大学出版会、二〇一六年)、『후쿠자와 유키치 다시 보기（福澤諭吉再見）』(서울（ソウル）：아포리아（アポリア）、二〇一六年）などがある。

「明治」を歴史的対象として扱った成果の中には政治学者によるものがいくつかある。それらが大久保明治史学と強い影響関係にあったわけではないが、政治学者ならではのアプローチが、どのような姿で大久保史学と並行関係にあったのかを、丸山眞男、藤田省三などの事例に着目しつつ、ここでは検討した。

一、日本近代史への分断されたアプローチ

戦後日本の政治学者による近代日本史研究は、大久保利謙の展開する近代日本史学とは切り離されていた。まず、大久保利謙は政治学者による歴史研究に強い疑念を抱いていたように思われる。これは当時の政治学者による研究が公刊史料に頼った素人の仕事であるという判断によるのかもしれないが、他方で大久保自身は、若い頃河上肇に強い感銘を受け、労農派の経済史学者の代表格であった土屋喬雄との交流が戦前からあり、論文にも土屋の研究が随所で言及されているなど、経済学者の歴史研究には目配りをしていたように思われる。ところが、吉野作造は別として、たとえば同世代で戦前に大久保も参加した憲政史研究会の会員であった岡義武の日本政治史分野での仕事に言及することはなく、丸山眞男についても福澤諭吉および陸羯南についての論文でごく簡単に触れるのみである。[1] これは政治学者の側も同様で、丸山眞男の文章や回顧談に大久保利謙は登場しない（土屋喬雄は出てくる）。岡義武の論文にも大久保の仕事への言及はない。大久

保がいたころの憲政資料室に就職した神島二郎も大久保への言及はしない。(2) みごとなまでの大久保史学と政治学者による近代史研究との没交渉である。丸山を中心とした政治学者の描く近代日本像がおおまかには講座派的であったことが一つの原因かもしれないが、(3) それ以上に単純に日本のアカデミズムのタコツボ構造のためかもしれない。

小論は、これほど大久保史学とは断絶している戦後日本政治学に、固有の「明治」研究の視座というのがあったのか、あったとするとそれはどのような点で歴史研究に寄与したのか（あるいは見方によっては寄与しなかったのか）についてのスケッチを試みる。現在では政治学者と歴史学者の交流はあたりまえのことになっているが、両者の方法的架橋がどうすればできるかの回答は難しいとしても、いまだに残る問題点をはっきりさせることに役立つかもしれない。

二、政治学における「明治」の歴史化

政治学あるいは政治思想研究の視点で明治研究をする試みがいついかなる形で出発したのかを考えると、明治二十年代の、竹越与三郎や陸羯南のような新聞・雑誌を活動の舞台とする言論人による、明治期政治思想史とも呼びうる学術的洗練度の高い著述を前史としてとらえることが可能である。(4) また、日露戦争後あたりからは、明治を回顧し、「明治思想史」を叙述する試みも現れた。(5) しかしながら、たとえば明治国家の特性を説明するための政治学固有の視座のようなものが存在したのか、あったとしたらどうやって現れたのかについては、はっきりさせるのが困難である。そもそも西洋の制度および理論の学習と紹介が主であった政治学が、日本政治を本格的な研究対象とするまでには長い時間がかかった。現在では日本政治の政策決定過程や投票行動についての分析は多くの研究者によってなされるようになったものの、日本政治の歴史的研究は、職業的学問領域としての政治学全体から見ればごく小さい一領域に過ぎないままである。

とはいえ、吉野作造が「明治文化研究」の重要性という考え方を鼓吹した中心人物の一人であったことから始まって、政治学者が、政治体制、政治過程、文化現象として明治をひとくくりの時代とみなし研究することがそれなりに重要な意味をもっていたという印象は一般に存在するであろう。(6)

吉野は「明治文化の研究に志せし動機」として、「専制的官僚政治」の発想に固執する「古い人」に対して「明治政治思想の変遷史を明にすることが、当面の政界開展の実際的目的を達する上にも極めて必要だと考えた」と述べた。これは「明治政治思想」を歴史的に把握することで当代の政治が新

しい位相に入ったことを確認できるという実践的意思の表明である。[7] 吉野は、明治初期に起きた新しい政治的事象である「政治意識の発生」を「維新当時に身を置いて考へて見ると、実はそれは大変な事件」であるという。ここでいう「政治意識」問題とは、「政治を以て我等自身の仕事なりと確信する」こと、さらには「封建の旧衣を脱ぎすてた近代日本国民が如何にして立憲的政治意識を蓄ふる様になったか」と言い換えられている。[8]

明治国家の成立が「政治意識」的事件であるという立論は、その後長期にわたって政治学者による近代史研究の基本的構えを準備したものである。アカデミズムの世界で、政治学は国家の制度理論と制度史を主たる内容として法学を補助する学問に過ぎなかった。吉野は、国家の外にある人々の「意識」あるいは「心理」に着目することを通じて、固有の学問的存在理由を示せるのではないかと気づいた。同時代に大山郁夫が「民衆文化の社会心理的考察」(『中央公論』、一九二〇年八月)の必要を論じ、蠟山政道が『政治学の任務と対象』(一九二五年)に「政治社会の心理的基礎」という章を立てていることは象徴的である。[9] 政治学の固有性は国家を取り囲んでいる人々および国家の一部として行動をしている人々の「意識」・「心理」に着目することで主張できるという考え方が、大正期にはある程度共有され、それが「明治文化」の研究の意義と結びつけられた。「明治文化」は、感覚的に時代が近くまた文献資料が豊富にあることから、「意識」や「心理」の素材の宝庫としてうってつけであった。

明治を「政治意識」にとって特徴ある時代と描く試みには、二重の含意がある。一つはその「意識」が学問的認識の対象であり、それを分析し特性を同定すること自体に意義があるという研究対象の定立としての含意である。もう一つは、「政治意識」の変化を人間の精神的成長一般とのアナロジー、もしくは同一視できるものと考え、それが健全に成長しているかどうかという評価問題としての含意である。両者はあいまって、素朴な場合は慨嘆や叱咤になり、少し洗練された場合は病理診断のようになる。

吉野は「明治の初期は病弱の小児のやうなものである」、「当年の[かっての]病児は今や健全なる壮夫となった」と述べるが、実際の吉野の「明治文化」についての著述は敬意に満ちている。それは「デモクラシー」の時代を準備した苦難の時代であったという認識による。[10]

そして吉野は明治を歴史化することで政治学を刷新しようとする。吉野によれば、二十世紀初期の精神的状況の急激な変化に政治学は追いついていない。

然るに今や時勢が変つた。富国強兵は最早や国家生活の唯一の理想ではない。強制組織〔国家のこと〕其者を絶対の価値と認めねばならなかつた時代は過ぎた。是に於て今後の政治学は初めて強制組織に当然の〔独占的でなく、その対象に対して応分の〕価値を認め、人類の文化的進歩向上を計る為めの一つの科学として成立することが出来るやうになつたのである。直接の研究対象たる強制組織についていいはんか。従来の政治学は其推奨者であつた。少なくとも其代弁者であつた。今後の政治学は其監視人とならなければならない。(11)

吉野は、かつての政治学が明治国家の問題点を見抜けなかったと非難しているわけではない。それはそれで当時は機能していたが、時代の趨勢に合わなくなったということである。

吉野と比較すると、大山郁夫は、明治が遠い時代になったことを強調することで、新しい時代の政治学の必要性を語る。大山によれば、明治末期と大正期との間であれば断絶はあまりはっきりしないが、「明治の初期や中期の社会生活を題材とした錦絵などを見ると、様々の点で、今日の社会生活とは余程かけはなれたものがしめされてゐるにの打たれない訳にはゆかない」、明治初期の政治上の重要事件についての絵画には、「我々の時代にはとても再現されやうとは考へられない或る過去の面影が浮かんで居るのを感じる」、当時の政論や翻訳書なども「〔絵画と〕同種類の感じ」であるという。(12)

吉野も大山も、明治を歴史として位置づけることで新しい政治学の役割を模索していた。しかし、明治時代の経験の中に、その後の日本社会の不健全な成長と国家の失敗の深い病巣を見いだすといった視点を政治学が獲得するには、第二次大戦後に活躍を始めた世代を待たねばならなかった。

三、丸山眞男と明治国家の「心理」

丸山眞男は回顧談の中で「後進国ではナショナリズムと自由主義とが結合するという考え方が羯南には出ています。ぼくは大したものだと思った」と述べ、(13)その陸羯南についての論考では「どのような凶悪な犯罪人も一度は無邪気で健康な少年時代を経てきたように、日本主義の思想と運動も、大正から明治へと遡ってゆくと、最近の日本型ファシズムの実践と結びついた段階とはいちじるしくちがった、むしろ社会的役割において対蹠的といいうるほどの進歩性と健康性をもったものに行き当たるのである」と記した。(14)明治前期というのは成長して犯罪者になる前の「健康」な少年であり、それを表現する思想が陸羯南に見られるという話である。そして、その後の健全な成長を阻害した要因や状況は何かという、あたかも発達心理学のような問題設定がこの時期の丸山をとらえており、また丸山を囲む新しい世代の政治学者、さらには知識人や一般読者をとらえた。

日本の近代化が明治以降の経済社会の不均衡な発展によってゆがんだ形態をとっているという大枠の発想は周知のようにいわゆる「講座派」にあるので、これを特に丸山に、あるいはアカデミズムとしての政治学に特徴的な考え方とはいえない。ただし丸山は、学生時代から階級闘争史観には疑いをもっており、下記の引用に見られるように「国民大衆の権力に対する心理的承認」を、近代日本国家のいわば政治的人格形成にとって重要な因子と考えていた。丸山による緑会懸賞論文の準備ノートの中の「階級国家論についての感想」という項目名のついたメモには次のようにある。

> ところが歴史はしばしば被支配階級がまさに「国家」の名に於て支配階級を顚覆した事例を示してゐる。また、国家内に於て被支配階級の地位が否定すべからざる程確立して、支配階級と拮抗するに至るや、国家はもはや支配階級のみの機関ではなくて、両階級の均衡の上に成立するに至るのである。……何故支配階級が国家機構を完全に自己の意志のままに運転しえないかといへば、それは、国家機構が社会生活内に於て、完全に合理的に組織されて居ず、つねに非合理的領域が残されてゐるからであらうと思ふ。……このことは日本、ドイツの様に、資本制社会が誕生いくばくもなくして没落過程に入ったところではとくにさうである。社会層の複雑［資本と労働の二つの階級対立になっていないこと］――それが国家の階級支配をさまたげる。
>
> さうして、国家機構を通じてなされる経済的支配に於ける非合理性の残存という事実のうへに、また国民大衆の権力に対する心理的承認の程度が依存してゐるのである。(15)

このノートについては後年丸山が回顧で触れており、「政治心理の問題というのが、階級支配では解かれていない」ことが階級国家論への不満であったという。非合理的な「心理」が国家機構を引っ張り回す事態への理解が政治学には必要であると、戦前の丸山は考えていたのであろう。(16) もちろん丸山のこのようなマルクス主義国家論への方法論的不満は、明治国家研究そのものを意識したわけではなく、当時の状況に見合った国家論の模索から生じたものである。とはいえ、この問題意識があったからこそ、戦後の丸山と、その影響下にあった研究者の明治政治思想研究が一定の方向性を獲得することになった。

敗戦直後発表の論文で、丸山は「明治国家の思想」を「政治的集中」の原理と「政治的拡大」の原理の「二つの要素の対立の統一」と説明している。維新期に、「集中」は「尊王攘夷論」、「拡大」は「公議輿論思潮」により表明されたという。その後、「集中」の原理を自由な個人を担い手とする政治参加の意識と結びつけることに明治国家は失敗し（というよりもそれを忌避し）、「国民的自覚というものの内容が、むしろ感覚的な衝動の解放というような意味」に浸食されてしまった。また「政治的拡大」によって果たされるべきであった個人の自由と権利についての認識の成熟についても失敗した。そのような「国民的自覚」に抵抗するには、たとえば夏目漱石のように「非国家的な（反国家的ではない）非政治的な東洋的自由」（傍点は丸山による）に逃げ込むしかなかった。明治国家に対する批判者は、「国民的自覚」の名の下に蔓延する「衝動の解放」「俗物的な功利主義」から距離をとるだけで精一杯であった。[17]

とはいえ「その後の時代に比べると、やはり明治全体としてそこに何か根本的な健康性を宿していた」と丸山はいう。[18]こういった「健康」な明治という性格づけは、現在の政治思想、政治史研究の水準ではそのまま是認できるものではないが、明治の「その後の時代」の病的状態から振り返ると、あの頃はまだ健康だったという認識を表明しておく必要性を丸山が抱いており、それを学問的に表現できると考えていたのであろう。[19]

付け加えておくと、一九三〇年代に丸山が明治期の新聞雑誌に数多く触れた体験が、この「健康」な明治像という「価値判断」に影響したと後年に証言している。

だんだん何となく、それは別にどの思想書というのではなくて、明治新聞雑誌文庫をやたらに［見ていて］、明治の初期の雰囲気が、驚くべく、少なくとも私の生きている時代とは違う。じつに生き生きとしているし、多様だし、それから考え方が自由だし。そうすると、やっぱり、いつから、こんなになっちゃったのかと。こんなになった、と言っても、それは、明治新聞雑誌文庫に入りだした頃は、よほど悪くなった頃なんです。私が、こんなになった、と言うのは、一九三一年頃からのことを意味するわけです。だから、まだ左翼が盛んだった頃を意味するわけですけれども、それを含めても、こうして、こうして、こうなった、ということに対する純粋な観察の興味と、それから、どうして、かくも堕落したのかという価値判断と重なるんですね。重ならざるを得ない。[20]

しかしながら、丸山が「超国家主義の論理と心理」（一九四六年）や「軍国支配者の精神形態」（一九四九年）で描いてみせた暴走した天皇制は、その病的性格の原因を明治にもっていたのではないか。丸山はそれをどう分析しようとしたのか。病因の特定の方法について、丸山は当初特に具体的な道具立てをもっていなかったように思われるが、明治社会においてもっとも不健康な徴候として記述されるのは「「人欲」の解放過程を一挙に押しすすめたという点」である。[21] 類似の指摘は、明治初期の社会状況に言及した論考に繰り返し見られるが、特に後の「開国」（一九五九年）では、より詳しく「官能的欲望の無恥な追求」状況について論じられる。[22]

丸山はこの発想が戦後の混乱の経験によるものであることを回想で述べている。

その当時［一九四七年頃］、僕は、戦後の現象を、第二の開国ということで、ぜんぶ明治維新と重ねて見たのです。明治維新の過程を見ると、わりあいよくわかるなと思った。僕は戦争中、明治文庫に入り浸っていたから、明治一〇年（一八七七）ごろのものを手当たりしだいに見ていたのです。そうすると、エロ・グロ・ナンセンスがひどいんだな。言論が完全に時代です。幕藩体制が崩れたあとは野放しの解放なのです。笑い話から何から、ぜんぶ猥談に近いものです。それが戦後のカストリ雑誌なんかとダブル・イメージになった。このままいくと、また行き過ぎだということになって抑える動きが出てくるのではないか。そうすると、同じ事の悪循環ではないかという気がしたものだから、［ジョン・］ロックを念頭において、規範的自由が本当の自由であって、感覚的な解放だけではどうにもならんのではないかと強く言うことになったのです。[23]

欲望の暴走を民主主義が抑制することに成功するかどうかの不安が、戦後の丸山に重くのしかかっていたわけだが、明治国家の場合は天皇制による欲望の、抑え込みではなく、制度化（「国家的なるものの内部へ、私的利害が無制限に侵入する」）[24]が遂行され、当時としては一定の効果を挙げたことになる。その制御の仕組みの秘密は「超国家主義の論理と心理」によれば、権威との心理的距離を動力として体制が利用することである。

従ってここでの国家的地位の価値基準はその社会的職能よりも、天皇への距離にある。ニーチェは「へだたりのパトス」（pathos der Distanz）ということを以て一切の貴族的道徳を特質づけているが、我が国に於ては「卑しい」人民とは隔たっているという意識が、それだけ最高価値たる天皇に近いのだという意識によって更に強化されて

いるのである。(25)

このニーチェの言葉については、丸山のメモが残っており、そこには「Das Pathos der Distanzなしには、より高き状態の産出にたいする、一口でいえば人間というタイプの引き上げに対する、継続された人間の自己克服にたいする、あの願望も生まれなかった」とある。(26)

天皇制は「人欲」の解放を押しつぶすのではなく巧妙に動員し、「明治国家の思想」でいうところの「衝動の解放」としての「国民的自覚」に誘導した。「人欲」と「衝動」は同類のものを指しているようにも見えるが、もともとはヘーゲルからヒントを得ていると考えられる。一九三六〜三八年の間の丸山のノートには、フィッシャーの『ヘーゲル歴史哲学概論』の抜き書きとコメントがあり、「もろもろの欲情や特殊的利益の闘争からして、あらゆる特殊性を超越した清い理念が生れ出る」と記している。「欲情」はLeidenschaft(今日の訳語では「情熱」か)を指している。フィッシャーの解説では、「人間の諸活動、諸要求、諸利益、諸欲情という人間の全活動のうちに[これも丸山の抜き書きより。原文は、in den menschlichen Tätigkeiten, Bedürfnissen, Interessen und Leidenschaften]」、世界史の究極目的実現の「手段」(しかし当の個人はそれを知らない)が存する。そこに「理性の狡智」(die List der Vernunft)の働きがある。日本では「人間の諸活動、諸要求、諸利益、諸欲情」は国家に利用されるだけで、一般理念へと媒介されていく気配が一向にないことへのいらだちがこのメモに込められているのであろう。(27)

このようなヘーゲル的「人欲」把握から、心理的プロセスにおける欲望と合理的権力機構との「調整」(あるいは日本に見られる両者の無媒介な馴れ合い)のメカニズムとして明治国家をとらえる方法的手がかりは、断片的にはなかったわけではない。

丸山の回想によれば、大学卒業時にメリアム『政治権力』(一九三四年)を読む機会があったという。ただしメリアムについての記憶は、「『政治権力』(*Political Power*, 1934)の方が[*Systematic Politics*, 1945より]はるかに優れている。卒業まぎわに読みましたけれど、これは非常に面白かった」と述べる場合と、「[メリアムの『ポリティカル・パワー』を卒業時に友人からもらって]読んだら難しくて、変な言葉が出てきて、さっぱりわからない。新しいアメリカの政治学というのは、ぼくには、戦前のは、ほとんど入っていないと言っていいでしょうね。メリアムなんかは最新の政治学だったわけです。ぜんぜんわからなかった。パーソナリティ・アジャストメントなんて、どうしてパーソナリティの調整なんてことが政治

の問題になるのか、ぼくには全く見当がつかなかった」という、かなり印象の異なる回想とがある。(28)

メリアムは、「社会の一般的な了解、経験、制度に人格を調整して適応させていることの多さ」(第一章)、またその適応は競争でもあること(第八章)をthe adjustment of personalities問題として論じていた。(29) この考え方はその後丸山の関心範囲に残り続けたらしく、「C・メリアムの『体系的政治学』(*Systematic Politics*, 1945)をご覧なさい。いきなり最初に「統治の基礎」として提示されているのは人格の調整(personality adjustments)という問題です」といった言及もある。(30)

とはいえ、「超国家主義の論理と心理」についての「追記および補註」で述べたように、「こういう角度で分析を試みるにあたって、私は「お手本」がなかったので(アメリカの社会心理学や政治学の象徴論やコミュニケーション論は当時の私にとって殆ど全く未知であった)いろいろ苦労してあまりスマートでない表現や範疇を「鋳造」せねばならなかった」。(31) この回想が示すように、天皇制国家の「心理」分析の方法は手探りであった。(32) 大正期の政治学に萌芽的に見られる社会心理学への関心がそのまま丸山に継承されていたとみなすことは難しい。むしろ、上記のようにヘーゲル哲学とごく限定的な英語圏の政治学におけるパーソナリティ分析、吉野文庫や明治新聞雑誌文庫に豊富にあった明治期の刊行史料、そして何よりも戦中戦後社会の実体験が「鋳造」を助けたのであろう。

四、天皇制国家の精神分析：藤田省三

明治国家は強権的な統治機構をもって民を管理したのではなく、権力者と民の心理が曖昧に馴れ合って運動していくシステムであり、それを「天皇制国家」と呼びうるとして、その仕組みの解明に取り組んだ代表的な研究者は藤田省三である。丸山の「軍国支配者の精神形態」を読んだことを出発点として、藤田が丸山の提起した問題をどのように自己の課題として咀嚼し展開していったかについては他の研究に譲る。(33) 本稿での関心は、「天皇制国家」の「構造」へのこだわりが、政治学的視座としてどのように鍛えられていったのかに絞られる。

「構造」の語は、「歴史的社会構造」、「視座構造」といった形で、丸山もよく用いており、マンハイムの『イデオロギーとユートピア』や「知識社会学」、「保守主義的思考」などの影響が強い。(34) これを継承しつつ、この「構造」がどのような心理によって動かされ、あるいは支えられているのかという点に、藤田は焦点を絞り込んだ。

「天皇制国家の支配原理」(一九五六年)の序章で語られる

見通しによれば、「天皇制」国家の構成原理は、「異質な二つの原理の対抗・癒着の発展関係」であり、それらの原理とは「国家を政治権力の装置（Apparat）乃至特殊政治的な制度として構成しようとするもの」と「国家を共同体に基礎づけられた日常的生活共同態（Lebensgemeinschaft）そのもの乃至はそれと同一化《アイデンティファイ》できるものとして構成しようとする原理」である。[35] この箇所にボダンの機械論的国家論の説明が注記されているが、その説明と「日常生活共同態」の語は、ギールケ『ヨハネス・アルトジウス』（一八八〇年）に依拠していると考えられる。また「政治権力の装置」の語はおそらくレーニン『国家と革命』（一九一七年）に依っている。[36]

「天皇制とファシズム」（一九五七年）では、「国家理性と国家心情の強い内的矛盾」[37]という表現で二つの相容れない原理の「対抗と癒着」の関係が表現される。ここに示される「国家理性」（Staatsraison）と「国家心情」（Staatsgefühl）との緊張関係は、カッシーラー『自由と形式』（一九一六年）第六章を下敷きにしたものである。カッシーラーは支配機構の原理としての「国家理性」と国家を媒介として実現される普遍的価値への心情的動機である「国家感情」（しかもそれは国民感情Nationalefühlとも区別される）との緊張関係について、フンボルトを論じる中で分析している。[38] 藤田にとっての問題は、カッシーラーが論じたように個人の自由と普遍的価値との対立を媒介する制度として国家が現れるのではなく、「天皇制国家」においては、目的も矛盾の明確な認識も媒介意識もなく、ただなしくずしに形成される（「価値判断のチャンとした尺度そのものがない」）「精神」がその正体であるという点である。

> 天皇制の内部に存在する近代国家としての合理的機能化と前近代的共同態としての伝統的心情の価値化との、二つの傾向が生み出す深刻な矛盾を、更めて媒介し縫合するものは、こうした精神以外にはなかった。[39]

「天皇制とファシズム」では「起動構造」という不自然な用語が使用されている。天皇制国家を「ファシズム」化させた基礎的な動力である「郷土主義」とそれを抱え込んだままの国家の「機構化」といったものを指しているが、「起動構造」には二重の意味が内包されていると推測される。一つは基本動機motiveの意味である。藤田は「天皇制」（『政治学事典』の項目。一九五四年）において、ギールケによる「「ヨーロッパ」中世社会の起動原理（motive principle）」と対比して、天皇が権力の主体となる積極的動機を欠いていることを指摘する。[40] もう一つの意味は、怒りと不安を抱き込む政治体制という意味である。藤田が「天皇制とファシズム」の中でナチズムによる「不安の制度化」について触れる際に紹介しているフランツ・ノイマン『不安と政治』（一九五四年）の中には、フロイトの概念を応用した「欲動構造」（die Struktur der Triebe）という語が用いられる。「欲動断念」をすることで「欲動構造」から疎外された「自我」は不安を抱え込む。不安は産業社会化にともなって亢進し、暴力やカタルシス希求を生む[41]。藤田がmotive（動機）とTrieb（ヘーゲル『歴史哲学』にもあったが、精神分析用語では「欲動」）を重ね合わせたとするなら、「天皇制国家」が、支配する意志にではなく、放恣な「欲望ナチュラリズム」[42]を抱擁する「郷土」として振る舞うことで運動し続けるという、その「動機／欲動構造」の骨格がはっきりする。「天皇制」においては、集合的「自我」として個人の「欲動」に対処するのが国家であったが、同時に、そのような国家が内面化されて個人にとっての「自我」ともなりえた。

五、結論にかえて

もう一つ、「天皇制国家」の「起動構造」を構成した可能性があったにもかかわらず、どこかで失われてしまった要素として、自由な政治的コミュニケーションに藤田は着目した。すでに丸山は明治国家の基軸となる思想の一つを「公議輿論思潮」としていたが、藤田の場合、「横議」と呼ばれる自発的な政治的コミュニケーション（「百論沸騰」と「処士横議」と「浪士横行」と「志士」の横断的連結」）が、「旧社会の体内に新国家の核」となり、それが旧体制を崩壊させた最も重要な契機となったという（「ものどもが勝手に口をきき始めた時解体した」[43]）。藤田の作業の順番としては、「横議」の動態と思想的表現の分析は「維新の精神」（一九六五年）や吉田松陰研究で本格化したため[44]、まず読者の眼に触れたのは、「天皇制国家」の「精神構造」分析が先となったが、藤田のこだわりは、明治国家の出発点としての「横議」にあった。

第一、「明治」の称号は宮廷の都合の結果として生まれたものではなく、維新の社会変動の結実として発生したものであった。その意味で天皇家の世継ぎを意味したに過ぎない「大正」や「昭和」とは全く性質を異にしている。そうして又、社会の内側から出現した自生的な社会的力の自主的な社会活動の一つの成果として——不十分なものではあったがそうした成果の一つとして選び取られたものであったという点で、社会的動揺に対して社会の外側（雲の上）から対応しようとするのを常とした昔の改元とも事情を異にしている。[45]

では、徳川体制を解体させた「自生的な社会的力」はいつの間に、「郷土主義」に絡め取られた「欲望のナチュラリズム」に変質したのだろうか。この点について、藤田には正面から論じた作品がないように思われる。藤田は「対外的独立の確立という目標が生きていた日露戦争までは、ともかくも目標と現状との間に働く緊張があらゆる領域に残存していて、それがその時代の精神構造を張りのあるものにしていた」[46]という。これは丸山が明治の「進歩性と健康性」を論じたのと同様の、ナショナリズムにも健全な時代があった、という信念のようなものの吐露にしか見えない。国家機構編成と民の心理との間の矛盾や緊張を冷静に受け止めないまま明治国家の「精神」は空洞化していったという見立ては、丸山、藤田だけでなく、ちょうど一九五〇年代半ばに最初の研究成果をまとめた石田雄、神島二郎といった世代にも共有されることになった。[47]しかし、自由な政治的コミュニケーションが本当に幕末期にあったのかという問題と、それは明治国家の確立過程で喪失されたのかという問題のどちらも、厳密には検証されていない。[48]

問題は、健全な成長の可能性があった明治の「精神」がいつのまにか病的な状態に陥り、昭和期の全体主義体制に至って末期症状となった、という見立てそのものの確信の程度である。本稿で丸山と藤田に即して見たように、彼等の関心が、「意識」や「欲望」といった「心理」過程に向けられていたようにに見えるにもかかわらず、社会心理学や精神分析学は限定的な役割しか果たさなかった。心理学用語の学術的使用というより心理学的装いで社会や国家の「精神」を分析するといった作品、たとえば古くはマクドゥガル、A・L・ローウェル『戦争と平和における世論』(一九二三年)、フランツ・ノイマン、また『自由からの逃走』(一九四一年)、フロム個人のパーソナリティを政治過程の重要な因子として扱うメリアムやラスウェルに目配りはするが、後々まで継続するような方法論的刻印があったようには見受けられない。[49]この点は、今日から振り返れば適切な踏み止まりであった。精緻とは言いがたいモデルと手続きの怪しい概念操作に、丸山も藤田も結局は疑いをもっていたのではないだろうか。

丸山と藤田の明治研究は、ヘーゲル、ギールケ、カッシーラーを骨格としつつ、新しめの「心理」分析の漠然とした潮流にそれほど確信がないままに踏み込んでいった、実験的な試みの産物であった。その意味で発表当時読者に与えた清新な衝撃は想像可能である。ただしそれは、史料によって事件の経過や当事者の判断根拠などを確定する大久保利謙のアプローチとは体質が異なるものであり、そのため政治学者と歴史学者との間の相互の猜疑心が強まったのかもしれない。今日の研究者にとっては、維新期に自由闊達な政治的コミュニケーションがあったとか、明治初期のナショナリズムは健全であったとか、帝国主義期の「精神」は不健全であったなどという、根拠もわからず実証も不可能なラベリング競争をする必要は、幸運なことに存在しない。それらは、現在の政治思想史・政治史研究にとって枠組みでも呪縛でもない。ここにようやく大久保史学と政治学との架橋の可能性が見える。

注

（1）大久保利謙『大久保利謙歴史著作集　六　明治の思想と文化』（吉川弘文館、一九八八年）二四五、三四五頁。

（2）神島は一九五〇年に国会図書館に就職し「憲政資料」を担当した。同年七月に大久保は憲政資料係長となる。後に大久保と神島は、学部は異なるが立教大学で同僚となる。神島二郎『近代日本の精神構造』（岩波書店、一九六一年）三六六頁。

（3）大久保は講座派の歴史観に強い違和感を抱いていたように思われる。大久保が執筆に参加した教科書『くにのあゆみ』に対し、羽仁五郎、井上清、藤間生太が厳しい批判をしたが、「何のことかわからず」、「極めて不愉快」であったという（大久保利謙『日本近代史学史事始め――歴史家の回想』岩波新書、一九九六年、一五〇頁）。

（4）陸羯南『近時政論考』（日本新聞社、一八九一年）、竹越与三郎『新日本史』上・中（民友社、一八九一年）。丸山眞男の分類ではこれらは「同時代的思想史」に入るが、政治学的かどうかははっきりしない。丸山眞男「近代日本における思想史的方法の形成」（一九六一年）（丸山眞男『丸山眞男集』第九巻、岩波書店、一九九六年）。

（5）建部遯吾『哲学大観』（金港堂、一八九八年）には、「明治思想の変遷」という章がある。大正期には三宅雪嶺『明治思想小史』（丙午出版社、一九一三年）がある。

（6）吉野が初代会長をつとめた明治文化研究会について考えるならば宮武外骨から筆を起こし、吉野作造、尾佐竹猛とのつながりを論じるべきであろうが、それについては堅田剛『明治文化研究会と明治憲法――宮武外骨・尾佐竹猛・吉野作造』（御茶の水書房、二〇〇八年）に譲る。堅田は、大久保が尾佐竹の仕事を好事家の趣味のように見ていた点を強調している（同書、一九三頁）。なお、大久保利謙は、昭和十年以降に明治文化研究会に出席するようになったという。大久保利謙『日本近代史学史事始め――歴史家の回想』八三―九七頁。

（7）吉野作造「明治文化の研究に志せし動機」（一九二六年）（『吉野作造選集』一一、岩波書店、一九九五年）一〇三頁。

（8）吉野作造「我が国近代史に於ける政治意識の発生」（一九二七年）（『吉野作造選集』一一、岩波書店、一九九五年）二二三、二八九頁。「政治意識」という語の使用について、早い事例としては、『中央公論』掲載の無署名論文「政治意識の堕落」（一九〇四年）、田中王堂「卿等のために代言す」（一九一七年）中の章「政治意識の深化、醇化」がある。

（9）大山は「民衆文化の社会心理的考察」（『中央公論』、一九二〇年八月）において、「文化現象」を理解するには「社会的地位なり階級なりの団体意識」の把握が必要という主張をしていた。もちろん大山は階級意識の高まりを期待してこの議論をしている。

蠟山政道によれば政治学は「主として国家を対象として、その構造を可及的実証的に研究することにより、所期の目的を達せんとするもの」であった。蠟山は従来の政治学の狭さを批判し、「人間活動としての政治現象の文化的意義を索ぬる」方法と「実証主義」を組み合わせる必要があると主張した。蠟山政道『政治学の任務と対象』（巌松堂書店、一九二五年）「序言」、三—四頁。

なお、「政治心理」という語は大正期には紹介されていた。たとえば稲田周之助『政治心理学』（一九一四年）は、タルドの模倣説を導入して群集心理の説明を試みているなど先駆的な点もあるが、「義勇奉公は、人類の天賦の公徳なり」（二二八頁）、「我日本民族の如きは、其建国の初に於て、家族的君主政体を成し、君臣同心、大日本帝国の大生命の為めに力む、盡忠報国、義勇奉公は、其固有の本性」（二三〇—二三一頁）といった記述は、当時の水準でも学術的信頼を得るのは容易ではなかったであろう。

ナショナリズムを構成する国民としての自己意識に着目した早い例を探すと、陸羯南がブルンチュリを引いて「国民の自知（独逸語にて之をゼルブストベウストザイン・デス・ナチオンスといふ）」と記している。陸羯南「日本文明進歩の岐路（四）」（『東京電報』一八八八年六月一三日、西田長寿、植手通有編『陸羯南全集』第一巻、みすず書房、一九八八年）四〇〇頁。J. C. Bluntschli, *Allgemeine Staatslehre* (Stuttgart, 1875), S.94 への言及と思われるが、羯南はおそらくドイツ語には詳しくなく、「デス・ナチオンス」は女性名詞の2格とすると文法的におかしい。男性名詞のVolkとの間違いか。また*Allgemeine Staatslehre*では、「国民の自知」という意味では、Nationalbewusstseinという語が用いられている。羯南の参照元は別にあるかもしれない。

(10) 吉野作造「明治文化の研究に志せし動機」、一〇四頁。以下、引用文中の（ ）は原文、［ ］は松田による補足を示す。引用文の一部を省略した場合は……で示す。

(11) 吉野作造「政治学の革新」（一九二〇年）（『吉野作造選集』一、岩波書店、一九九五年）二三九頁。

(12) 大山郁夫『政治の社会的基礎』（一九二三年）（正田健一郎他編『大山郁夫著作集』第四巻、岩波書店、一九八七年）三五六頁。

(13) 松沢弘陽、植手通有編『丸山眞男回顧談（下）』（岩波書店、二〇〇六年）四〇頁。

(14) 丸山眞男「陸　羯南——人と思想」（一九四七年）（丸山眞男『戦中と戦後の間　1936—1957』みすず書房、一九七六年）二八一頁。

(15) 東京女子大学丸山眞男文庫所蔵資料、資料番号三五〇、「大学時代ノート（緑会論文準備メモ、読書ノート）」、一九三六〜一九三八年、一九九—二〇〇頁。傍線は原文。

(16) 丸山眞男「生きてきた道」（一九六五年月）（丸山眞男手帖の会編『丸山眞男話文集』続一、みすず書房、二〇一四年）二二頁。ただし丸山は「政治思想」には興味があったが「政治学」には興味はなかったという（同、五四頁）。

(17) 丸山眞男「明治国家の思想」（一九四六年）（丸山眞男『戦中と戦後の間』）二〇三、二三二、二三六—二三七頁。

(18) 丸山眞男「明治国家の思想」二四六頁。

(19) 丸山は『現代政治の思想と行動』における「追記および補註」において、「ただ、読者はどうかこの論文［「超国家主義の論理と心理」］だけからして、私が明治以後の日本国家の発展、ないしはイデオロギーとしてのナショナリズム思想における進歩的なモメントや世界的共通性を無視し、「前近代性」と「特殊性」で一切をぬりつぶす論者だったと断定しないでいただきたい」と述べている。丸山眞男『増補版　現代政治の思想と行動』四九六頁。

(20) 「『忠誠と反逆』合評会コメント　一九九三年四月」（丸山

眞男手帖の会編『丸山眞男話文集』三、みすず書房、二〇〇八年）二一〇―二一一頁。引用文中の［　］は『丸山眞男話文集』編者による。

丸山にとってのみならず、その後の政治学者による明治研究にとって、東京帝国大学法学部に置かれた吉野作造旧蔵書を保管する「吉野文庫」と、同様に法学部に置かれ、宮武外骨が事務主任となった「明治新聞雑誌文庫」とは、史料の宝庫として重要な役割を果たした。

(21) 丸山眞男「日本における自由意識の形成と特質」（一九四七年）（丸山眞男『戦中と戦後の間』、三〇三頁）。この論文で、「人欲」の語についてはまず本居宣長「直毘霊」を引用しており、すでに「近世儒教の発展における徂徠学の特質並にその国学との関連」（一九四〇年）でも同じ引用がある。類似の指摘は、明治初期の社会状況に言及した論考に繰り返し見られるが、特にのちの「開国」（一九五九年）では、より詳しく「官能的欲望の無恥な追求」状況について論じられる。丸山眞男「開国」（丸山眞男『忠誠と反逆』筑摩書房、一九九八年）二二〇頁。

(22) 丸山眞男「開国」（丸山眞男『忠誠と反逆』筑摩書房、一九九八年）二二〇頁。

(23) 松沢弘陽、植手通有編『丸山眞男回顧談（下）』五〇頁。

(24) 丸山眞男「超国家主義の論理と心理」（丸山眞男『増補版現代政治の思想と行動』未来社、一九六四年）一六頁。

(25) 丸山眞男「超国家主義の論理と心理」二一頁。

(26) 丸山眞男『自己内対話　3冊のノートから』（みすず書房、一九九八年）二七頁。この日記には「一九四五年手帖抜萃」、「ニーチェ「善悪の彼岸」ss257」と付記されている。ニーチェの対応箇所は、「「人間」という類型をあらゆる仕方で高めることが、これまで貴族社会の仕事であった。――そしてこのことはこれからも常に変わらないであろう。このような社会は、人間と人間との間に位階秩序と価値差別の長い階梯があることを信じ、何らかの意味において奴隷制度を必要とする。身分の差別が骨身に浸み込み、支配階級が隷従者や道具を絶えず見下ろし、そして双方の間に服従と命令、抑圧と隔離が絶えず行なわれるということが生じるような「距たりの感じ」がなかったならば、あの別のより秘密に充ちた感じもまた全く生じえなかったであろう。すなわち、魂そのものの内部に常に新しく距たりを拡大しようとするあの熱望、常により高い、より稀な、より遙かな、より広い、より包括的な状態の形成は起こりえなかったであろう」（ニーチェ『善悪の彼岸』木場深定訳、岩波文庫、一九七〇年、二五七節、三〇三頁）。残念ながら古谷旬編『超国家主義の論理と心理』岩波文庫、二〇一五年の注はやや不正確。

「へだたりのパトス」への着目のきっかけは、ヴェーバーかもしれない。ヴェーバーは『ドイツにおける選挙法と民主主義』（一九一七年）の中で、次のように述べている。

しかし「距離」というものは、――わが国ではニーチェにまでさかのぼること種々な「予言」に含まれた謬見が信じているように――「あまりにも多すぎる人間」に自分自身を「貴族主義的」に対置する悲壮な口調だけでは、決して獲得できるものではない。それどころか、距離は、今日このような内面的支えを必要とするならば、いつまでも本物ではないのだ。おそらく、民主主義的世界の内部で心の底から自己主張を行なわざるをえなくなれば、それはこの距離が本物であるかどうかを吟味するのに役立つかも知れない。（山田高生訳、マックス・ヴェーバー『ドイツにおける選挙法と民主主義』、マックス・ヴェーバー　政治論集　I』

みすず書房、一九八二年、三〇五頁)。

(27) 「清い」という形容は「純粋」reinの意味である。東京女子大学丸山眞男文庫所蔵資料、資料番号350、「大学時代ノート(緑会論文準備メモ、読書ノート)」、一九三六〜一九三八年、二九、三二頁。Kuno Fischer, *Hegels Leben, Werke und Lehre*, Tweiter Theil (Heidelberg: Carl Winter's Universitätsbuchhandlung, 1901), S.742, 744から。ヘーゲル『歴史哲学講義』の該当箇所は、G. W. F. Hegel, *Vorlesungen über die Philosophie der Geschichte: Werke 12* (Frankfurt am Mein: Suhrkamp, 1986), S. 40, 49、長谷川宏訳『歴史哲学講義(上)』岩波文庫、一九九四年、五一、六三頁。

(28) 丸山眞男「生きてきた道」(一九六五年十月)(丸山眞男手帖の会編『丸山眞男話文集』続二)五五頁。松沢弘陽、植手通有編『丸山眞男回顧録』上巻(岩波書店、二〇〇六年)一五八頁。

(29) メリアムは、権力を制度問題や闘争問題としてとらえるのは不十分で、集団間、個人間の調整・適応、さらにその調整過程に対応しようとする権力追求者らの重層的関係として理解すべきであると主張した。「パーソナリティ・アジャストメント」については、「集団間の調整も重要であるが、社会環境の一般的な枠組みのなかで、パーソナリティを調整することもまた重要である」(C・E・メリアム『政治権力』上、斎藤真、有賀弘訳、東京大学出版会、一九七三年、三三頁)などの説明がある。

(30) 丸山眞男「政治学入門(第一版)」(一九四九年)(丸山眞男『政治の世界　他十編』松本礼二編注、岩波文庫、二〇一四年)二六五頁。ここでいう『体系的政治学』(Charles Edward Merriam, *Systematic Politics*, Chicago: University of Chicago Press, 1945)の冒頭では、多様な人格と利害要求の調整について論じられている。しかし、それが「統治の基礎」であるというのは丸山の読み込みであろう。

(31) 丸山眞男『増補版　現代政治の思想と行動』四九五頁。

(32) 一九五六年に丸山は架空のセミナー形式による「政治学」の概説で次のように書いている。「「A[丸山のこと]は戦後いち早く社会心理学的方法を政治学に導入して日本ファシズムを分析した、って書いてありましたよ。」/「ああ、そのことは当時人からきいて思わず呵々大笑したよ。だって僕はその頃には――今だってたいしたことはないが――社会心理学なるものには、大昔にマクドゥガルやル・ボンを少しかじった程度でほとんど無恥だったからね」(「政治学」一九五六年、丸山眞男『政治の世界　他十編』三〇〇頁)。ル・ボンは『群集心理』(一八九五年)でよく知られているが、マクドゥガルは、W McDougall, *An Introduction to Social Psychology* (1908)を指す。同書は、蠟山政道『政治学の任務と対象』(一九二五年)に引用があり、同書か大学での蠟山による講義の影響かもしれない。

(33) 宮村治雄『戦後精神の政治学　丸山眞男・藤田省三・萩原延寿』(岩波書店、二〇〇九年)一四七―一四八頁。趙星銀『「大衆」と「市民」の戦後思想　藤田省三と松下圭一』(岩波書店、二〇一七年)三一―三三頁。

(34) 松田宏一郎『擬制の論理　自由の不安』(慶應義塾大学出版会、二〇一六年)一五五、一六六頁。

(35) 藤田省三「天皇制国家の支配原理」(一九五六年)(藤田省三『第二版　天皇制国家の支配原理』未來社、一九八一年)一〇頁。

(36) Ottovon Gierke, *Johannes Althusius und die Entwicklung der naturrechtlichen Staatstheorien. Zugleich ein Beitrag zur Geschichte der Rechtssystematik* (Breslau: Verlag von Wilhelm Koebner. 1880),

S. 27. オットー・フォン・ギールケ『ヨハネス・アルトジウス　自然法的国家論の展開及び法体系学説史研究』笹川紀勝、本間信長、増田明彦訳（勁草書房、二〇一一年）三一頁では、Lebensgemeinschaft とStaatsgemeinschaftとが区別されなおかつどのような関係にあるのかが論じられている。レーニン『国家と革命』には国家のApparatという表現が多々あるが、第六章第三節のカウツキー批判における、労働者による新しい「国家機関 Staatsapparat」の設立の主張といった箇所は役立ったであろう。N. Lenin, *Staat und Revolution : die Lehre des Marxismus vom Staat und die Aufgaben des Proletariats in der Revolution* (Berlin : Verlag der Wochenschrift Die Aktion, 1918), S. 107. レーニン『国家と革命――マルクス主義の国家学説と革命におけるプロレタリアートの任務』菊池昌典訳（江口朴郎編『世界の名著　六三　レーニン』中央公論社、一九七九年）五八〇頁。

（37）藤田省三「天皇制とファシズム」（一九五七年）（藤田省三『天皇制国家の支配原理』）二二一頁。

（38）Ernst Cassirer, *Freiheit und Form: Studien zur deutschen Geistesgeschichte*, Tweite Auflage (Berlin: Bruno Cassirer Verlag, 1918), S. 480, 520. カッシーラー『自由と形式――ドイツ精神史研究』中埜肇訳、ミネルヴァ書房、一九七二年）二六二、二八二、二八三頁。

（39）藤田省三「天皇制とファシズム」二二六頁。

（40）藤田省三「天皇制」(一九五四年)(藤田省三『天皇制国家の支配原理』）一九〇頁。藤田はギールケ『ドイツ団体法論』第三巻（一八八一年）の一部を英訳した、Otto Gierke, *Political Theories of the Middle Age*, translated with an introduction by Frederick William Maitland (Cambridge: Cambridge University Press, 1913), p. 30を参照している。

（41）Franz L. Neumann, *Angst und Politik: Vortrag gehalten an der Freien Universitat Berlin aus Anlass der Verleihung der Würde eines Ehrendoktors der Philosophischen Fakultät* (Tubingen: Verlag J. C. B. Mohr, 1954), S. 42.

（42）藤田省三「天皇制とファシズム」二二六頁。

（43）藤田省三「維新の精神」（一九六五年）（藤田省三『維新の精神』みすず書房、一九六七年）四、五、七頁。

（44）藤田省三「松書目撰定理由――松陰の精神的意味に関する一考察」（吉田常吉、藤田省三、西田太一郎校注『日本思想体系　五四　吉田松陰』岩波書店、一九七八年）。

（45）藤田省三「或る歴史的変質の時代」（一九七八年）（藤田省三『精神史的考察』平凡社、二〇〇三年）一三一頁。

（46）藤田省三「或る歴史的変質の時代」一六四頁。

（47）石田雄の研究について大嶽秀夫は、「家族国家観」によって明治国家が国民の「心情的な服従」を確保しようとしたというその主張には、「心理学上のデータ」」と「一層精緻な心理学的モデル」が必要であるにもかかわらず欠如していると指摘している。神島二郎の研究については、近代化が進行するにつれて神島が依拠する民俗学的資料が少なくなるため、民衆の「心情」を分析するための研究方法の一貫性が保ちにくいという。大嶽秀夫『新装版　戦後政治と政治学』（東京大学出版会、二〇一三年）五八、七四頁。

（48）筆者はこれを疑っている。Matsuda Kōichirō, "From Edo to Meiji: The Public Sphere and Political Criticism in Nineteenth-Century Japan," in *Routledge Handbook of Modern Japanese History*, ed. Sven Saaler and Christopher W. A. Szpilman (Abindon: Routledge, 2018), pp. 137-146. 松田宏一郎「「民心」と「公論」」(松田宏一郎『擬制の論理　自由の不安』二三一―二四六頁。

(49)　フロムは丸山「政治学」で触れられている。「でもお兄さんがよくふりまわす学者の中でもフロムの『自由からの逃走』などは歴史的な社会構造と関連させながら自我分析をしているのでよく分かるんですけれど」（丸山眞男「政治学」三〇四頁）。ローウェルについては、丸山眞男「反動の概念」（一九五七年）のためかと思われるメモで、radical, progressive, conservative, reactionaryを四象限に配置した図を書き写している。東京女子大学丸山眞男文庫所蔵資料、資料番号182-6-3「反動に関するメモ　ローウェル図式に関するメモ」（作成年不明）。Abbott Lawrence Lowell, *Public Opinion In War And Peace* (Cambridge, MA.: Harvard University Press, 1923), p. 276. 実際にはこの図は「反動の概念」論文には用いられなかった。なおローウェルの四象限の形を借り（丸山が明記している）、各象限に配置する概念を別のものにした図が、丸山眞男「個人析出のさまざまパターン――近代日本をケースとして」（一九六八年）（細谷千博編訳『日本における近代化の問題』岩波書店、一九六八年）で用いられた。

なおローウェルは「集団心理」、「集合的意見」、「政治的傾向性」といった概念で世論がどのように分析できるのかを吟味しており、第一次大戦後の社会科学の新しい潮流をいち早く見渡していたとみなすこともできる。丸山は第二次大戦後になって、その先見性を再評価したのかもしれない。

ラスウェルについては、『権力と人格』の丸山による詳細な書評がある。その書評は、ラスウェルの研究が徹頭徹尾「アメリカ的」文脈に縛られているという印象を示す、ラスウェルの論文集の編者による序文の引用で締めくくられている。丸山眞男「ラスウェル『権力と人格』」（一九四八）」（一九五〇年）、丸山眞男『戦中と戦後の間』四八七頁。

明治政府による記録編纂・修史事業と近代文書

箱石 大

はこいし・ひろし——東京大学史料編纂所准教授。専門は幕末維新政治史。主な著書・論文に『戊辰戦争の史料学』（編著、勉誠出版、二〇一三年三月）、「維新政府による旧幕藩領主の再編と戊辰戦争」（奈倉哲三・保谷徹・箱石大編『戊辰戦争の新視点 上 世界・政治』吉川弘文館、二〇一八年二月）などがある。

明治太政官文書は、政府による記録編纂・修史事業の中でどのように扱われてきたのか。同時代的に刊行された官版日誌や、後年編纂された法令集・史料集における文書名の付与と分類という営為を明らかにするとともに、その経験的蓄積が大久保利謙らによる近代文書の古文書学的研究を生み出すまでの経緯を史学史的に跡付ける。

はじめに

明治政府と「近代文書」

明治政府による記録編纂事業や修史事業において、直近のほぼ同時代の文書（現在からみると近代文書）は、編纂のための材料としてどのように取り扱われたのであろうか。当時の編纂事業においては、必ずしも文書の原本が重視されていた訳ではなく、提出させた編纂物や写しの記事を利用することが多かった。歴史学における史料学とは異なる方法で文書は取り扱われていたのである。

本稿では、戊辰戦争の期間と重なる草創期の明治太政官文書に考察の対象を限定し、それらの文書が、明治政府による各種の編纂事業の中で、どのように扱われたのかという問題に焦点を絞ることにする。とくに、文書への名称付与とその分類という作業に着目したい。(1)

さらに、こうした記録編纂・修史事業の経験は、現在の日本近代史研究にどのような影響を与えたのかという問題を、史学史的な観点から跡付けてみる。具体的には、明治期以来の各種編纂事業の成果を継承した大久保利謙らによる近代文書学の意義を指摘したうえで、明治太政官文書に関する今後の研究課題についても言及しておきたい。

一、官版日誌と明治太政官文書

(1)官版日誌への文書掲載

新政府による官版日誌の刊行は、慶応四年(一八六八)二月の『太政官日誌』の創刊に始まった。(2) これ以後、明治天皇の大坂行幸に際して『御親征行幸中　行在所日誌』が刊行され、東征大総督府(有栖川宮熾仁親王が東征大総督)や鎮将府(三条実美が関八州鎮将)が進駐した江戸(同年七月十七日、東京と改称)では『江城日誌』・『鎮台日誌』(別名「関東鎮台日誌」)・『鎮将府日誌』が、明治天皇が東京に行幸した後は『東京城日誌』や『東巡日誌』・『還幸日誌』などが刊行された。官版日誌の編集・刊行は、『官報』の前身とも位置付けられる広報・宣伝事業であっただけでなく、明治政府による最初の記録編纂事業であったとも言えるだろう。

これらの『太政官日誌』を始めとする官版日誌には、新政府が発給した文書や諸藩などから提出された文書が写しとして掲載され、その冒頭には文書の名称が記されている。本稿では、新政府が発給した文書のみならず受領したものも含む授受文書群全体を明治太政官文書と総称するが、この明治太政官文書のうちの一部が官版日誌に掲載されることにより、文書の授受とほぼ同時期に新政府自身によって名称を付与されていたのである。

従来の明治太政官文書の研究においては、このことにあまり注意が払われてこなかったように思われるが、明治太政官文書を古文書学的に研究する上で、たいへん貴重な情報を提供してくれていることに着目する必要がある。古文書学の分野はもちろんであるが、あらゆる研究で文書を利用する場合、あるいは様々な現場で文書を調査・整理し、その目録を作成する場合、個々の文書にどのような名称を付与するのかということは、極めて重要な問題なのである。

実は、後述する『法令全書』が、『太政官日誌』を参照していたにもかかわらず、その後の歴史学研究において、少なくとも文書名の問題に関しては、官版日誌に遡って研究することをしてこなかった。明治太政官政府の公文書に名称を付与するにあたって、そもそも発給者である政府自身がどのような名称を付与していたのかという点を重視するならば、政府が同時代的に刊行していた『太政官日誌』等の官版日誌に記載された文書名が、まさに政府自身によって付与された文書名なのであり、これを研究に際しても採用すべきなのではないかと考える。

（2）太政官日誌にみる新政府発給文書の名称

新政府自身による文書名の付与と文書分類の実態を、『太政官日誌』によってみていきたい。前述したように、『太政官日誌』には、創刊後まもなく名称を付与された文書が掲載されるようになっている。

表1「『太政官日誌』にみる明治太政官文書の名称」は、『太政官日誌』に登場した文書名の件数を集計したものである。慶応四・明治元年から明治二年までの戊辰戦争期に刊行された『太政官日誌』から文書名の記載件数を抽出して作成した。ただし、これはあくまでも『太政官日誌』に文書名が明記された件数である。同じ形式の文書が複数続く場合は、冒頭の文書にのみ名称が付与され、次掲以降の文書では名称が省略されていることも多いが、この場合は冒頭の文書のみ一件と数えている。また、名称が記されていない文書もあるが、この場合は件数に加えていない。したがって、表の件数は、『太政官日誌』に収載された文書の総数ではない。

今回は、名称が付与されていない文書について、前後の関係から文書名が容易に判明する場合でも、あえて文書名を推測して集計することをしなかった。未だ研究が途上であるため、現段階では筆者による誤謬を極力排除したかったからである。とはいえ、『太政官日誌』に掲載された草創期における明治太政官文書の名称の種類とその時期的な特徴を大まかに把握することは可能であろう。

（3）御沙汰書の増加

表1をみると、慶応四・明治元年から明治二年にかけての新政府発給文書としては、圧倒的に御沙汰書が多いことが分かる。とくに慶応四・明治元年八月を境に増加している。御沙汰書の結文（＝書き止め文言）は「御沙汰候事」の場合が多く、これをもって御沙汰書と判断することもできるが、『太政官日誌』をみる限りでは、「被　仰出候事」や「被　仰付候事」という結文を持つ文書でも御沙汰書とされている場合があり、結文だけで御沙汰書か否かを見分けることは、現在の研究蓄積では甚だ困難である。さらに、御沙汰書と後述する御達書を様式上の違いで区別することも現状では難しい。御沙汰書と御達書の件数の変遷をみると、七月から八月にかけて何らかの転機があったことが分かる。そこで考えられるのは、八月十三日に出された御布告の影響である。『太政官日誌』慶応四・明治元年第五六号に掲載された御布告の条文は、次のようなものであった。

同（八）月十三日御布告

一、被仰出・被仰下・被仰付・御沙汰等之文字ハ、行政

御布告	御布令書	御達書	達書	上書	上表	届書	備考
		1					御達書の表記は御達。
2		2				1	被仰出書には被仰出1、御達書には御達1を含む。
		4				10	御沙汰書の表記は御沙汰、御達書の表記は御達。被仰出書には被仰出1を含む。
12		48				21	御達書には御達7を含む。
7		30				34	届書には報告1を含む。
7		7		1		37	御布告には布告2を含む。
11		8				62	御沙汰書には御沙汰1を含む。届書には言上書2、急報知書1を含む。
5		1	2			57	詔書の表記は詔。御布告には布告1を含む。達書は軍務官達書、御達書も軍務官達書のこと。
10		1				80	届書には校正（秋田藩届書）1を含む。
5		2				59	届書には校正（駿河府中藩届書）1を含む。
7		4				20	
3		9		1	8	12	上表には辞表1を含む。
7		3	1		78	5	上表には別表1・建言1を含む。
2		2			33		
2	1	6	1	1	46	3	
		11	2		2	7	
		15	1		3	27	
		11			1		
		15				4	
		1					詔書には詔1、勅書には勅答1を含む。
2		3					勅書には勅答1・勅語2を含む。
		1				1	宣下状には宣旨2を含む。
5					5	1	
					55		
87	1	185	7	3	231	441	

文書名が明記された件数であり、収載された文書の総数ではない）。

表1 『太政官日誌』にみる明治太政官文書の名称（慶応4・明治元年～明治2年）

		詔書	宣命	勅書	御祭文	御誓文	御宸翰	御沙汰書	被仰出書	御下問書	宣下状	御布告書
慶応4・明治元年	2月											
	3月				1	1	1					
	4月								4			
	閏4月							2	3			
	5月								1			
	6月								1			
	7月	1						4				
	8月	1	1					25	1			
	9月	1						22				
	10月							13				2
	11月							22				4
	12月							21				4
明治2年	正月			1				22				7
	2月	1						43				5
	3月							17				
	4月	1						14				3
	5月	1						19		1	2	7
	6月	1		1				31		1	14	1
	7月							20		1	2	5
	8月	1						9				3
	9月	4		2				14				6
	10月			3				10				
	11月							20			3	5
	12月	1						22			1	8
	追録											
合計		13	1	7	1	1	1	350	10	3	22	60

（註）本表は、『太政官日誌』慶応4・明治元年～明治2年分から文書名の記載件数を抽出して作成した（ただし、

官之外不相用候事、
但シ、大総督府・鎮将府ハ格別ニ付、御沙汰之文字相用候儀不苦、被仰出・被仰付等之文字ハ不相成候事、
一、五官・府・県ニ於テ、被仰出・被仰下・被仰付・御沙汰候ト可相認程之儀、并ニ重立候御布告等之儀ハ、行政官へ差出、議政官決議之上、行政官ヨリ御達相成候事、
一、御達書ニハ、総而行政官ト相認候事、
尤、重立候事件ニハ押印、
一、五官・府・県ヨリ達書ニハ、其官・其府・其県相記シ候事、
尤、重立候事件ニハ押印、
（中略、雛形文例を割愛）
一、行政官之外、被仰出・被仰下・被仰付等之換字、申付・申達等之語ヲ相用候事、
但シ、行政官ヨリ御達相成候旨趣ヲ伝候文字ニハ、被仰付・御沙汰等之文字相用候儀、第一雛形文例ニ準候事、
右之通御規則御取極被　仰出候事、
行政官

この御布告によって、行政官、大総督府・鎮将府、行政官・議政官以外の五官（神祇官・会計官・軍務官・外国官・刑法官）及び府・県が発給する文書の結文の使用区分が厳格に定められたが、どのような様式の文書が御沙汰書であるのかという点までは分からない。ただし、一般に達書と言われる文書については、御達書は行政官が発給するもの、達書は五官・府・県が発給するものとされたことは確認できる。

以下、**表1**に基づき各種の文書について概観しておこう。

（4）詔勅類

詔書・宣命・勅書は御沙汰書に比べるとかなり少ない。勅書の名称が明治二年になってから登場するという点も意外である。明治二年の勅書のうち、正月の勅書は政始に際して輔相・議定・知官事・参与以下の官員に示したもの、六月の勅書は鍋島直正に下されたもの、九月の二通はオーストリア皇帝への勅答と同公使への勅書、十月の三通は新旧アメリカ公使への勅答・勅語である。正月と六月の勅書以外はいずれも外国の元首や外交官宛のものである。慶応四・明治元年三月の御祭文・御誓文・御宸翰は、三月十四日に挙行された五箇条の誓約式に際して出されたものである。被仰出書の名称が八月以降登場しなくなるのは、前述した八月十三日の御布告が影響しているのかもしれない。御下問書は、明治二年五月

における三条の下問、同年六月の官位相当表・職員令についての下問、同年七月の貨幣偽造問題に関する諸藩への下問である。

(5) 官位叙任文書

知藩事を含む新政府の官職や位階を授ける宣下状については、少し詳述しておきたい。(3)『太政官日誌』で確認する限り、宣下状の初出は明治二年五月で、『太政官日誌』明治二年第五六号に掲載されているものであり、結文が「右　宣下候事」という様式の文書である。同年十一月になると、「天皇御璽」を文書の冒頭と年月日部分の二箇所に捺し、「宣」・「奉行」を担当した官員の官位・姓名を記した様式の文書を「宣下状」と表記する事例が『太政官日誌』に登場する(明治二年第一〇六号)。これは、従来の口宣案・宣旨の要素を加味した様式となっている。当時、このような様式の文書を、基本的には「宣下状」と称したが、一部では「宣旨」と表記した事例もある。このことは、新政府が創出した「宣下状」という新たな文書様式が、従来の宣旨の系統を引くものであることを物語っているとも思われるのだが、本来の宣旨に比べると、その様式はかなり異なっている。

(6) 御布告書・御布告・御布令書

御布告書と御布告という名称について、両者に本質的な違いはないのかもしれないが、『太政官日誌』の同じ号の中で両者を使い分けている事例がある(明治二年第一〇九号)。御布令書の一件は、海外渡航者に改正された印鑑を再交付する件につき府・藩・県に再令したものである。ちなみに、この御布令書の結文は「御沙汰候事」であり、このことからも「御沙汰候事」という結文の文書がすべて御沙汰書であるとは限らないことが再確認できる。

(7) 御達書と達書

御達書と達書の名称は明確に使い分けられていたようである。前述した八月十三日の御布告でも、「御達書ニハ総而行政官ト相認候事」、「五官・府・県ヨリ達書ニハ其官・其府・其県相記シ候事」と規定しているように、御達書は行政官、達書は行政官以外の五官と府・県が発給する文書とされていた。御達書と達書は、新政府自身によって明らかに区別されていたのである。文書名における「御」の字の有無で別種の文書様式とされていたのだとすると、安易に「御」の字を削除し、両者を達書として一括りにしてしまうことは、それぞれの文書が持つ本来の機能を理解できなくなる恐れもあろう。そのように考えると、御沙汰書や御布告書の「御」の字も、単なる沙汰書や布告書と区別する意味合いを持っていたことになる。政体書官制においては、行政官が発給する文書のみが、その名称に「御」の字を冠することができ、その他の五官が発給する文書の名称には「御」の字を冠することができず、文書名の上でも格差が付けられていたということである。

(8)新政府宛の上申文書

上書・上表・届書は、新政府が発給した文書ではなく、新政府の官員や諸藩から提出された上申文書である。明治二年における上表の大半は諸藩主が版籍奉還を願い出たもので、届書の大半は諸藩から提出された戊辰戦争に関する戦争届書である。(4) 戊辰戦争期の官版日誌には、いかに多くの戦争届書が掲載されていたか、改めて認識することができるだろう。

ところで、『太政官日誌』に掲載された新政府発給文書の名称とその様式を通覧すると、御達書と御沙汰書の関係のように、新政府が自ら付与した文書名でも、時期によって使用法が変化していた可能性もあるが、その詳細な分析は今後の課題である。

二、政府編纂物にみる明治太政官文書

(1)復古記の場合

太政官正院歴史課以来の修史部局で編纂された「復古記」収録の明治太政官文書には、どのような文書名が付与されたのか。(5)「復古記」の引用書目は、主として華族諸家に提出させた家記という編纂物である。新政府側の史料としては、『太政官日誌』などの官版日誌が多用されている。現在、東京大学史料編纂所に「復古記原史料」として所蔵されている明治太政官文書原本群からの引用はごく一部に過ぎない。

前述したように、『太政官日誌』に掲載された新政府発給文書の名称としては、御沙汰書がもっとも多かったのであるが、「復古記」に収録された新政府発給文書にどのような名称が付与されているのかという点を確認してみると、ほぼ「達書」の名称で一括りにされているようである。

(2)法令全書の場合

政府の記録部局による各種編纂物の中でも、日本近代史研究にとって『法令全書』と『法規分類大全』は極めて重要な文献史料である。公刊されたものであることから、戦前以来、近代史研究においては基本的な史料として長く活用されてきたものであり、昭和四十六年(一九七一)七月の国立公文書館の開設以降、「公文録」や「太政類典」などの公文書類の利用が可能となるまでは、法令などの基本的な典拠として重宝されてきた。(6)

『法令全書』の「編纂例」によると、「明治元年ヨリ六年ニ至ルノ間、法令ノ名称一定セスト雖モ、姑ク太政官日誌等記スル所ニ従ヒ、被仰出ハ仰、御布告ハ布、御沙汰ハ沙、御

達書ハ達、ノ文字ヲ月日ノ下ニ附載ス」（読点は原文にもともと付されていたものに加え、筆者が適宜追加した、以下同じ）とあるように、「法令ノ名称」は『太政官日誌』等の官版日誌に記載されたものに従うとされている。「被仰出」、「御布告」、「御沙汰」、「御達書」の名称は官版日誌を踏襲しているのである。ただし、「一官庁又ハ一箇人ニ対スル法令ハ、概ネ省略スト雖モ、他ノ法令ニ関渉シ、特ニ必要ト認ムルモノハ間〻之ヲ掲載ス」とあるので、『太政官日誌』に掲載されているような個人宛の御沙汰書などはほとんど収録されていない。

（3）法規分類大全の場合

『法規分類大全』では、同書の編纂が行なわれた時期までに蓄積された調査・研究の知見が遡及的に適用された部分もあるであろうが、文書名に関しては基本的に『法令全書』と同じく『太政官日誌』等の官版日誌に記載された名称に従っているように思われる。『法規分類大全　第一編　政体門三　詔勅式』の「目録」と本文の冒頭に記されている解説文によると、明治太政官政府の下で発給された公文書のうち詔勅と分類された文書の種類は、次のようなものであった。なお、括弧内の年月日は初出の詔勅が発令された日付である。

詔（明治元年二月二十八日）／勅（明治元年六月二日）／御宸翰（明治元年三月十四日）／上諭（明治三年十二月二十日）／勅諭（明治四年九月四日）／宣命（明治元年八月二十七日、宣命は明治六年四月三日に御祭文と改称）／御祭文（明治元年三月十四日）／御告文（明治八年二月十一日）／勅問（明治二年四月二十日）／御下問（明治二年五月二十二日）／勅旨（明治四年十一月四日）／勅語（明治元年二月十五日）／策命（明治元年九月二十二日）／誄辞（明治二年十一月十三日）／御沙汰書（明治元年三月十五日）／御委任状（明治元年閏四月五日）／訓条（明治八年五月十七日）／訓示（明治十七年四月二十四日）／御国書（明治元年正月十日）／御親書（明治六年四月十八日、個別文書ではなく書例の発令日）／御批準書（明治七年一月日闕）／証認状（明治七年四月九日、個別文書ではなく書式の発令日）

これらの詔勅のうち、**表1**と同じく慶応四・明治元年から明治二年までの二年分を抽出した一覧表が、**表2**「『法規分類大全』にみる明治初年の詔勅」であるが、『法令全書』の編纂方針と同様に個人宛の文書は概ね省略したためであろうか、収録数が最も多い詔は一八件が掲載されているのに対し、御沙汰書は僅かに二件のみである。

政府の記録部局による編纂物であった『法令全書』や『法規分類大全』が、明治元年から明治六年までの期間については基本的に『太政官日誌』等の官版日誌に記載された文書名

表2 『法規分類大全』にみる明治初年の詔勅（慶応4・明治元年～明治2年）

		詔	勅	御宸翰	宣命	御祭文	勅問	御下問	勅語	策命	誄辞	御沙汰書	御委任状	御国書
慶応4・明治元年	正月													1
	2月	1							2					
	3月	1		1		1						1		
	4月													
	閏4月												1	
	5月												1	
	6月		1										1	
	7月	1											1	
	8月	1			1								2	
	9月	1								1				
	10月	2							1					
	11月								1	1				
	12月	1												
明治2年	正月	1												
	2月	1	1											
	3月													
	4月		1				1							
	5月	1						1						
	6月	1											2	
	7月								1				1	
	8月	1												
	9月	5						2						1
	10月													
	11月										1			
	12月									1		1		
合計		18	3	1	1	1	1	3	5	3	1	2	9	2

（註）本表は、内閣記録局編『法規分類大全　第一編　政体門三　詔勅式』（1891年3月）により作成した。

を踏襲していたのに対し、記録部局から分離・独立して、記録とは別に歴史を取り扱った政府の修史部局が編纂した「復古記」の場合は、『太政官日誌』の文書名を踏襲せず、新政府の下達文書をほぼ「達書」という名称で統一するなど、文書名の付け方においても両者の編纂方針には違いがみられた。

（4）公文書制度の変遷と文書名

維新後、国の公文書制度[7]はたびたび改正されており、文書名としても通用する法令の名称とその使用法についても少なからず変遷があった。

例えば、明治四年（一八七一）七月二十九日の「正院事務章程」により、太政官は布告、各官省は布達の名称を使用することになった。実際に、『太政官日誌』をみる限りでは、慶応四・明治元年から明治二年にかけての時期に、御布告書・御布告・御布令書や御達書・達書という文書名は確認できるが、布達という文書名は、少なくとも『太政官日誌』には登場しない。当初、布達とは各官省が発した法令のことであり、明治四年以降に登場した名称であったのである。その一方で、達の名称は太政官でも各官省でも使用され続けた。

ところが、明治十四年（一八八一）十二月三日の太政官達により、政府の法令は布告・布達・告示・達の四形式とされ、この制度は明治十九年（一八八六）二月二十六日に公文式が公布されるまで存続する。このように、明治十四年以降、布達は諸省が発令するものではなく、太政官が発する法令の一形式の名称となった。

三、日本近代史学と近代文書論

(1) 古文書学成立以前の修史事業

太政官正院歴史課以来の修史部局において、一八八〇年代後半に実施された史料採訪と言われる古文書の蒐集事業は、日本古代・中世史の分野で古文書学の成立に影響を与えたことが指摘されている。[8] つまり、「復古記」の編纂が開始された当時の修史部局は、未だ古文書学的な考え方が導入される以前の段階であったのである。加えて、当時は直近の歴史である戊辰戦争期を対象としたほぼ同時代史の編纂物であったということも、「復古記」の編纂材料となった文書・記録類が、歴史学や古文書学の研究対象とはなり得なかった理由であったようにも思われる。

むしろ、記録部局における『法令全書』などの法令編纂の分野で、個々の法令文書の名称については検討が進んだ感がある。ただし、それはあくまでも法令分類上の関心であり、古文書学的な関心ではない。とはいえ、その後、法学の分野はもちろん、日本近代史学の分野においても、『法令全書』や『法規分類大全』による名称の付与や分類の仕方が、今日まで影響を与えていることは事実であろう。けれども、「復古記」の編纂時もそうであったように、後年における文書名の付け直しや、それに伴う再分類などの影響で理解を多少混乱させた感は否めない。こうした点からも、改めて『太政官日誌』等の官版日誌における文書名に立ち戻ってみる必要があるのではなかろうか。

(2) 文部省維新史料編纂事務局の文書分類法

明治四十四年（一九一一）五月十日、文部省所管の維新史料編纂会が創設され、国家事業として明治維新史料の蒐集と編纂が実施されることになった。会務を担当するために維新史料編纂事務局が設置され、これに所属する維新史料編纂官・維新史料編纂官補たちが編纂の実務を担当した。彼らが日々行なっていた業務の中に、史料となる文書に名称を付与して分類する作業があった。

維新史料編纂事務局における史料の蒐集・編纂の成果は、「大日本維新史料稿本」という簿冊に纏められていった。「大日本維新史料稿本」は、綱文という年表の事項のような文章を記した赤罫紙の原稿と、綱文の典拠となった史料の原文を引用・書写した黒罫紙の原稿で構成されている。そして、史料の原文を記した黒罫紙の原稿には、その冒頭に、日付、名称（史料名）、備考（摘要・出典書名・所蔵者名）を記した短冊状の用紙（正式名称は「史料登録用紙乙」だが、「乙号用紙」と略称された）が必ず綴り込まれていた。(9)

つまり、「大日本維新史料稿本」を作成する過程では、文書・記録類を問わず、すべての史料に名称を付与しなければならなかったのである。したがって、明治太政官文書にもそれぞれ名称を付与する必要があった。このため、維新史料編纂事務局では、「維新史関係文書の標目」とも言われる内規（常置編纂員の岡部精一が立案）を定め、これに依拠して編纂作業を進めていた（ただし、この内規の原物は未確認）。

戦後一九六〇年代に至り、元維新史料編纂官の藤井貞文からこの内規を教示された大久保利謙が「文書から見た幕末明治初期の政治――明治文書学への試論」(10)という論文を発表し、藤井貞文自身も「近代の古文書」(11)という論文を発表することによって、この維新史料編纂事務局による文書分類法の存在はようやく学界に知られるようになる。

ちなみに、藤井は、昭和二十七年（一九五二）より、国立国会図書館に勤務する傍ら、母校である国学院大学の兼任教授を務め、同三十九年（一九六四）に国会図書館を退職して同大学の専任教授となるのだが、大久保論文が発表される前年の昭和三十四年（一九五九）には、国会図書館の憲政資料係長に就任していた。(12)戦後、憲政資料室の創設と発展に尽力した大久保との間には、実際の史料収集事業を媒介とした交流があったのである。

（3）大久保利謙の近代文書論

維新史料編纂事務局による文書の分類法は、編纂作業上の便宜的な方法であり、十分な学問的検証を経た成果というよりは、編纂業務の過程における経験的な知見を集約したものであろう。その後こうした方面の研究は進展せず、幕末政治史研究においても「勅書」や「御沙汰書」といった文書名が、とくに学問的な裏付けもなく、個々の研究者によって慣用的に使用されてきたのである。

こうした中で、大久保利謙の近代文書論（「明治文書学」）は画期的なものであった。鈴江英一は、大久保利謙と藤井貞文の研究を再評価し、とくに大久保論文を「近現代史料論の最初に掲げられるべき記念碑的な研究」と位置付けている。[13]

大久保論文は、幕末期から明治初期にかけての官庁文書に焦点を絞り、幕末期は朝廷文書、維新期以降は政府の法令に限定して考察を加えたものであり、文書名や文書の分類について、幕末期の朝廷文書、御沙汰書形式の新政府文書、新政府成立当初の法令様式、御沙汰書から布告・布達へ、という流れで論じている。

文書の名称については、ほぼ『法令全書』や『法規分類大全』に倣ったものであり、現在の研究状況からすると、「太政類典」などの編纂物も含め、それぞれの性格の違いに頓着せず、同列の史料として利用しているといった問題点はあるだろう。しかしながら、**表1**にみるように、慶応四・明治元年から明治二年にかけての新政府発給文書としては、圧倒的に御沙汰書が多いことからも、大久保論文において、草創期の新政府が発給した文書の主要な様式を「御沙汰書形式の新政府文書」とし、ほぼ幕末期の朝廷文書様式の踏襲であると指摘したことは卓見であったと言えるだろう。ただし、その後の展開については、主として法令を考察の対象としたためか、あたかも新政府文書の主流が、政体書官制以降、御沙汰書から布告・布達へと変化したかのように述べている点は再考の余地があろう。少なくとも『太政官日誌』を見る限り、慶応四・明治元年から明治二年にかけての時期において、御沙汰書の発給件数はとくに減少していないのである。

とはいえ、大久保論文は、維新史料編纂事務局方式による文書名の付与と史料の分類法を継承・発展させながら、古文書学的な方法論を取り入れた先駆的な研究であるという評価は揺るがないであろう。

おわりに

明治太政官文書研究の課題

大久保利謙や藤井貞文の近代文書論は、必ずしも多くの研究者に継承され発展していった訳ではなかった。中野目徹は、大久保と藤井の論文を「古文書学的な手法を近代史料に応用した例外的な研究」としたうえで、「両者の試みは先駆的な一定の意味を有しながらも、その後十全な展開を見せていない」と評し、その理由として、近代史料が大量に残存し種類も多様であることに加え、「公式令」による原則とそれからの逸脱過程とみなす文書の分類方法が有効ではない点を挙げている。[14]

大久保論文は、維新史料編纂事務局における編纂事業の中で蓄積されてきた知見を、古文書学的研究と接続させようとした。しかし、その後の学界全体における研究上の関心は、とくに膨大な分量が存在する近代文書を、文書群として把握するアーカイブズ学的研究に移っていったため、古文書学的な研究は現在に至るまであまり進展していない。そうした中で、大久保の近代文書論は、幕末・明治初期における官庁文書の古文書学的研究に先駆的に着手した点で貴重であろう。鈴江英一も、近世・近代移行期の文書について古文書学的研究の有効性を主張している。(15)

近年の研究史整理によると、(16)明治維新史研究の分野では、依然として史料学やアーカイブズ学研究が立ち遅れているとする一方で、研究全体の中では少ないとはいえ、次第に史料学的・アーカイブズ学的研究の成果が着実に蓄積されてきていることも指摘され、研究基盤のさらなる整備や新たな研究領域の開拓などに寄与することが期待されている。このような現状から考えても、大久保論文によって先鞭が付けられた古文書学的観点からの明治太政官文書研究の推進は、新たな研究成果を生み出す可能性を秘めているのではなかろうか。

注

(1) 文書名の付与という問題に関しては、すでに佐藤雄基「明治期の史料採訪と古文書学の成立」（松沢裕作編『近代日本のヒストリオグラフィー』史学会シンポジウム叢書、山川出版社、二〇一五年十一月）が注目し、「「文書名をつける」営為そのものの歴史については、別稿を期したい」と述べている。

(2) 『太政官日誌』の創刊については、箱石大「口絵解説「慶応四年二月二十日付村上勘兵衛・井上治兵衛請書」（『日本歴史』第八四六号、二〇一八年十一月）を参照。

(3) 宣下状については、石川県中能登町教育委員会編『中能登町能登部下　乗念寺文書目録』石川県中能登町教育委員会、二〇一八年三月）所収「乗念寺文書解題」の「近代文書」（石田文一執筆）も参照。

(4) 戦争届書については、箱石大「戊辰戦争史料論——戦状届書に関する考察を中心として」（明治維新史学会編『明治維新史研究9　明治維新と史料学』吉川弘文館、二〇一〇年二月）、同編『戊辰戦争の史料学』（勉誠出版、二〇一三年三月）、同「松代藩真田家の戊辰戦争届書」（真田宝物館研究紀要『松代』第二八号、二〇一五年三月）、同「加賀藩前田家の戊辰戦争届書」（東四柳史明編『地域社会の文化と史料』同成社、二〇一七年二月）を参照。

(5) 太政官の修史部局による「復古記」の編纂については、宮地正人「『復古記』原史料の基礎的研究」（『東京大学史料編纂所研究紀要』第一号、一九九一年三月）、松沢裕作「明治政府の同時代史編纂——「復古記」とその周辺」（箱石大編『戊辰戦争の史料学』勉誠出版、二〇一三年三月）、箱石大「戊辰戦争研究の史料となった「復古記」」（前掲『戊辰戦争の史料学』所収）を参照。

(6) 『法令全書』と『法規分類大全』については、山室信一「法令全書と法規分類大全」（岩波書店編集部編『日本近代思想大系　別巻　近代史料解説・総目次・索引』岩波書店、一九九二年四月）を参照。

(7) 国の公文書制度の変遷とその関係法令については、中野目

徹・熊本史雄編『近代日本公文書管理制度史料集　中央行政機関編』岩田書院、二〇〇九年十月）を参照。

（8）前掲注1、佐藤雄基論文を参照。

（9）淺井良亮「明治を編む——維新史料編纂事務局による維新史料の蒐集と編纂」（『北の丸』第五〇号、二〇一八年三月）。

（10）『史苑』第二一巻第二号（一九六〇年十二月）所収、のち『大久保利謙歴史著作集1　明治維新の政治過程』（吉川弘文館、一九八六年二月）に収録。

（11）『古文書研究』創刊号（一九六八年六月）所収。

（12）二宮三郎「憲政資料室前史（下）」（『参考書誌研究』第四五号、一九九五年十月）。

（13）鈴江英一「近現代史料論の形成と課題——古文書学などとの接点について」（『史料館研究紀要』第三二号、二〇〇一年三月）、同「古文書学における近現代史料——近現代文書への接近の試み」（『史料館研究紀要』第三四号、二〇〇三年三月）。

（14）中野目徹『近代史料学の射程　明治太政官文書研究序説』（弘文堂、二〇〇〇年二月）。

（15）前掲注13、鈴江英一論文を参照。

（16）宮間純一「明治維新政治史研究の現在」（『歴史評論』第八一二号、二〇一七年十二月）、湯川文彦「明治維新期における統治機構の形成と定着」（『歴史学研究』第九七五号、二〇一八年十月）などを参照。

附記　本研究は、JSPS科研費19H01303「明治太政官文書を対象とした分散所在史料群の復元的考察に基づく幕末維新史料学の構築」、鹿島学術振興財団二〇一八年度研究助成「明治太政官の官員旧蔵文書群に含まれる政府関係文書の史料学的研究」の助成を受けたものです。

大久保利謙と近代史学史研究

マーガレット・メール（訳：佐藤雄基・渡邉剛）

日本近代史学史に関連する大久保利謙の著作群について、時系列に沿いつつ、明治時代の歴史叙述を中心に検討することで、その関心の変遷や特徴を探った。一九八八年の『大久保利謙歴史著作集　第七巻　日本近代史学の成立』に収録されたときの既発表論文に対する補筆・改稿の具体相とともに、近代歴史学形成における漢学者と国学者の関係および国学の役割を指摘した。

Margaret Mehl――コペンハーゲン大学准教授。専門は日本近代史。主な著書・論文に『歴史と国家　19世紀日本のナショナル・アイデンティティと学問』（千葉功・松沢裕作訳者代表）（東京大学出版会、二〇一七年、原著一九九二年、原著第二版二〇一七年）、*Private Academies of Chinese Learning in Meiji Japan : The Decline and Transformation of the Kangaku Juku*, Copenhagen : NIAS Press, 2003. *Not by Love Alone : The Violinin Japan, 1850-2010*, Copenhagen : The Sound Book Press, 2014. などがある。

はじめに

（1）大久保利謙とその研究との出会い

博士論文となり、そして後に著書『歴史と国家　19世紀日本のナショナル・アイデンティティと学問』[(1)]となる研究を開始してすぐの頃、日本における史学史に関する大久保利謙の著作物に私は関心を引き寄せられた。明治期以後の歴史学の変容に関する大久保の研究に私は特に興味をもった。『日本近代史学史』という一九四〇年の最初の著作から四十年以上経っていたが、この本やその主題に関する他の著作は一九八〇年代でもまだ乗り越えられていなかった。

一九八八年六月、私は最初に大久保利謙に会う機会を得た。一九八七年十月に文部省の奨学金によって来日したとき、私は東京大学文学部の史学科日本史学専修（そのころはまだ国史学科と呼ばれていた）の研究生であり、私の指導教員の伊藤隆教授が、私が面会できるよう助けてくれたのである。当時、大久保は自身が設立者の一人であった国立国会図書館憲政資料室を定期的に訪れていた。大久保は『大久保利謙歴史著作集』出版のために以前の仕事を改訂している途中であった。(2) 全八巻のうち一巻全体が史学史に関する著作にあてられた。一九八八年十月刊行の第七巻『日本近代史学の成立』がそれである。その時から一九八九年十一月に東京を離れるまでの間、私は大久保に数回会う機会を得た。

大久保の著作と、彼との会話は、私の著書『歴史と国家』に大きな影響を与えた。大久保の著作や論文への参照個所を自分の著作で探すと、注の中で約一〇〇回も彼を引用していることを見出し、彼の著作が概して明治期日本における史学史に関して、そして久米事件と一九一一年の南北朝正閏論争に関して、(3) 最善のものであることに気づいた。私は主要なテクストにおいて明らかに何度も大久保を引用していた。すなわち『大日本編年史』の意義や近代的な歴史学の基礎としての考証学の重要性、漢学者と国学者の対立に関する大久保の評価を引用していたのである。

この論文では、近代歴史学の歴史や近代的な歴史学のディシプリンの出現に関する大久保の著作を評価して論じるにあたって、彼の叙述全体に気を配るが、近代的な学問の発達における漢学と国学のもつそれぞれの役割を大久保がどう扱っているのかに特に注意を払うつもりである。

(2) 大久保利謙の学問における史学史の著作の位置

他の寄稿者が大久保の学問の様々な側面について詳細に扱うので、ここでは簡単な言及で十分だろう。大久保は日本の近代史研究の開拓者として評されてきた。(4) 一九三二年の『東京帝国大学五十年史』の刊行から、一九九一年の『久米邦武歴史著作集』全六巻の完結まで六十年余りの間、大久保は多くの刊行物や未刊行資料の資料集の校訂・監修、自身の論著を生みだした。それらの著作は全体として、明治期日本の重要な政治的・学問的な指導者の伝記に加えて、文化史や政治史という広い見出しのもと、洋学、科学と学問教育、大学、華族制、明治憲法成立史を含む、幅広い主題に広がっていた。(5)

こうして大久保は、明治期日本を歴史的な研究領域として確立するために、意義深く、後世に残る貢献をした。そのとき、明治時代はちょうど（学問的な研究領域としての）「歴史」としての資格を与えられるために十分な過去になったばかりであり、明治後期に活動して、まだ存命の人もいた（大久保自身一九〇〇年に生まれ、明治後期に関して僅かながらもかろうじて記憶をもっていた）。大久保は、自身の学問が一次史料の忠実な読解にもとづいていたのみならず、各種の全集・著作集の編集や、憲政資料室の設立を通じて、他の歴史家にも一次史料を利用可能とする先駆的な仕事も成し遂げた。

一連の政府の機関、そして後の帝国大学の史誌編纂掛において、日本の歴史を叙述する準備をする間、膨大な量の一次史料の蒐集・編纂を開始した明治期の近代歴史学の開拓者たちの仕事を、大久保はある点で続けているという人さえいるかもしれない。実際、東京帝国大学における大久保の先生たちには、三上参次（一八六五年生～一九三九年没／一八九〇年～：臨時編年史編纂掛編纂助手、一八九九～一九一九年：史料編纂掛主任／一八九一年～：講師、一八九三年～：助教授、一八九九～一九二六年：教授）、黒板勝美（一八七四年生～一九四六年没／一九〇一年～：史料編纂員、一九一九年～一九二〇年：史料編纂掛事務主任／一九〇二年～：講師、一九〇五年～：助教授、一九一九～一九三五年：教授）、辻善之助（一八七七年生～一九五五年没／一九〇二年～：史料編纂員、一九二〇～一九三八年：史料編纂掛事務主任→史料編纂所所長／一九一一年～：助教授、一九二三～一九三八年：教授）がいた。大久保自身の職歴は東京帝国大学から離れたが、自己の史学史研究において叙述、分析することになる歴史学の伝統の最高の代表者たちのもとで訓練を積んだのである。

一、近代史学史に関する大久保利謙の研究　概観

大久保利謙は一九四〇年十月に刊行された本文二七七頁の著作『日本近代史学史』（白揚社）に始まる、近代史学史に関する多くの業績を生みだした。一九五九年に最初に出版された短い著作『日本歴史の歴史』を含む主要な論文のほとんどは、『大久保利謙歴史著作集』（以下『著作集』）の第七巻『日本近代史学の成立』に含まれている。田中彰による解説は、この巻に含まれていない論文の書誌情報の詳細を説明している。[6]『日本近代史学の成立』の内容（初出の出版年）は以下の通りである。

一　日本歴史の歴史　一―六一頁
（初出：『日本文化研究』第四巻第四回配本、新潮社、一九五九年）

二　明治史学成立の過程　六二―九二頁
（初出：『歴史学研究』第一〇五号、一九四二年）

三　明治時代における歴史理論の展開　九三―一〇八頁
（初出：『歴史教育』第四巻第三号、一九五六年、原題「明治時代における歴史理論」）

四　明治初期における歴史学と社会学との交流――文明

史と東京大学史学を中心として　一〇九―一三四頁
（初出：『形成』第七号、一九四〇年、原題「明治初年に於ける歴史学と社会学の交渉――近代歴史学形成への一過程として」）

五　ゆがめられた歴史　一三五―一八四頁
（初出：向坂逸郎編『嵐のなかの百年――学問弾圧小史』勁草書房、一九五二年）

付載　津田左右吉――明治ナショナリズムの残映　一八五―一九七頁
（初出：『朝日ジャーナル』一九六三年三月二十四日号）

六　島津家編修「皇朝世鑑」と明治初期の修史事業　一九八―二三二頁
（初出：『史学雑誌』第五〇編第一二号、一九三九年、原題「島津家編纂皇朝世鑑と明治初期の修史事業」）

七　重野博士の史学説について　二三三―二四六頁
（初出：『歴史公論』第六巻第一四号、一九三七年、原題「重野博士の史学説に就いて」）

八　川田剛博士の「外史弁誤」について　二四七―二七三頁
（初出：『東洋文化』第一八一・一八二号、一九四〇年、原題「川田剛博士の『外史弁誤』に就いて」）

九　明治初期の歴史教科書と明治維新　二七四―二九〇頁
（初出：石川謙博士還暦記念論文集編纂委員会編『教育の史的展開』講談社、一九五二年）

一〇　明治憲法の制定過程と国体論――岩倉具視の『大政紀要』による側面観　二九一―三二一頁
（初出：『歴史地理』第八五巻第一号、一九五四年）

付載　ゼルフィーの「史学」と岩倉具視――明治史学史の一遺聞　三二二―三二九頁
（初出：『日本歴史』第一一八号、一九五八年）

一一　民友社の維新史論　三三〇―三四五頁
（初出：『日本歴史』第七七号、一九五四年）

一二　王政復古史観と旧藩史観・藩閥史観　三四六―三七五頁
（初出：『法政史学』第一二号、一九五九年）

一三　近世における歴史教育　三七六―四〇五頁
（初出：史学会編『本邦史学史論叢』下巻、一九三九年、冨山房、原題「近世に於ける歴史教育」）

一四　明治時代における伝記の発達――日本伝記史の一齣　四〇六―四三三頁
（初出：日本歴史学会編『歴史と人物』吉川弘文館、一九

六四年）

タイトルが示すように、これらの論文の一部は他のものに比べて視野が広い（いくつかは本稿で詳細に扱う）。視野が最も広いのは明らかに最初の著作『日本歴史の歴史』であり、古代から二十世紀前半に至るまでの日本の歴史叙述の歴史を扱っている（二章（2）で後述）。次は、明治時代における近代歴史学の発生を扱った主要論文群である。これらの内、「明治史学成立の過程」（六二―九二頁）は、明治政府に奉仕する公的な歴史叙述と考証学の方法論に特に焦点を当てているものであるが、かなり広いアウトラインを示している。続く二論文「明治時代における歴史理論の展開」（九三―一〇八頁）と「明治初期における歴史学と社会学との交流――文明史と東京大学史学を中心として」（一〇九―一三四頁）は、明治時代の歴史書に刺激を与えた理論的および哲学的な試みに焦点をあてる。これは著者がすでに扱ったことのある主題である。すなわち、「日本近代の歴史学(一)(二)」という題の未収録論文（後述）の前半部分だけではなく、「明治史学成立の過程」でも少しではあるが扱われていた。

第五論文「ゆがめられた歴史」（一三五―一八四頁）は明治期から昭和初期までを扱っており、これまたかなり範囲が広い。この論文はもともと科学及び学問一般の抑圧に関する本の第三章だった。「日本資本主義と学問の弾圧」というタイトルのつけられた編者向坂逸郎の執筆になる序章では、近代社会の出現が扱われている。第二章「洋学の迫害」は第三章と同じく大久保の執筆で、江戸期における学問の抑圧に関するエピソードが扱われている。第四章では法学、第五章では社会主義経済学がそれぞれ扱われ、最終章ではより一般的な意味での自由な言論への抑圧が扱われている。歴史に関する大久保の章は明治期における近代的な学問領域としての歴史学の出現を扱っているが、重野安繹の抹殺論によって起きた世論の憤激や一八九二年の久米邦武筆禍事件、教科書における南北朝時代の扱い方に関する一九一一年のいわゆる南北朝正閏問題に特に焦点をあてていた。後の二つの事件は、明治期の歴史学一般に関する大久保の著作ではあまり注目されているとはいえない。同章第四節と付載「津田左右吉」（一八五―一九七頁）では、津田左右吉の事例が扱われている。津田は大正期の相対的に自由な雰囲気のもと、日本古代史に関する研究を発表したが、一九三〇年代末には攻撃を受けるようになり、一九四〇年には早稲田大学を辞職せざるを得なくなった。

史学史に関する大久保の論文で特に焦点があてられているのは、重野安繹の貢献である。大久保家は重野と同じく薩摩出身であり、大久保は『重野博士史学論文集』の編者だった。(7)第六論文「島津家編修「皇朝世鑑」と明治初期の修史事業」（一九八―二三二頁）と第七論文「重野博士の史学説について」（二三三―二四六頁）は、おそらくは重野の著作の編者としての仕事との関連で書かれたのだろう。『皇朝世鑑』は重野によって編纂されており、重野は『皇朝世鑑』に関する仕事の一部として『大日本史』を批判的に検討することで、歴史研究の方法を身につけはじめたのだと大久保は論じている。重野はまた第八章「川田剛博士の「外史弁誤」について」（二四七―二七三頁）においても取り上げられている。重野と川田は修史館の同僚でライバルだったが、一八八二年に川田は修史館を去り、宮内省で任用された。

『著作集』のうち、第四巻『明治維新と教育』が教育史に関する堅実な論文にあてられているが、『日本近代史学の成立』の二論文も教育を扱っている。第九論文「明治初期の歴史教科書と明治維新」（二七四―二九〇頁）と第十三論文「近世における歴史教育」（三七六―四〇五頁）である。前者は、明治維新に関する記憶と歴史叙述の歴史を検討する材料という文脈から様々な文献を取上げているが、それはこの巻の二論文、第十一論文「民友社の維新史論」（三三〇―三四五頁）と第十二論文「王政復古史観と旧藩史観・藩閥史観」（三四六―三七五頁）の主題でもある。前者で民友社を取上げたことについては明治時代の史論に関する大久保の他の著作と関連づけられる一方、後者については、政府の修史事業に関する大久保の著作との関連を現わしている。すなわち、王政復古として解釈され正当化された明治維新の歴史を編纂する最初の努力が、修史局・修史館の前身である歴史課において行われたのである。こうした歴史を編纂する他官庁の、あるいは半官のいくつかの事業は、実際のところ、政府の修史部局の遅々たる進捗に対する落胆に起因していた。第十論文「明治憲法の制定過程と国体論――岩倉具視の『大政紀要』による側面観」（二九一―三二一頁）で扱われている岩倉具視の『大政紀要』はそうした事業の一つだった。

最後に、この巻における最終章、第十四論文「明治時代における伝記の発達――日本伝記史の一齣」（四〇六―四三三頁）の主題である伝記は、大久保が大きな貢献をした分野のひとつである。主として大久保の編纂事業によって、明治時代の指導的な知識人のうちの何人かの著作に、研究者がより容易に触れることができるようになった。伝記もまた明治時代に特徴的なジャンルであり、たとえばそれは、明治維新の記念という歴史叙述に関連するものであった。

これらすべての論文を詳細に論ずることは、本章で到底なし得ることではない。そこで、次章においては、明治時代の歴史叙述に関してより幅広く調査している論文を選択し、詳細に検討してみたい。

二、一部著作の要約と分析

以下、二つの著作と初期の二つの論文について、初出の年代順に詳しくみていく。それらのうちの二点、『日本近代史学史』と「日本近代の歴史学(一)・(二)」は『著作集』に含まれていない。それらは近代史学史に関する大久保の初期の業績に含まれるもので、対象範囲が最も広い。(8) 二番目の著作である『日本歴史の歴史』は、より簡略に説明するつもりであるが、日本の有史時代全体を扱っており、他の三つの著作と同じ見解が大部分であるにもかかわらず、その範囲はさらに広い。

近代歴史学の歴史に関する大久保の著作の中で最も長いのは、『日本近代史学史』である。「昭和十五年初秋」という日付をもつ序から明らかなように、その著作刊行のタイミングは偶然ではない。確かに真珠湾攻撃はまだ先ではあったが、ヨーロッパにおける戦争とアジア太平洋地域において高まる緊張が世界秩序の変容に帰結し、それが、十九世紀半ばの日本における革命的な変化（幕末と明治時代）が歴史観と研究法の革命的な変化をもたらしたのと同様に、歴史認識の変化をもたらすことは明らかであった。

併しこの動乱と新秩序の成立は必ず歴史の再検討を呼び起し、史観の革新が起るであらう。そして現代史学の検討は必ずや過去の史学に対する反省を促すであらう。

（「序」一頁）（著者注：旧字は新字に改めた。以下同）

著者の発言の意図は、明治初期の近代歴史学の発展と、それを導いた主要な流れにアウトラインを与えることである。「序論」において大久保はまず、「近代的な歴史学」（一頁）とは何であったのか、古代以来の歴史叙述とそれとは何によって区別されるのかという疑問を提示する。そしてその問いに答えるために、十九世紀ヨーロッパにおける歴史学の発展を概観することから叙述を始める。すなわち、「歴史主義」「科学的方法」「史学の独立」（独立した科学的学問としての歴史学の成立）――ここで（二頁）著者はランケの名前を挙げる――、そして「自然科学・実証主義思想」「唯物史観」「新カント派」の影響に説き及ぶ。これらの潮流は、明治維新の大変動以降に日本に導入された。最初はバックルらの著作（バックルはランケ以外に唯一著者が挙げる西洋人の名前である）や「文明史」として知られる歴史書に接近することを通じて行われた。しかしながら大久保によれば、もっとも重要な革新は、一八八〇年代以降のランケとドイツ史学の受容であった。

我が近代の歴史学生誕を文明史観よりランケ風史学の輸入に置いて考へることはこの点より動かし得ないことである。（四頁）

それでも、外国からの輸入品だけでは日本における近代歴史学の発達の主な原因とはなり得なかったであろう。新たな試みが根づく肥沃な土壌があったにちがいない。そしてここに、江戸時代の学問的な伝統が関係してくるのであった。もちろん、歴史はそれ以前に長らく書かれていた。しかし、歴史の調査と史料蒐集、史料批判（「資料の蒐集…その校訂や価値批判」七頁）、古文書学と史学研究法の始まりがみえるのは、江戸期において、中国的な伝統における「正史」（「支那風の正史」七頁）を必要とする意識をともなってのことである。こうして江戸時代の学問は明治初期における西洋歴史学の導入の土台を用意した。なかでも大久保は儒教系の歴史学に最大の意義を認めており、著書の第一編において、近世初期以降の儒教系の歴史学を扱っている。「林羅山と本朝通鑑」「大日本史」「新井白石」には各一章があてられ、第五章「歴史的認識の諸問題」（五八―八一頁）、第六章「史学研究法――古文書学」（八二―九三頁）の総論的な二章で締めくくられている。第五章では国学の伝統における学問にいくつか言及しており、また山片蟠桃の批評には特に言及している（七一―七四頁）。また「考証史学」と題する節（七四―八一頁）には、国学者の著作への言及が含まれている（本稿次章において、史学方法論と国学者の貢献に関する大久保の議論に戻ることにする）。

西洋の歴史学は江戸時代には大きな影響力をもっていなかったが、西洋諸国の歴史に関する知識は西洋の知識一般（「洋学」）とともに日本に入っており、その結果として西洋史の認識は明治初期の文明史観に重要な影響を及ぼした。したがって、大久保は本書の第二編（九五―一二一頁）を江戸期における西洋諸国の歴史に関する研究にあてている。本書が書かれた当時、江戸期における西洋史研究に対する学問的関心は乏しく、大久保は資料蒐集の困難と、輸入された洋書、翻訳された歴史書に関する詳細な知識の欠如に言及している（「序」二頁）。そこで、大久保は一般的な西洋の知識の文脈における、西洋諸国の歴史に関する著作との出会いを扱っている。西洋の歴史研究法に関する著作は、この時点では日本に入っていなかった。第三章（一二〇―一三六頁）は、個々の日本人学者にあてられている。ここで取り上げられたのは新井白石と山村才助で、彼らは歴史に関する部分を含む西洋諸国に関する著作を出版した。江戸時代の終わりになると、西洋の歴史（「西洋通史」）が書かれるようになった。大久保はそうした著作を列挙し（一六二―一六三頁）、論評を加えている。大久保は、「西洋史」に関する日本人の著作は当時支配的であった「封建的思潮」（二一五頁）を反映しており、明治初期の福沢諭吉らの著作に至って初めて西洋の見方が変わったと結論付けている。にもかかわらず、西洋諸国に関する知識は、自国および外国に対する見解にある程度の影響を及ぼしており、すなわち間接的に歴史意識にもある程度影響が及んだ。例として、大久保は会沢安の『新論』を挙げている（二二〇―二二一頁）。

『日本近代史学史』というタイトルにもかかわらず、今日「近代」として通常叙述される時代は第三編（二二三―二七三頁）で扱われているものの、本書の五分の一の分量しかなく、「明治初年の史学界と近代歴史学の成立」というタイトルが示唆するように視野が限られており、近代歴史学の始まりに焦点があてられている。明治政府のもとでは、修史事業が続けられていた。その一方で、歴史叙述に対する最初の新たな衝動は民間人とその著作から現れたが、その著作群はバックルとギゾーの著作の翻訳に触発された、文明史的なアプローチとして知られる。もっとも代表的な著作は、福沢諭吉の『文明論之概略』と田口卯吉の『日本開化小史』である。のちには、民友社系の歴史家たちがこの伝統を引き受けている。他方、近代歴史学の主流となったものは、一八八〇年代まで登場しなかった。修史事業は回顧的なもので、復古主義によって動機づけられ、特に正史の位置を与えられた『大日本史』など、江戸時代における公的な修史への努力の継続であった。歴史的な文書を蒐集する方法と考証も同じく、江戸時代の学問の継続であった。その一方で、歴史を書くことは「勧善懲悪」の目的に奉仕するものだという考え方は拒否されたのであった。

大久保は、主流であった漢学に対する対抗的な流れとして国学の伝統を叙述した。初期の高等教育機関（「学校」）においてその二つの流れを合体させようとした政府の当初の試みは失敗していた。国学者の考証によるテクスト学の領域への貢献の価値は、漢学者たちのそれと等しい（二五八頁。同頁から次頁にかけて彼らの動向が記されている）。帝国大学においても、史学の部門における両者の流れは代表的であったが、両者には西洋歴史学も影響を及ぼしていた（二六〇―二六一頁）。それ以降の帝国大学における史学科・国史科の制度的発展については詳しく論じられていないが、そのかわり、特に西周と津田真道のような西洋の著作に基づいて歴史について理論的に議論し続けた学者が紹介されている。彼らは歴史に対する社会科学的アプローチの受容にとって重要だが、歴史学の方法論には何の貢献もしなかったと結論づけられている。近代歴史学の方法論の発達は、修史局・修史館、それに続く帝国大学の学者たちの仕事に帰せられる。そこでは西洋の歴史学、特にルートヴィヒ・リースを通じてランケの伝統をもつドイツの歴史学が導入されており、西洋古文書学の決定的な影響を受けた補助学としての古文書学の成立を含めた、固有の方法と西洋の方法との総合がもたらされた。

筆者は、いくつかの理由からこの著作を詳しく取り上げた。まず、『著作集』第七巻には含まれていないものの、近代歴史学の歴史に関する大久保の事実上最初の出版物であることである。そして、大久保の後の著作で繰り返される主要テーマのほとんどが含まれていることである。すなわち、特に公的な歴史叙述と考証アプローチの伝統のような、江戸時代からの伝統の強調、そして、明治時代における歴史叙述の多様な潮流、である。後者は、近代的・科学的な学問が発達した政府の支援下でなされた歴史叙述を主要な流れとして、帝国大学においてルートヴィッヒ・リースによって導入されたランケ流の伝統にもとづくドイツの方法と考証学のアプローチとの結合に至ったが。

さて、『日本近代史学史』刊行の二年後、大久保は「明治史学成立の過程」を刊行した。(9) この論文は、『著作集』第七巻の第二章として収められている(以下、一九八八年版)。大久保は、一九八八年版にいくつかの改訂を施していた。しかし、それらのほとんどは、解釈を改めたというよりはむしろ明確化を意図した、言葉やフレーズ、段落構成の些細な変更のようである。以下、両版の検討を行うにあたっては、行ごともしくは単語ごとではなく、段落ごとに比較を行った。頁数は一九四二年版のものとし、一九八八年版の頁数は注に記すこととする。

大久保はこの論文において、明治維新後の歴史学に関する『日本近代史学史』の主張を部分的に繰り返すとともに、以前には示唆するだけであったいくつかの方向性を発展させている。「序言」において、大久保は明治史学史の複雑さを指摘しつつ、西洋学問の導入という一般的な文脈のなかで検討を加える必要性を強調した後、江戸期と明治初期における洋学の発展を跡づけた(「一　西洋近代学問の移植と新史観の形成」四―一〇頁)(10)。ここで大久保は西周の著作『百学連環』に特別な関心を寄せ、文明史と明治十年代の社会思想を論じている。その後で、大久保は四学部を擁する一八七七年の東京大学の設立を概観する。そこでは歴史も教えられていたが、スペンサーやメイン、バックル、ギゾーの著作のみならず、啓蒙主義、実証主義、唯物主義、進化論に触発されたものであり、エドワード・モースと大森貝塚の発見は、考古学と古代史の研究に衝撃を与えた。大久保は社会学者である外山正一や加藤弘之、有賀長雄、特に三宅米吉とその著『日本史学提要』における中国流の歴史叙述への批判を取上げている。この伝統における歴史叙述が、客観性を目的として、原因と結果の一般的な法則学（因果関係）に基づく学問となっていたという意味において科学的であったことを大久保は論じている。大久保は自らの議論を次のように要約することでその節を締めくくっている。

　明治維新は復古主義を原理とする歴史主義の革新であつた。この歴史主義に対立するものとして啓蒙主義の成立した理由は、単に外来思想と言ふのみでなく、この歴史主義は同時に近代主義として働いたから、この近代主義育成の為めに啓蒙の精神は欠くべからざるものであつた。歴史主義、復古主義は啓蒙主義を通して始めて徹底を見たのである。この現象は頗る複雑であつたが、それは後進国の日本として已むを得ない過程であつた。そこで明治初年の啓蒙主義が一応の発達を見た後、明治二十年代に至つて所謂国粋主義、日本主義の形を以つて、浪漫主義思想が著しく台頭し、欧化思想の名の下に呼ばれた啓蒙思想に対する戦ひが開かれた。斯様な思想的動向は史学の世界に著しい影響を及ぼした。明治の近代史学はこの浪漫主義思想によつてその成立の地盤を得たと見なければならない。啓蒙思想によつて一度見失はれた歴史の再認識はこれによつて開かれ、丁度この時代に輸入されたドイツの近代史学によつて指導されつゝ、我が現代史学の基礎が置かれたのである。

　この我が近代史学の成立は、斯くて浪漫主義時代の産物であるが、学として我が史学成立の過程は、封建史学の近的代《ママ》学問化の中にみなければならない。（九一―一〇頁）[11]

大久保の主張の実質を変化させるものではないと思われるものの、一九八八年版では示唆に富む変更がいくつかあった。最初の文章の「歴史主義の革新」は一九八八年版では「政治的革新」となっており、さらに次のように加筆されていた。「明治維新は復古主義を原理する政治的革新であったが、また日本の近代化であった。」と。次の文章の冒頭の「歴史主義」は「復古主義」に置き換えられるとともに「この歴史主義は同時に近代主義として働いたから」は「同時にその近代化として働いたから」となっている。[12] その次の文章「歴史主義、復古主義は啓蒙主義を通して始《ママ》めて徹底を見たのである」は、「思潮革新は、啓蒙主義を通して…」に変わっている。その段落の残りは、「浪漫主義思想」が「ナショナリズム思想」と「ナショナリズム」にそれぞれ置き換わり、「我が現代史学」が「日本の近代史学」に変わり、一九八八年版の文章の最後が「日本の近代史学の基礎が置かれたのである。」となっているのをのぞいて、両方の版において同じである。

要するに、議論の全体は同じようなものにみえる。すなわち、明治維新が復古主義の原則にもとづくものであるにもかかわらず、実際には革新を象徴するものであり、啓蒙主義は革新のための手段として働いていた。啓蒙主義は外国からの輸入であったが、その本当の重要性はそれが知的な革新のために必要な衝動を提供したことにあった。のちに、啓蒙思想に含意された西欧化は国粋主義や日本主義を発生させ、ドイツの歴史学の導入とともに、近代歴史学の成立に貢献した。一九四二年版における「歴史主義」は「復古主義」と同義か、あるいは「伝統主義」に言い換えられるであろう。確かにこの文脈で「歴史主義」は 'historicism' を意味していない。最も重要なものは、「浪漫主義思想」の「ナショナリズム思想」への言い換えにみえる。「浪漫主義思想」が大久保の著作と一九四〇年代における他の著述においてどのように用いられているのかを詳細に調査することなしに、その意味について正確に何かをいうことは難しい。しかしながら、ドイツと日本の両方において、ロマン主義とナショナリズムは十九世紀において親密な関係にあり、「浪漫主義的ナショナリズム」という歴史家もいる。[13] したがって、おそらく間違いなく、それはある特定の種類のナショナリズムを示すので、「浪漫主義思想」はより正確である。

いずれにせよ、近代学問としての歴史にとって基礎となったのは、回顧的な、前代の前近代的な学問——大久保は両方の版において「封建史学」といっている——であった。封建史学は、考証学の方法を洗練させた学者らによる修史館における業務を通じて発生し、続く第二節「修史館を中心とする考証史学の生誕」(一〇—二三頁)で扱われているその発展は、「考証史学の由来」(一〇—一二頁)、「大日本編年史」(一二—一五頁)、「考証史学の立場」(一五—二二頁)の三つの小見出しのもとで語られている。[14] この節では明治政府に奉仕するものとしての歴史叙述の歴史を詳細に扱っているが、重野安繹や久米邦武、彼らの同僚たちの出版された著作とともに、重野と久米の個人文書(大久保が本論文を執筆した時には、今日の史料編纂所が所蔵する関連史料、すなわち手稿の「史料編纂始末」は編纂所員のみ利用可能であった)を主として、一次史料から広範囲の引用を行っている。大久保は、政府の「正史」編纂事業は本質的に前代の精神（大久保はしばしば「封建史学」という用語を用いる）にもとづくもので、考証学もまたその時代の産物で方法として欠陥があったが、それにもかかわらず重野とその同僚たちの仕事は近代の科学的な学問としての歴史への道を開いたと論じている。第三節「考証史学の生長と新考証史学」（二三―三〇頁）[15]と末尾において、著者は政府の修史事業が帝国大学に移管されたのちの歴史学の発展を概観している。大久保が論じるように、こうした制度的変更は、明治二十六年（一八九三）の『大日本編年史』の編纂の放棄とともに、「考証学」を近代歴史学の方法論的な基礎へと転換する条件をつくった。同時に、ルートヴィヒ・リースを通じたドイツ歴史学（大久保のいう「西洋史学の正統史学」）の導入は、新たな刺激をもたらした。大久保は、日本史の学問への影響を論じる時、「考証史学」とドイツの歴史学の方法論の共通性こそが、考証史学の成長と発展を可能たらしめたと強調している。この方法論的なアプローチには個人差があり、大久保は出版された著作にもとづいて、重野と久米の学問を比較している。最後に大久保は、政府の修史事業が（修史を放棄して）「史料編纂掛」として再開し、一九〇一年の（今日まで続く）『大日本史料』などの史料集の出版開始に帰結した明治二十八年（一八九五）以降の再出発について概観している。大久保は内田銀蔵と原勝郎を含む新世代の学者たちを紹介し、近代歴史学の発展における三つの段階（すなわち明治初期から明治二十年代、二十年代から三十年代、そして三十年代以降）の概要を示して締めくくっている。

概して、「明治史学成立の過程」では明治期における歴史学の発展に関する大久保の重要な主張が繰り返され、西洋に触発された文明史と江戸時代の考証学とのそれぞれの貢献が強調されている。しかし、大久保は明治末期までの叙述を続け、一次史料の精読によって詳細に肉付けしていた。とりわけ考証史学に関する第三節において、一九四二年版と一九八八年版との間には、注意に値する違いがある。第三節は新版ではさらに分割され、「むすび――明治史学の到達地「新考証史学」」[16]という題のもとに分割された締めの小見出しをもつ。大久保は、『久米邦武歴史著作集』の共編に取り組んでいる最中であったので、驚くことではないのだろうが、久米の学問に関してとりわけ、より多くの詳細な情報を追加していた。一九八八年版には、ともに久米美術館が所蔵する、『大日本編年史』からの抜粋と久米邦武の写真も掲載された。

前述の二つの仕事から年代的に離れてはいないが、重大な変化の時期を経て、大久保は同じ主題について二本の雑誌論文を刊行している。すなわち

「日本近代の歴史学㈠」『国民の歴史』第一巻第一号（一九四七年）二二―三〇頁
「日本近代の歴史学㈡」『国民の歴史』第一巻第二号（一九四七年）六二―七一頁
である。（ともに『著作集』未収）

『国民の歴史』は「国民の歴史」研究会の編集で、丸山国雄や森末義彰、大久保らが編輯委員をつとめていた。同誌は一九四七年に創刊され、版元は実業之日本社だった。当時、アジアにおける第二次世界大戦は日本の降伏によって終結し、日本の国土は占領地であった。したがって、同誌は一九四五～一九五二年の占領期における日本語の定期刊行物の目録にあがっている。国立国会図書館と東京大学図書館には一・二巻（各一～一二号）だけがあり、それ以上は出版されなかったようである。この論文は注目に値する。なぜならば、「明治史学成立の過程」のように、『日本近代史学史』第三編の拡大版として叙述された可能性があるからである。そして、強調点の変化がある場合は執筆時の時代状況の変化によると考えられるが、その内容は以前の著作から大きくは変化していないからである。

「日本近代の歴史学㈠」は注目に値する。何故ならば、「明治史学成立の過程」と同じように、『日本近代史学史』第三編の内容をより詳しく叙述しているからである。そして、強調するポイントが幾つか変化していることについては、（戦前から戦後へ）執筆時の時代状況の変化に帰せられるだろうが、内容は大久保の以前の著作から大きくは離れていない。

「日本近代の歴史学㈠」はヨーロッパにおける近代歴史学の発展を簡潔に概観する段落から始まった後は、『日本近代史学史』第三編と似た論点を扱っている（『日本近代史学史』でも、程度は小さいが、扱われている）。すなわち、文明史とその延長とみなされるもの、進化論によって触発された社会史である。福沢諭吉と田口卯吉のほかに、大久保はバックル著『英国文明史』訳書に付された土居光華の序文を詳細に引用する（二四頁）。そして、外山正一、加藤弘之、有賀長雄、そして特に、中国型の歴史叙述に批判的な三宅米吉の議論に説き及ぶ（二八頁）。

大久保が論じたように、これらの新たな試みは、啓蒙時代の最善の部分を代表していた。すなわち、歴史的発展の一般的原則をつくることをもとめる点において彼らは科学的であったし、三宅の場合、考古学と人類学にもとづく知識を含んでいた。しかし、彼らには、歴史の科学的研究に必須であった一次史料を調査する方法論が欠けていた（大久保は一九四二年の段階でこのことをすでに指摘していたが）。大久保が論じたように、このことが、文明史が結局のところ放棄された主要な理由である。文明史の試みに欠けていた研究法は、「考証主義」にもとづき修史のために政府に奉仕した歴史学によって、そして、それが帝国大学に移管されたのち、ルートヴィヒ・リースと彼が象徴するランケの伝統（大久保は三〇頁で「正統史学の知識」と表現している）とに出会ったことによって提供された。一八八九年における史学会の設立と『史学会雑誌』（現在の『史学雑誌』）の創刊は、独立した学問領域としての歴史学の成立にとって画期的な出来事だった。

これが、明治期日本における近代歴史学の二つ目に重要な要素であり、「日本近代の歴史学(二)」の主題となっている。大久保は、（一九四二年の「明治史学成立の過程」ほどではなかったが）『日本近代史学史』よりも一層詳細にその問題を扱っている。『古事記』や（六国史の最初の一冊である）『日本書紀』から、『本朝通鑑』や『大日本史』へと続く先行の試みに簡潔に言及した後、大久保は、塙保己一の『塙史料』の伝統を引き継ぐ史料編輯国史校正局の設置、修史の御沙汰、『復古記』編纂によって始まった「正史」を編纂しようという政府の試みの開始を詳論している。そして、修史局の始動と修史館への改組、『大日本編年史』編纂開始後の一八八一年の改組について述べた。これは官撰正史であり、本質的には前近代の伝統であった。同様に大久保は、儒学と江戸時代の世界観に完全に染まった学者として、その職務を担当した重野安繹を特徴づけている（大久保は、重野の歴史叙述に関する論文を引用している）。にもかかわらず、近代歴史学のための方法が準備されたのは、考証の伝統のなかで行われた『大日本編年史』編纂、および古文書の蒐集と調査の業務の過程であった。重野は限られた範囲ではあったが、西洋の学問を学ぼうと努力し（六八頁で大久保はゼルフィーについて論じている）、その後、多年にわたって史学会の会長として活動した。考証主義は、ランケの伝統における歴史への科学的アプローチと同様、客観性と歴史的真理への探究を志向したが、そこには大きな違いがあった。考証主義は、個別の事実と出来事のみに関心があり、それらの歴史的意味と因果関係には関心がなかったのである。その適用の一つの結果が悪名高い「抹殺論」であり、それは歴史研究の立場からは問題とするにおよばないものだったが、大衆の怒りを引き起こすことになった（七〇頁）。

さらに重要なことは、考証主義が歴史叙述における「勧善懲悪」のアプローチに挑戦したことである。考証の方法は、中国の学問における道徳的観点の文脈が起源であったので、これは革命的であった。ここで著者は、坪内逍遥の『小説神髄』と、重野による道徳的文学に対する批判との類似点を描いている。重野同様、坪内も強い道徳規範によって規定された叙述に批判的であった。

大久保は、『大日本編年史』は「前時代の継承であった」と要約しているが、それにもかかわらず、次のように述べて締めくくっている。

故に「編年史」はやがて流産し、その内に芽生えた近代的傾向がその穀を破つて、明治二十年から移植を見たドイツの正統派史学に導かれつゝ近代史学へと進んだのであつた。（七一頁）

一九四〇年代初頭と一九四七年に発表されたそれぞれの業績における強調点の相違は、時代の変化と、雑誌の性質の相違に起因している可能性がある（どちらの雑誌も詳細な検討ができていないので、コメントは避ける）。しかし、相違よりもはるかに印象的なのは、その連続性である。本質的に、一九四〇年刊行の『日本近代史学史』と一九四二年刊行の「明治史学成立の過程」には、その後の著作に現れる主なテーマと議論の大部分が含まれている。考証的アプローチの形成と、西洋科学の早期受容から導かれる、江戸時代のいわゆる「近代的傾向」、西洋の学問をさらに受容した結果として、また明治維新によって始まった変化への対応としての明治期の啓蒙思想、「正史」編纂を目的とした政府の修史事業に関係した学者たちによって起こった考証的アプローチのさらなる発展、修史事業が帝国大学に移転した後、この本質的に回顧的な事業を放棄し、独立した科学の領域として歴史、特に日本史を確立するための基盤を整えたこと、ルートヴィヒ・リースによる、ランケの伝統にもとづくドイツ歴史学の導入などである。基本的に大久保の叙述は目的論的といえる。そのトピックは近代の科学的領域としての歴史学にどのように継承したのかを示すために選択され、扱われている。したがって、大久保は、たとえば国学者の貢献について言及するものの、近代の学問への固有の貢献を扱う際には、明らかに重点を修史局・修史館の漢学者とその後継者に置いている。[17]

この強い目的論的傾向は、一九五九年に初版が刊行された、大久保の史学史に関する二番目の短い著作『日本歴史の歴史』において特に顕著である。原版は五七ページで、構成は次の通りである。

構成から分かる通り、日本の史学史は古代から扱われているものの、古代および中世にあてられているのは一三頁分に過ぎない。三章のうち二章は、章題に「近代」が付されている。つまり、江戸時代（「近世」）は、それ自体が独立した時代ではなく、本質的に近代の前編として扱われているのである。これは、日本の史学史における強い連続性に関する大久保の主張と軌を一にしており、英語文献では「初期近代」(early modern) となるその時代に関する叙述は、同様に目的論的な観点を反映している。

第二章、第三章の叙述全体は、第二章で洋学に関して節が設けられていないことを除き、以前の著作とほぼ同様である。明らかに固有の発展に焦点が当てられており、公的な歴史叙述が最も注目される一方で、民間の努力も示されている。特に注目されるのは、第二章第三節「国学者の寄与」（二七―三〇頁）と題された一節である。第二章第五節「幕末の考証学」（三三―三五頁）と同第六節「考証学のもつ意義」（三五―三八頁）は、考証学の重要性にあてられ、これは第三章第三節「考証史学の役割」（四三―四九頁）にも含まれている。大久保は、史学史に関するすべての研究において、固有の学問的伝統が日本の近代歴史学の発展に貢献したことを強調している。しかし、この傾向は『日本歴史の歴史』において特に顕著だといえるかもしれない。大久保は第三章の冒頭で説明している。日本と西洋のギャップが大きい自然科学とは異なり、哲学や歴史を含む人文学では、日本には自己の強い伝統があったというのである（三九頁「西洋哲学の受容にあたっては、白紙で受けとるわけにはゆかず」「西洋史学の受容もけっして白紙の移植とならなかった」）。大久保はさらに、これは特に日本史に当てはまることを指摘しており、「日本史学」または「国史学」、「西洋史学」、および「東洋史学」の各発生経路の相違を実証しているのがこれに当たる（五四頁）。

この作品のタイトルを考えると、『日本歴史の歴史』は、大久保の以前の著作と比較して日本の独自の伝統に強く重点を置いていることは、国史・西洋史・東洋史の発生経路の相違から説明できることであり、したがって同論文は完全に筋の通ったものといえる。

さて、一九八八年に同論文が著作集に収録されるにあたって、大久保は次の注記を行っている。「〔付記〕（三）以下を大幅に補筆・改稿した。とくに明治史学における国学・国文派の貢献を加筆した」（六一頁）。実際、この改訂は、「近代史学史」に関する大久保の叙述全体に大きく異を唱えるほど十分ではないものの、自らの最初の議論に関する大きな修正が現われている。この点について、次章で説明したい。

三、近代歴史学形成における漢学者と国学者の関係および国学の役割

一九八九年六月のある日に行われた大久保との打ち合わせの際、彼は最初に私の研究の進捗状況をたずねた後で、自分の過去の著作において、明治期日本の歴史学発達における国学者の重要性について過小評価していたことを語った。大久保は、博士論文ではこの点について何かしら含めて書くように私に助言したが、同時に、彼は私にとっては荷が重すぎるかもしれないと懸念している様子であった。大久保は自分の過去の著作について述べつつ、著作集のためにこれらを完全に改訂することは不可能だと話した。[19]

大久保の『日本歴史の歴史』改訂は、実際かなり充実したものである。一九八八年刊行の著作集収録のために行われた改訂以前においても、国学の重要性について言及してはいる。たとえば、『日本近代史学史』の「序論」で、国学の伝統における学問について言及しており（八―九頁）、本居宣長、伴信友、平田篤胤、矢野玄道の名前と、その「考証的研究」への貢献を挙げている。しかし大久保は、彼らの学問は「儒教系の史学には一歩後れ」（八頁）ていたと述べ、読者に史学会編（三上参次代表）『本邦史学史論叢』上下巻（冨山房、一九三九年）所収論文を参考文献として挙げている。

したがって、大久保は国学者の役割を完全に無視していたわけではなかった。[20] 大久保は、簡略にではあるが、国文学や国史を含む人文学の学問的専門化における彼らの役割を論じていたのである。しかし、大久保は国学に対してあまり注意してはいなかったのも事実である。これは、大久保が明治期日本における科学的な歴史の主潮流だとみなしていたもの、すなわち政府の修史事業と帝国大学におけるその後継者に関する仕事に特に焦点を当てていた結果かもしれない。そして、大久保は確かに漢学と国学、およびそれらの分野を代表する学者たちの複雑な関係を、正当に評価していなかったといえるのかもしれない。

おわりに

二〇一五～二〇一六年頃、私は斎藤桂氏の著書『〈裏〉日本音楽史――異形の近代』を読み始めた。[21] ここ数年、私の研究は明治期日本の音楽に集中している。この主題は歴史叙述の主題とはかけ離れているという人もいるかもしれない。しかし、私が本書の第一章「日本音楽史の正体――「抹殺博士」重野安繹の歴史と神話」で旧友のような二人の名前に遭遇した時の驚きを想像してほしい。

結局、歴史叙述と音楽は関係していたことが判明したのであった。あるいは、歴史叙述一般と、音楽史は関係していた、といえようか。斎藤は、日本で最初に音楽史を執筆し、ジャンルを超えて音楽を包括的に扱ったと重野を評価している。[22]一八八一年と一八八三年に二部に分けて発行された重野の論文の題名は、「風俗歌舞源流考」であった。[23]

しかし、日本初の一冊の著作としての音楽史は、数年後、小中村清矩（一八二一〜一八九五）によって完成をみた。小中村、重野を代表格として、国学者と漢学者の対立と論争について多くを学んできた私にとって、重野が小中村の著書『歌舞音楽略史』（一八八八年）に序文（漢文）を寄せているのみならず、二人の学者が互いに文通していたことを斎藤の著書から知ったことは驚きであった。実際、小中村はこの文通の結果によって、自己の著作における「音曲」の語を「音楽」に置き換えたのだろう。小中村自身によれば、彼は一八八〇年に「音曲史」という題で著書の初版を執筆したが、一八八〇年から一八八三年の間に題を変更したという。のみならず、一八八三年七月に刊行された『史学協会雑誌』の最初の号では、将来の研究のために選びだされた分野の一つとして、「音楽史」が挙げられていた。[24]

「音楽」という語は、明治以前にはめったに使用されなかった。それは、「洗練された」、そして「外国人」（明治以前では「中国人」を意味する傾向があった）という意味を含んでいた。したがって、西洋の"music"を翻訳するためのみならず、日本の音楽を重厚で洗練された地位に高めるため、それは明確な語だった。おそらく、これがこの語の使用を小中村が選択した理由だったろう。[25]

実際これは、歴史研究と執筆、そして学問一般に対する、国学者と漢学者のアプローチの合流の一例にすぎない。最近の明治期日本の国学に関する研究は、日本の内外の学者が共通して、近代学問に対するその貢献を強調している。たとえば、ドイツのミヒャエル・ヴァフトゥカは一次史料を丹念に読み込むとともに日本の最新の研究を踏まえ、明治期日本の国学に関する大掛かりな研究を刊行した。[26]ヴァフトゥカは、小中村清矩を含む多くの国学者が、西洋の学問と、結局は学問分野としての国学に重要な影響を与えた漢学について、従来言及されてきたよりもはるかに寛容であったことを実証している。神道と国学の思想や価値観が儒教のそれと融合して明治維新を推進するイデオロギーを形成したように、漢学と国学の両学問は、日本の事物全てに光を当てることを目的として、「考証学」の伝統における日本語テクストの編纂と研究にますます合流した。

ヴァフトゥカはこのように述べている。「明治時代に浮上したのは、国学という意味の包括的な概念、すなわち、国家（「国」）に関連するあらゆる側面の研究（「学」）だった。――「国学」の概念には、儒教的な背景を持ったり、一見現代的、または西洋的にみえる研究法を利用したりする学者も容易に含まれていた…」[27]。そして、こう結論づけている。「明治国学の真に永久的な業績は、これらの学者による古典籍や文書の校訂、注釈、編纂、出版に対する周到な献身に見られなければならない」[28]。一九四〇年の段階ですでに国学者と漢学者の学問の基礎として「考証学」の重要性に言及した大久保は、きっと同意するであろう[29]。確かに、国家の需要に奉仕するための周到な学問が、漢学と国学の両方の特徴であった。

しかし、国学者が影響力をもっていたと考えられるもう一つの発展は、おそらく国家《ネーション》的学問諸分野（national disciplines）への人文諸学の転換として説明されるものであろう。ここで、『人文学の新しい歴史』（*A New History of the Humanities*）というレン・ボッドの画期的な著作に言及したい。同書でボッドは、古典学（classical）学問から国家《ネーション》的学問分野（national discipline）へという文献学の転換を、十九世紀における重大な変化の一つとして述べている。それには、国家《ネーション》的学問分野として歴史が科学的な学問分野を形成することも含まれた[30]。ボッドはインドと中国を含めているものの、主にヨーロッパを扱っている。しかし、日本がヨーロッパのナショナリズムと科学の両方をモデルとして採用したことを考えれば、日本との類似は明らかである。その起源から、国学は漢学の中国中心の世界観に挑戦した。一方で、大久保が実証したように、重野はこの漢学の世界観に根差したままであった。

概して、「日本近代史学史」に関する大久保の学問は、一九四五年における降伏に代表される近代日本の破局を経ても、彼の人生全体で顕著な一貫性を示している。従って、大久保は単にその人生の期間という面だけではなく、戦前・戦後を生きた歴史家の代表的存在として描くことができるのである。最も重要なことは、大久保の叙述全体が、おそらく過度に目的論的であり、また、彼自身が率先して認めるだろうが、国学の重要性などいくつかの分野においてさらなる検討を必要としているにもかかわらず、今日もなおそびえたつものである、ということである。

附記 大久保利謙は長命し、著書を多く残した。重野安繹は、明治二十二年二月十一日の講演「我邦古来の憲法及大学の景況」で、「学者は寿命長からざれば大業を成すこと能はず」（『重野博士史学論文集』一、二九二頁）と述べた。重野は八十三歳という高齢で没したが、私がはじめて大久保に会った時、彼はすでにその歳を超えていた。大久保は寿命にめぐまれ、「大業を成すこと」ができたが、私の印象では、大久保にとって大事なことは、晩年に自身の研究を見直し、反省できたことにあったのではないかと考えている。

注

（1）Mehl, Margaret. *Eine Vergangenheit für die japanische Nation: Die Entstehung des historischen Forschungsinstituts Tôkyô daigaku Shiryô hensanjo (1869-1895)*. Frankfurt a.M.: Peter Lang, 1992. Revised version in English: Mehl, Margaret. *History and the State in Nineteenth-Century Japan*. Houndmills, Basingstoke: Macmillan, 1998 (second edition 2017), translated into Japanese as マーガレット・メール（訳者代表：千葉功・松沢裕作）『歴史と国家――19世紀日本のナショナル・アイデンティティと学問』（東京大学出版会、二〇一八年）。

（2）『大久保利謙歴史著作集』全八巻（吉川弘文館、一九八六年二月～一九九三年六月、オンデマンド版、二〇〇七年）。

（3）前掲注1拙著『歴史と国家』第一章注（13）および第六章注(64)、(129)。

（4）遠山茂樹・田中彰・宇野俊一・由井正臣「編者あとがき」（大久保利謙『日本近代史学事始め――一歴史家の回想』岩波書店〔岩波新書〕、一九九六年）一九三頁。

（5）同右、一九六頁。

（6）田中彰「解説――大久保史学史としての「日本近代史学の成立」」（『大久保利謙歴史著作集　第七巻　日本近代史学の成立』吉川弘文館、一九八八年）四三五―四四八頁。

（7）『重野博士史学論文集』全三巻は一九三八年二月～一九三九年五月に雄山閣から刊行されたが（一九八九年十一月に国書刊行会より増訂復刻版刊行）、編者である薩藩史研究会の代表者は大久保であった。

（8）『著作集』に含まれていないもう一つの論文は、「明治初年の史学界と近代歴史学の成立」（『明治文学全集77　明治史論集㈠』筑摩書房、一九六五年、四〇七―四二二頁。初出：一九四〇年）である。

（9）『歴史学研究』第一〇五号（一九四二年）三―三〇頁、『日本近代史学の成立』六二―九二頁。

（10）一九八八年版では、第一節のタイトルは「西洋諸学問の移植と新史観の形成」となっており、前版の「序言」も組み入れている（六二―六八頁）。

（11）一九八八年版では六八頁。

（12）一九八八年版では六八頁。

（13）Nipperdey, Thomas. 'Auf der Suche nach der Identität: Romantischer Nationalismus', in *Nachdenken über die deutsche Geschichte* (Munich: dtv, 1990): pp.132-50; Engl. in *Romantic Nationalism in Europe*, ed. J.C. Eade (Humanities Research Centre, Australian National University, 1983).

（14）一九八八年版では六九―八二頁（小見出しはそれぞれ六九、七一、七四頁から開始）。

（15）一九八八年版では、この節は「考証史学の成長とその転生」（八二―八九頁）と名付けられている。

（16）一九八八年版では八九―九二頁。

（17）一九四七年の「日本近代の歴史学㈠」では、東京大学の国学系教員として横山由清、小中村清矩、黒川真頼、木村正辞の名前を挙げるとともに、法学部における日本古代法の講義に簡単に触れている（二六頁）。

（18）以下の記述で挙げる頁数は一九五九年版のものである。一九八八年版における構成は、「はしがき」（一―三頁）、「㈠古代および中世の歴史」（四―一七頁）「㈡近代史学への歩み」（一七―三九頁）「㈢近代史学形成の過程」（三九―五八頁）「むすび――近代史学の確立と大正史学への展望」（五九―六一頁）。

（19）この打ち合わせの記憶は、当時私がつけていた日記の記載によって裏付けられる。とはいえ、当時、伊藤隆教授が私に語ったところによると、大久保は以前の著作をそれなりに書き換えようと試みたという。どうやら、大久保は大幅に修正した原稿――もちろん、当時は手書きである――で、吉川弘文館の編集者をいらいらさせていたようである。

（20）教育の文脈における国学者と漢学者の関係に関する大久保の著作にも注意してほしい。「学内における国・漢両派の対立と抗争」（『大久保利謙歴史著作集　第四巻　明治維新と教育』吉川弘文館、一九八七年、初出：「明治初年の大学校に於ける国学者対漢学者の抗争一件」『明治文化』第一五巻第七号～第一六巻第四号、一九四二～一九四三年）。

（21）斎藤桂『〈裏〉日本音楽史――異形の近代』（春秋社、二〇一五年）。

（22）同右、一七―一八頁。斎藤が主に焦点を当てているのは、能は古代薩摩の隼人に起源があるとする重野の主張と、実証主義的アプローチ、そして英雄物語に対する「抹殺博士」として知られるこの人物が、同僚とともに文献批判の実証的研究法を開発しながら、後年に至ってもこうした主張を続けたのはなぜかという点である。

（23）前掲注7『重野博士史学論文集』一、四三五―四六二頁。

（24）『史学協会雑誌』第一号（一八八三年）巻頭の編者序文。小中村は史学協会創立集会において「音楽史」と題する講演を行い、『史学協会雑誌』第一、二号に講演筆記が掲載されている。その後も小中村は史学協会で続編にあたる「音楽史」を講じており、その講演筆記も『史学協会雑誌』に掲載された。

（25）前掲注21斎藤著、三一―三五頁。Hosokawa, Shuhei. “Ongaku, Onkyô/Music, Sound.” In *Working Words: New Approaches to Japanese Studies*, pp.1-22: Center for Japanese Studies, UC Berkeley, 2012.

（26）Wachutka, Michael. *Kokugaku in Meiji-period Japan: The Modern Transformation of 'National Learning' and the Formation of Scholarly Societies*. Leiden, Boston: Global Oriental, 2013. 日本の学者による著作としては久伊豆神社小教院叢書の一冊として刊行された藤田大誠『近代国学の研究』（弘文堂、二〇〇七年）もあるが、藤田も「考証」学を近代国学の大きな貢献として扱っている。

（27）Wachutka,p.179.

（28）Wachutka,p.242.

（29）大久保利謙『日本近代史学史』（白揚社、一九四〇年）。

（30）Bod, Rens. *A New History of the Humanities: The Search for Principles and Patterns from Antiquity to the Present*. Oxford: Oxford University Press, 2015 (2013),pp.250-1.

訳者注　著者の英文原稿のうちはじめに～二（前半）は佐藤、二（後半）～おわりには渡邉剛氏が訳文草案を作成し、書誌情報の確認および訳文の統一を全体にわたって渡邉氏が行い、佐藤が著者と相談のうえで訳文を確定した。氏の綿密なチェックによって多くの誤りが修正されたことに厚く感謝するとともに、なお翻訳上の誤りがあれば、その文責は佐藤にあることを断っておく。

（佐藤）

大久保利謙と立教大学史学科（一九五八〜七一）

小澤　実

おざわ・みのる――立教大学文学部史学科教授。専門は北欧中世史・西洋中世史・史学史。主な著書に『北西ユーラシアの歴史空間』（共編著、北海道大学出版会、二〇一六年）、『近代日本の偽史言説』（編著、勉誠出版、二〇一七年）、『歴史学者と読む高校世界史』（共編著、勁草書房、二〇一八年）などがある。

本稿は、日本近代史研究の開拓者にして立教史学科日本近代史ポストの祖となった大久保利謙の立教時代の活動を同時代に位置付けることを目的とする。第1節では立教への招聘プロセスを、第2節では史学科教員としての活動を、第3節では立教時代における研究成果を、大久保の著作、同時代証言、大学行政資料などを用いながら再現する。

はじめに

大久保利謙（一九〇〇〜一九九五）が、日本を代表する歴史学者の一人であることは言を俟たない。[1] 大久保は、東京帝国大学文学部国史学科で教育を受け、戦後、その人脈を通じて国立国会図書館に憲政資料室を創設するとともに、従来研究対象とはみなされていなかった日本近代史研究を学問分野として確立し、政治史、行政史、文化史、大学史、洋学史、史学史など多様な分野において学問的基礎を築いた。そのエッセンスは遠山茂樹を編集委員長とする『大久保利謙歴史著作集』（八巻、吉川弘文館、一九八六〜一九九三）に収められている。大久保自身はそのような言い方で自己規定はしないだろうが、彼は近代史（modern history）の専門家であると同時に、近代日本におけるインテレクチュアル・ヒストリー（intellectual history）の開拓者の一人でもあった。すでに死後二十五年が経過している大久保を、まさに彼自身が定立した近代日本史学史のなかに位置付けても良い時期に来ている。[2]

研究者としての大久保は注目を浴びるのに対し、教員としての彼の姿に注目が集まることはほとんどない。東京帝国大学の国史学科を卒業した大久保は、その出自ゆえに、『東京帝国大学五十年史』、『帝国学士院六十年史』、『貴族院五十年史』といった公的機関の正史に関する編集作業に携わり、一九四三年には父の跡を継いで貴族院議員となった。他方で戦後の大久保は、国立国会図書館の憲政資料室の創設と運営に力を注ぐ一方で、最初は名古屋大学の、その後立教大学の教員として定年まで勤め上げた。そうであるとすれば、仮に歴史家としての大久保の業績を定位するとしても、戦後の大久保の公的生活のかなりの部分を占めた新制大学での教員としてのあり方を振り返っておく意味は十分にあるように思われる。

本稿では、そうした歴史家大久保の生涯を位置づけるための基礎作業として、立教大学史学科に在職中の大久保の活動を、一「立教大学への大久保の招聘」、二「史学科教員としての大久保」、三「立教時代における大久保の研究」という三点から考察したい。

一、立教大学への大久保の招聘

(1) 大学教員としての大久保

最初に、大久保の大学教員としての経歴を全体として振り返っておきたい。

大久保の口述自伝である『日本近代史学事始め』には、「名古屋大学へうつる」という小見出しで、以下の記述がある。

わたしは昭和二八(一九五三)年、名古屋大学から話があり、教育学部教授として移ることになりました。それまでは兼任ということもできたようなのですが、国会図書館の人事部長からそれではまずいといわれて、憲政資料室には非常勤で勤務するということになりました。実際は東京にいて、名古屋には隔週で通ったんです。昭和三三(一九五八)年には、立教大学から声がかかりましたので、東京におちつきました。

ちなみに、名古屋大学に行くまえ、昭和二六(一九五一)年ですが、東大に出講したことがあります。坂本太郎さんが古い東大出身者を呼んで講義させようというので、わたしがその最初でした。明治文化史みたいな講義をとにかくやれというのでやったのですが、ひょっとしたら東大で近代史の講義をしたのはわたしが最初かもしれません。ずっとやっていて、気がついたら六〇歳でした。ほぼ一〇年間やったことになります。(3)

新書一冊分の口述自伝のなかで、大学教員としての経験を書いているのはこの部分だけである。

大久保は、一九三五年に明治大学法学部の講師として採用されている。担当は日本法制史と日本経済史であった。後者を委嘱されたのは、大久保が、東京帝国大学の国史学科に進学する以前に、京都帝国大学経済学部で学んでいたことによるものと推測される（ただし体調の関係もあり中途退学している）。

一九四九年に国立国会図書館の憲政資料室が設置されるや、同室の主任として政治家の資料収集に尽力する。一九五一年には、東京大学文学部で非常勤講師として出講しはじめた。以後、一九八七年まで、お茶の水女子大学、九州大学、学習院大学、早稲田大学、中央大学、熊本大学、聖心女子大学などで、集中講義を含め非常勤講師をつとめていた。東京大ではなく地方大学においても集中講義の要請があったことは、当時、必ずしも多くなかった日本近代史の専門家として、大久保の学識が戦後の大学教育において必要とされていたことを物語っている。

専任の大学教員として職を得たのは、名古屋大学大学院に教育学研究科が設置された一九五三年である。この年、旧帝国大学を含む十二の国立大学に大学院が設置された。大学院は学位を有する研究者の養成を第一の目的としており、一九四九年に設置された新制大学の新入生の卒業に合わせての措置であった。[4] 名古屋大学における大久保の担当講座は教育史であった。この時、すでに五十を超えていた大久保の招聘に関わったのが、岡崎高等師範学校を経て名古屋大学教育学部の創設に尽力した細谷俊夫（一九〇七～二〇〇五）である。[5] 後述するように細谷は、大久保の名古屋大学在職中に東京大学に移籍し、定年後は立教大学文学部教育学科につとめている。

(2) 大久保の招聘

戦後、立教大学大学院の史学系は、一九五四年四月に西洋史学修士課程を設置することではじまった。五八年より西洋史学のみの修士課程を廃止し、西洋史・東洋史・日本史全てを包括する史学専攻へ移行した。[6] 文部省の設置基準が教員を必要としていたためであると推測される。[7] 大久保が立教大学文学部史学科に招聘されたのはまさにこの年である。当時、日本近世史を担当していた林英夫（一九二〇～二〇〇七）の言葉を見てみよう。

一九五五（昭和三〇）年、私は立教の専任講師となったが、日本史の専任教員は宮本先生と二人だけであった。専任四人の大勢で大学院博士過程《ママ》を予定し、海老沢先生（聖心女子大教授）のほか、もう一人の方が難攻した。新宿で歴史家たちのよく集る酒場（先生は常連）で、川崎庸之先生（東大史料編さん所教授）から大久保先生（名古屋大学教授）が毎週の名古屋行（当時、新幹線未通）をこぼしていられるので可能性ありとの耳打ちをいただき、早速、宮本・手塚（史学科長）の両先生に伝え、この話を進めることになり、まもなく川崎先生から大久保先生内諾の伝言があったので、手塚科長に正式に懇請していただくことになった(8)

戦前以来、西洋史を中心とした外国史を重視していた立教史学科にとって、専任教員四人で日本史の大学院を開設することは大きな路線変更であった。林の発言にあるように、戦後再開した立教史学科において、当時日本史の専門家は、民俗学（ただし日本古代史扱い）の宮本馨太郎（一九一一～七九）と日本近世史の林英夫の二名のみであった。専攻する時代のバランスを考えれば、日本中世史と日本近代史が必要となる。日本中世史に関しては、立教大学出身でキリシタン史を専攻していた海老沢有道（一九一〇～九二）の聖心女子大学からの移籍が内定していたが（実際の移籍は大久保より後の一九六〇年である）、近代史に相当するであろう「もう一人の方が難攻した」とある。この表現から判断するに、何人かの候補に打診はしたが、色よい返事をもらえなかったというように思われる。

ここで興味深いのが、林が「新宿で歴史家たちのよく集る酒場」で川崎庸之（一九〇八～九六）から、大久保が毎週の名古屋との往復を負担に感じているとの情報を入手し(9)、その情報を学科内で共有した上で、水面下で大久保招聘の話を進めている点である。史料編纂所に勤務していた川崎は、一九四三年以降、立教史学科で兼任講師をつとめているため、林をはじめとする立教史学科とも深いつながりがあった人物である。公募が大学の標準的な採用手段となっている現在においては奇妙に思える、人的ネットワークに基づく採用交渉であるが、当時の大学人事のあり方を垣間見ることができる貴重な証言でもある。大久保の意思を確認したのちの手続きについては、大久保側からの証言も確認できる。

> 私がはじめて立教大学史学科の先生と教授就任について正式の会談をしたのは、手塚君とだった。その前に予め話はあったが、たしか同君が史学科の科長をしておられて、挨拶のために当時私の勤務先の国立国会図書館憲政資料室に訪ねてこられた。昭和三三年三月頃のことで、立教史学科のあらましや、教官《ママ》にはどういう人がいるかなどを懇切に紹介して下さった。その印象はいまだに続いている(10)

大久保からの内諾を得たのち、当時史学科長であった手塚隆義（一九〇五～九二）が非公式の挨拶のために、国立国会図書館憲政資料室を訪問し学科の詳細を伝えている。当時の文学部教授会資料も人事課資料も伝来していないので（文学部教授会資料はまさに一九五八年から伝来している）、正式な教授会での承認プロセスを論じることは不可能である。しかし、立教大学文学部の採用人事制度は、仏文学科の人事問題に端を発する一九六九年の文学部改革を経て、一九七四年に大幅な変更がなされていた。すなわち、当該学科内で候補者を教授会に推薦し、業績と推薦文を提示したのち、多数決で採否を問う制度から、新任人事が行われるにあたって文学部内に、当該学科以外の教員を人事委員長とする人事検討委員会が設置され、当該委員会内での提案を教授会で審議する現在のやり方へと移行した(11)。もちろん大久保は、旧制度の中で選任されている(12)。

いずれにせよ、一九五八年より大久保は、立教史学科の「専任講師」として採用された。五十八歳という年齢の大久保が「専任講師」とされたのは、当該年度中は国立大学である名古屋大学の教授職と併任であったためと思われる。当時における「専任講師」の職務内容規定を確認することができないが、講師時代の大久保を教授会出席者の中に確認できないことから。おそらく課せられた義務は教育のみであり、大学行政は免除されていたと推測される。大久保は当該年度中で名古屋大学を退職したのち、一九五九年四月より教授として採用された。すでに五十九歳であった。

立教大学文学部史学科に採用された大久保は、六五歳を定年と規定している立教大学において一九六五年三月まで専任教授としてつとめ、七十歳まで「特例」として専任講師として継続雇用された。

> （省略）先生が立教においでいただく条件として定年後五年間七〇歳まで専任講師という特例（先生だけではなく当時何人か特例の方があった）があったので、先生が立教から解放（？）なされたのは、七〇年（昭和四五）三月のはずである。これはいい時点であったと思う。先生をあのなんとも不可解な大学紛争という名の混沌に心身を削る思いをさせることがなかったことである(13)

「特例」がどのような条件で適用されたのかはっきりとしないが、学部・大学院教育の都合上余人をもって換えがたいと判断された場合に、教授会を通じてそのような措置が取られたと推測される。現在の立教大学における「特任教授」と同様に、一定数のコマを担当する一方、給与は削減され教授会や大学運営業務を免除された立場であったのではないかと推測される。

大久保は、一九五八年に専任講師として採用され、五九年四月から六六年三月まで六年間の教授職を経験し、七一年三月に至るまで再度五年間の専任講師として史学科に在職をしていた。合計で十三年を大久保は立教大学史学科教員として過ごしたことになる。

二、史学科教員としての大久保（一九五八〜七一）

(1) 戦後から「学生反乱」に至るまでの立教史学科

大久保の立教大学在職期間は、史学科再開と「学生反乱」に挟まれた史学科再建期に相当する。最初に、この間の史学科の動きを略述しておきたい。

一九四三年に「閉鎖」された文学部が「再開」したのは四六年四月である。[14] ただし当初は占領国アメリカと関係の深いキリスト教学科と英米文学科のみで、史学科の認可が文部省より降りたのは四九年二月である。この時の新制立教大学文学部は、キリスト教学科・英米文学科・社会科・史学科・心理教育学科から構成されていた。この間立教大学史学会を中心に史学科再開の運動が起こり、大学当局を動かしていたという事実は興味深い。[15] 同年四月に史学科は、学生定員百人（一学年二十五名）をもって再開した。史学科再開時の史学科スタッフならびに戦後から大久保退職時の一九七一年までの史学科専任教員の変遷を整理しておこう。

史学科再開時の史学科専属の教員は学科長の野々村戒三（一八七七〜一九七三）以下、藤原守胤（一九〇一〜七七）、清水博（一九〇七〜九三）、手塚隆義（一九〇五〜九二）、小林通雄（一九一〇〜九九）、宮本馨太郎（一九一一〜七九）、中田栄一（一九一七〜二〇〇八）の七名であった。宮本を民俗学と理解するならば、狭い意味での日本史専門家が誰もいないことは注目して良い。[16] 皇国史観や戦争協力に対するＧＨＱの監視が厳しい戦後間もない時期ということもあるが、アメリカ研究所を擁していた立教大学側がアメリカ史を中心に史学科の再出発を考えていたという証言も残っている。[17]

一九五八年に大久保が採用された前後の時期は、史学科スタッフの拡充期であった。五一年に藤原が慶應義塾大学に移籍したのちは、五四年にドイツ史の成瀬治（一九二八〜二〇一六）が採用された、五一年には宣教スタッフとして来日した東洋史のチャールズ・ペリー（一九〇八〜五九）、[18] 五四年には地理学の別技篤彦（一九〇八〜九七）、五五年には日本近世史の林英夫、五八年には学習院大学を定年退職した東洋史の白鳥清（一八九三〜一九七二）とイギリス史の松浦高嶺（一九二三〜二〇一〇）、[19] 六〇年には聖心女子大から移籍したキリシタ

表1　1949年における立教大学史学科の構成

教授	史学科長　野々村戒三（西洋史）：史学研究法
教授	藤原守胤（アメリカ史）：西洋史学特講
教授	清水　博（アメリカ史）：西洋史概説
教授（兼担）	細入藤太郎（アメリカ文学）：西洋史学特講
教授	手塚隆義（東洋史）：東洋史概説
教授	小林通雄（中国史）：東洋史学特講
教授	宮本馨太郎（民俗学）：日本史概説
講師（兼担）	海老沢有道（キリシタン史）：日本史特講
助教授	中田栄一：歴史地理学
教授（兼担）	石島渉：自然地理学
教授（兼担）	飯塚浩二：経済地理学

出典：『立教大学史学会小史』101頁

ン史の海老沢有道（一九一〇～九二）が、神戸大学から西洋史の井上幸治（一九一〇～八九）か一般教育部から考古学の中川成夫（一九二二～二〇〇〇）が、文学部に移籍した。六五年には西洋古代史の高橋秀（一九二九～二〇一七）、六七年には手塚の後任として東洋史の石橋秀雄（一九二三～二〇〇二）、地理学コースの拡大を受けて東京都立大学から地理学の保柳睦美（一九〇五～八七）ならびに神戸大学から石川栄吉（一九二五～二〇〇五）が着任した。六二年には従来史学科としてひとまとまりの所帯であったものを、西洋史・東洋史・日本史・地理学の四専攻コースに分割した。基本的にこのコースが二〇〇六年における文学部の大幅改組まで継続することになる。(20)

　学部の再開と改変に合わせて大学院の整備もはじまった。一九五四年に文学研究科に大学院が設けられた際、史学関連は西洋史専攻修士課程のみであった。先述したように、アメリカ研究所を擁していた立教大学は、戦後、戦略的にアメリカ研究を中心とした組織を目指していたことも確認される。(21)大久保が採用された五八年には西洋史専攻修士課程を廃止し、史学専攻修士課程（西洋史・東洋史・日本史）が設置された。修士課程修了者を後追いするように、六〇年四月には西洋史専攻博士課程が設置され、六二年四月には日本史専攻博士課程が、六七年には地理学専攻修士課程が、六八年には東洋史専攻博士課程が設置された。本来史学専攻の中に含まれていなかった地理学専攻修士課程の創設に際しては、五八年に文科省の科研費による立教大学アジア地域総合研究施設設置の影響が大きい。(22)

　拡張期の史学科にとって、アメリカ研究所のみならず、五二年に史学科に設置された博物館学講座、五五年に復刊した立教大学史学会『史苑』、五八年に設置された前述のアジア地域総合研究施設という外延的制度の存在は大きかった。そのうち、立教の博物館学講座は日本で初めての博物館学講座である。[23] 当該講座が立教に設置された理由の一つは、宮本が五一年に公布された博物館法の制定に深く関わったことにある。[24] 宮本はすでに国立科学博物館館長（当時は東京博物館）を勤め、すでに九十歳になろうとする棚橋源太郎（一八六九～一九六一）を立教に講師として招聘するとともに、[25] 六二年には「博物館学講座規定」により、博物館講座は史学科を離れて文学部長に直属するポストとなった。講座は六七年には「学芸員課程」と名前を変え、現在まで続く「学校・社会教育講座」の一つとして扱われるようになった。[26]

学科長は、野々村が身を引いたのち、一九五六年に東洋史の手塚隆義が、五九年にアメリカ史の清水博が、六三年に日本史の宮本馨太郎が、六六年にフランス史の井上幸治が、六八年に地理学の別技篤彦が、七〇年に日本史の林英夫が引き継いだ。一九六九年以降は「学生反乱」のために文学部も大学も大きな混乱があり、学生との交渉には史学科教員も多く関わったが、大久保のコミットは確認することができない。

（2）立教大学史学科での大久保の公的仕事

大久保は教授会メンバーとして文学部に参加した時点で五九歳であり、日本史コースの中では、すでに教鞭をとっていた宮本馨太郎（一九一〇～七九）と林英夫、そして大久保より一年遅れて着任した海老沢有道（一九一一～九二）よりも十以上年長であった。林英夫の回想を引いてみよう。

> 五九年に教授として着任、翌六〇年には海老澤先生を迎え、いらい、先生が七〇年に退任なさるまでの十年間、この大久保・海老澤・宮本の三教授と専任講師の筆者というスタッフが続いた。いま、生を保っているのは、一番若かったわたしだけである。私にとってかけがえのない三人の先輩を失った今、とり残され、失った空間の無限の広さを感じている。常に大久保先生をたてていたが、先生は先頭に立って行動するという人柄ではないから、雑務はすべて私ひとりにかかってきたが、私は喜々(?)としてこなしてきた[27]

年長者を抱える大学の常として予想されることではあるが、史学科の運営は、ある意味三顧の礼をもって迎えられた大久保をたてるかたちで進められていた。とはいえ、大久保もまた、一九六二年には、創設されたばかりの大学院文学研究科日本史専攻博士課程の主任を務めることになった。大学院は大久保、海老沢、宮本、林の専任教員に加えて、中世史の貫達人（一九一七～二〇〇九）と考古学の駒井和愛（一九〇五～七一）を兼任講師として配置していた。

大久保は一九七一年三月に専任講師を引退するまで二本の

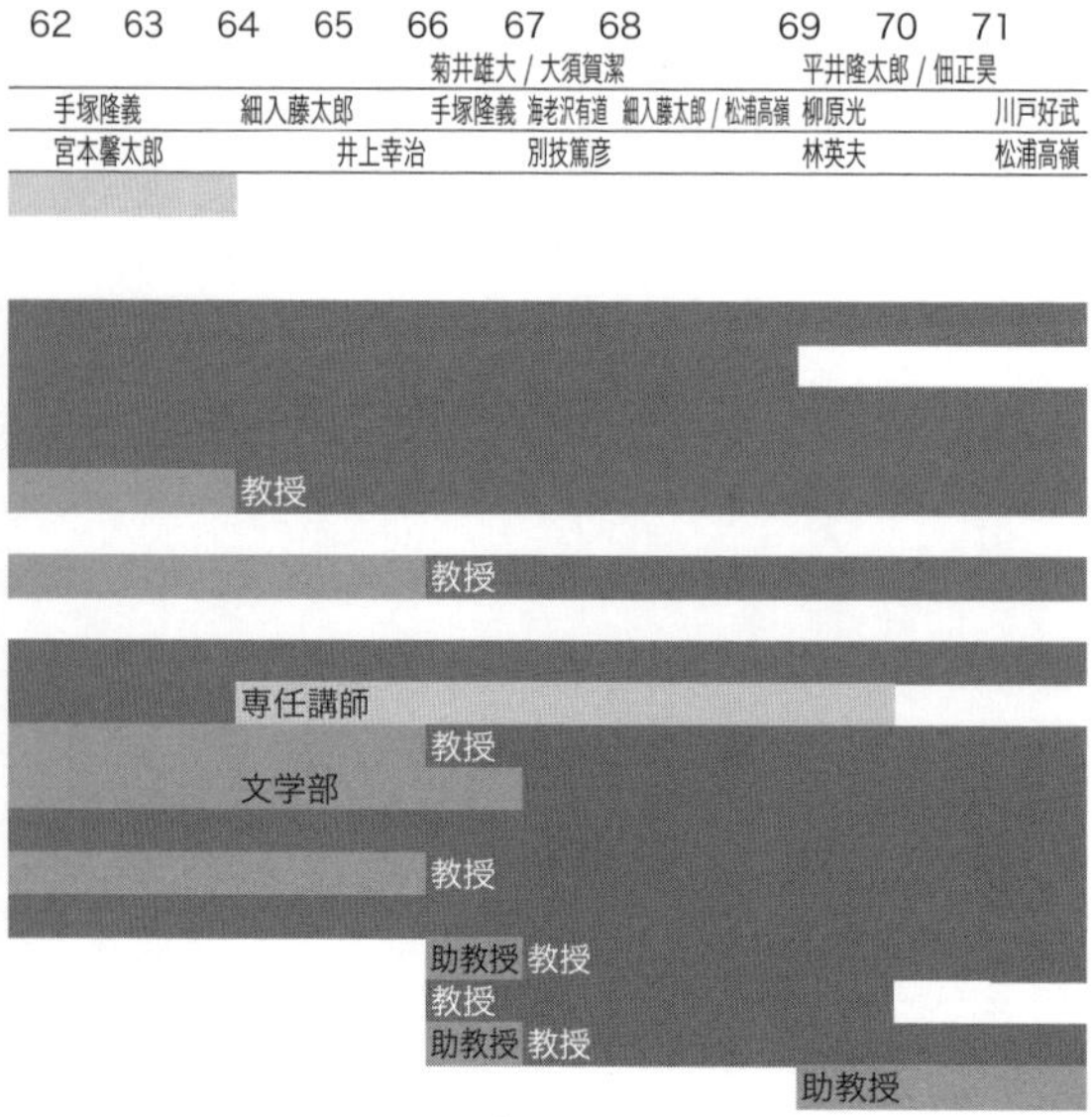

博士論文の審査に関わった。一本は主査として関わった同僚林英夫の「近世農村工業史の基礎過程　濃尾縞木綿織物史の研究」（大久保（主）、海老沢、宮本、山口和雄、一九六四年）であり、もう一本は副査として関わった松田毅一の「ルイス・フロイス文書の研究」（海老沢（主）、別技、大久保、北島政元、一九六七年）である。

(3) 大久保の講義とその様子

大久保は講師時代も含めると十三年間にわたって立教史学科で教鞭をとった。その間、大久保が担当したコマは**表3**の通りである。(28)

大久保の立教史学科での学部教育は、他の教員と同様に、講義形式である「日本史特講（二）」と演習形式である「日本史演習（三）」が基本である。加えて、教授職に着任した五九年以来、修士課程の「日本史特殊研究（一）」も退職まで続けている。大学院が拡充され、日本史専攻博士課程ができて以来、修士課程の「日本史演習（一）」と「日本史学史」ならびに博士課程の「日本史特殊研究（四）」と「日本史特殊文献研究及演習（二）」も担当した。また日本史コースの必修科目である「日本史概説」と「日本史学入門」も教授職にある期間は担当し、史学科必修である「史学概論」も一度担当している。日本史専任教員全員で担当する古文書実習にも参加し、七月に一週間の合宿をおこなっている。講義ではその時々で刊行されていた大久保自身の編著を教科書として指定している。史学科全体を見て興味深いのは、他の教員はおこなっていないのに大久保は講義題目を設定している点である。理由はわからないが、前任校の名古屋大学での慣習を継続していたのかもしれない。

以上の教育を通じて大久保は多数の学生と接してきた。大久保自身はその自伝においても教育について何事かを語ることはないが、彼の講義に接した三名の元学生の証言を引いて

表2　大久保在職時史学科教員一覧

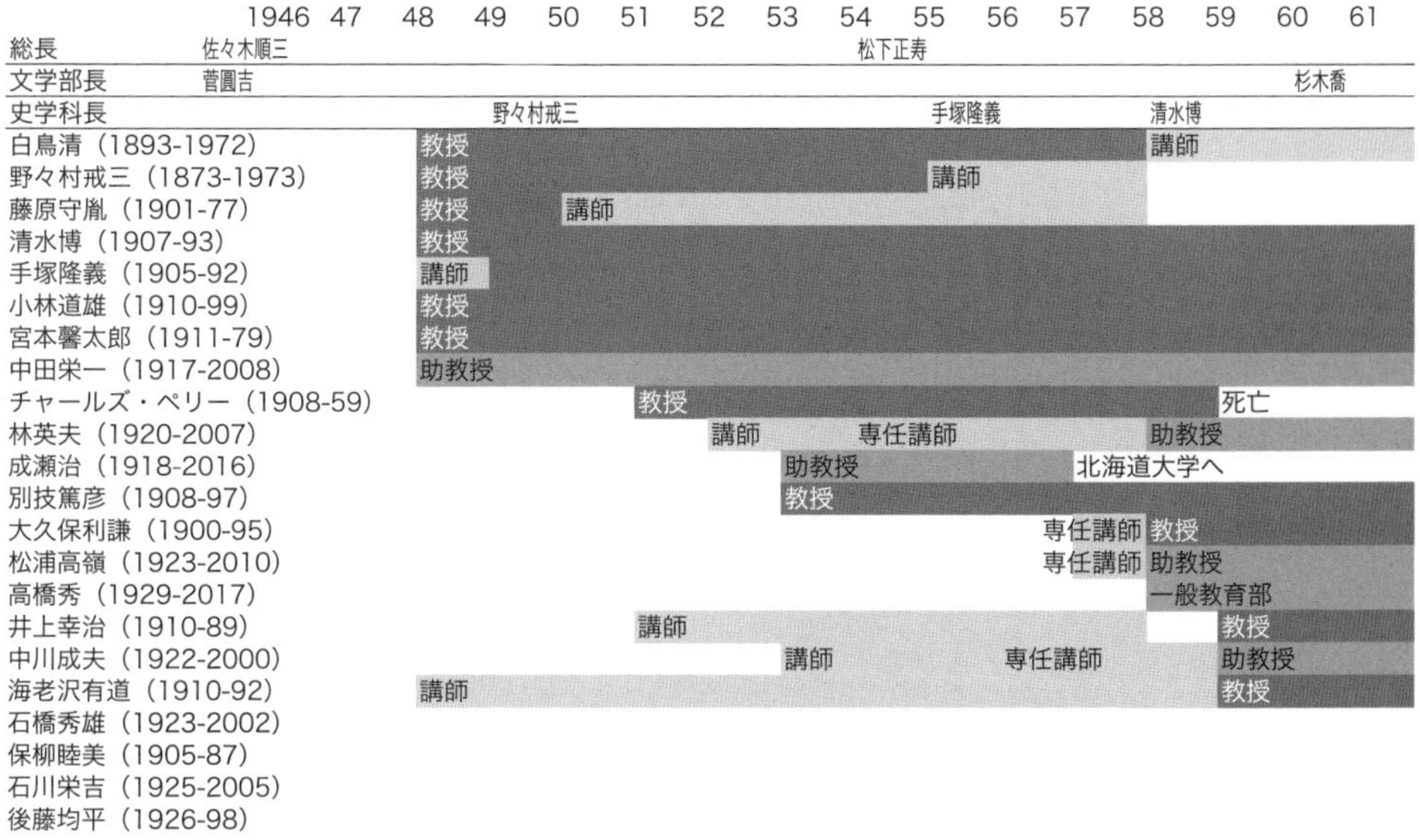

出典：立教学院人事部人事課所蔵資料より再構成

おきたい。

一人目は、学部と大学院で大久保の指導を受け、その後、国立国会図書館司書として憲政資料室で大久保の片腕として資料編纂などを行い、京都大学人文科学研究所そして奈良大学の教授となった日本近代史研究者の佐々木克（一九四〇〜二〇一六）である。大久保の政治史的業績を最もよく継承した研究者である。

大久保先生の授業に初めて出たのは、大学二年生になった春（一九六一年）である。日本史概説で中世政治史の講義であった。広い教室で外も騒がしくて聞取りにくく、正直いってまったく面白くなかったが、その頃私は、友人らとハワイアンバンドをやっていて、池袋の私鉄沿線の場末のキャバレーに出演したりで、ほとんど勉強などしていなかったから当然であったともいえ、従って先生の人柄はもちろん、先生の著作・研究等についても無知にひとしかった。三年生になって先生のゼミの学生となった。テーマは「明治維新」、『史料による日本の歩み』がテキストである。驚きだったのは、先生の知見と話題の豊富さであった。史料を通して如何に多くのことが語られたか、私には明治維新が一気に近づいたような興奮を覚えた。それに風呂敷包みを開いて本を取り出

1964（昭和39）	1965（昭和40）	1966（昭和41）	1967（昭和42）	1968（昭和43）	1969（昭和44）	1970（昭和45）
					史学概論	
日本史学入門	日本史学入門					
日本史特講（2）：明治初期政治史	日本史特講（2）：日本近代政治史	日本史特講（2）：日本近代政治史	日本史特講（2）：幕末政治史	日本史特講（2）：幕末政治史	日本史特講（2）：明治文化史	日本史特講（4）：明治文化史
大久保『日本国憲法の出来るまで』（至文堂、1956）			大久保編『体系日本史叢書3政治史』（山川出版社、1967）	大久保編『体系日本史叢書3政治史』（山川出版社、1967）		
日本史演習（3）：近代史料購読	日本史演習（3）：明治初期政治史料購読	日本史演習（3）：明治初期政治史料購読	日本史演習（3）：明治初期政治史料購読	日本史演習（3）	日本史演習（3）	日本史演習（4）：明治初期の文化史関係史料研究
古文書学実習	古文書学実習					
						論文指導演習
日本史特殊研究（1）：幕末志士層の行動、及び思想の研究	日本史特殊研究（1）：幕末政治史並びに政治思想の研究	日本史特殊研究（1）：幕末思想史の諸問題	日本史特殊研究（1）：明治初期の社会階層形成史	日本史特殊研究（1）：明治初期政治史の諸問題	日本史特殊研究（1）：明治政治史の諸問題	日本史特殊研究（1）：明治史の諸問題
日本史演習（1）：幕末政治史料購読	日本史演習（1）：幕末期の政治史料研究	日本史演習（1）：幕末期史料研究	日本史演習（1）：明治初期史料研究	日本史演習（1）：明治初期史料購読	日本史演習（1）：明治初期政治史料購読	日本史演習（1）：明治初期の基礎的文献購読
日本史学史	日本史学史	日本史学史	日本史学史	日本史学史	日本史学史	日本史学史：日本の近代史学史形成過程の研究
日本史特殊研究（2）：幕末思想史の研究	日本史特殊研究（2）：幕末思想史の研究	日本史特殊研究（2）：明治維新史の諸問題研究	日本史特殊研究（2）：明治初期の社会史に関する諸問題	日本史特殊研究（2）：明治維新政治史の諸問題	日本史特殊研究（2）：明治初期の政治制度の研究	日本史特殊研究（4）：明治初期政治史の諸問題
日本史特殊文献研究及演習（2）：幕末思想史史料購読	日本史特殊文献研究及演習（2）：幕末政治史料購読	日本史特殊文献研究及演習（2）：幕末維新期史料の研究	日本史特殊文献研究及演習（2）：幕末維新期史料の研究	日本史特殊文献研究及演習（2）：幕末維新期史料の研究	日本史特殊文献研究及演習（2）：明治初期政治史料購読	日本史特殊文献研究及演習（2）：明治初期政治関係文献研究

し、淡々と話される風貌や学生に対する丁寧な応対など、概説の講義における先生のイメージとはまったく違ったものであって、「大学教師・研究者」というものに、初めて出会ったような印象であった。（中略）研究室界隈での先生は、適切な表現がむずかしいが、スタッフからも院生からも一歩の距離感が存在するかのような位置にあるように見えた。学生の目からは、孤高で近づきがたいような存在に見えた…[29]

一九四〇年生まれの佐々木は、ちょうど大久保が立教に着任した頃に大学に入学している。大久保による日本史概説を「正直いってまったく面白くなかった」と正直に言い切る佐々木は、「研究室界

表3　大久保講義一覧

		1958（昭和33）	1959（昭和34）	1960（昭和35）	1961（昭和36）	1962（昭和37）	1963（昭和38）
文学部（史学科）	必修科目						
							日本史学入門
	選択科目		日本史概説	日本史概説	日本史概説	日本史概説	
			坂本太郎編『日本史』（世界各国史14、山川出版社、1958）	坂本太郎編『日本史』（世界各国史14、山川出版社、1958）	坂本太郎編『日本史』（世界各国史14、山川出版社、1958）	坂本太郎編『日本史』（世界各国史14、山川出版社、1958）	
		日本史特講：日本に於ける近代政治の形成	日本史特講：明治初期政治史	日本史特講：明治維新政治史	日本史特講：明治維新政治史	日本史特講（2）：明治初期政治史	日本史特講（2）：明治初期政治史
					大久保他編『史料による日本の歩み4近代編』（吉川弘文館、1951）	大久保他編『史料による日本の歩み4近代編』（吉川弘文館、1951）	大久保『日本国憲法の出来るまで』（至文堂、1956）
		日本史演習（1）：日本に於ける近代政治の形成			日本史演習：近代史料講読	日本史演習（3）：近代史料講読	日本史演習（3）：近代史料講読
大学院史学専攻（修士課程）			日本史特殊研究（1）：明治史研究法	日本史特殊研究（1）：明治史の諸問題	日本史特殊研究（1）：明治史の諸問題	日本史特殊研究（1）：明治初期文化史の諸問題	日本史特殊研究（1）：幕末志士層の行動および思想の研究
						日本史演習（1）：明治初期政治史料の研究	
						日本史学史	日本史学史
大学院日本史専攻（博士課程）						日本史特殊研究（4）：明治初期における政治と文化との交流	日本史特殊研究（4）：明治憲政発達史の諸問題
						日本史特殊文献研究及演習（2）：明治政治史料の研究	日本史特殊文献研究及演習（2）：幕末思想史の研究

出典：立教大学文学部・文学研究科各年度の履修要項より再構成

限での先生は、適切な表現がむずかしいが、スタッフからも院生からも一歩の距離感が存在するかのような位置にあるように見えた」との見立てを行う。この大久保が在籍していた間同僚であった宮本と海老沢は彼よりも十歳、林英夫は二十歳若かった。加えて、他の三名は立教史学科出身者であるのに対し、大久保のみ東京帝国大学の出である。先述した林の感懐と付き合わせて見ても、学生であった佐々木に「一歩の距離感」があるように感じられていたことはありそうなことでもある。

次に、大久保に卒業論文の指導を受け、その後大学職員として日本史研究室に採用され定年まで勤め上げた浅見恵（一九四〇〜）の証言である。

> 今の学生と違って、履修単位

は卒業に必要なぎりぎりの線でしか届け出ていなかった。その頃は卒業論文（必修）の面接が終わっていてもまだ試験があり、最後の試験が大久保先生の特講であった。この試験が通らなければ私の卒業はありえない、という状況に追い込まれていた。しかしわたしは試験当日の朝、目が覚めなかった。さすがの私もあわてて大久保先生に電話をし、ご指示を仰いだ。もちろん先生の単位をいただかないと卒業できないことも申し上げた。すると「では、卒論で言い足りなかったことをレポートにして提出しなさい」と。なんと寛大なお言葉を下さったことか、早速『新潟県における条約改正運動』という我が卒論の補足を書いて提出した。それは、すでに終わっていた卒論面接で先生に指摘されたことが、「政府側が民権運動に対してどのように対応したのかを、もう少し論じてほしかった」を受けてレポートを書いた[30]

単位取得に関するくだりなど古き良き時代を思わずにはいられないが、「卒論で言い足りなかったこと」をレポートとして要求する大久保のあり方は、浅見が大学院を希望していたことを知っていたからなのかもしれないが、浅見に専門教育を深めさせるための配慮をしていたのかもしれない。その後浅見は、大学院進学後に指導教員を林英夫に変更し、日本近世史の専門家として研鑽を積む。大学院修了後は文学部史学科実験補助員、文学部実験職員、図書館司書として職務を全うするとともに、日本近世史の研究者としても着実に業績を重ねることになる[31]。

次に、史学科の一学生として大久保に接した石倉紘子の言葉を引いておこう。

初めて大久保先生にお会いした、というよりお姿に出会ったのは、大学三年の日本史特講の始まった日でした。他の授業に比べて、先生の講義初日のことを今でも鮮明に憶えているのは、教室に入って来られたお姿に当時二十歳になったばかりの私が、とても強い印象を受けたからでした。スラリとした長身に、その頃東映映画によく出ていた、有島一郎をノーブルにした顔立ちでありながら、手に紫色の風呂敷包みを抱えて、教室に入ってこられたのでした。一瞬、教室がどよめいた感じでしたが、それにもかかわらず先生は、淡々と講義を始められました。とっつきにくい先生だなと思い、まあ単位さえ取れればよいと思っただけでしたが、その後いろいろとお世話になるとは、その時には考えもしませんでした。

林英夫先生のゼミに入れて頂だいた私でしたが、友人が大久保ゼミだった関係で、何時の間にか私たちにも、グループを作って大きな顔をして、先生の研究室へ出入りしていました。それで当然のようにお正月には、成城のお宅へ伺ってご馳走になり、書籍に囲まれたお部屋で、先生を前にして議論したり、おしゃべりをしたりしたものでした。(32)

以上の回想に引き続き「その頃の学生は、今の人に比べてお金もなく、また遊びに行く所もなかったので、ことある毎に疑問も抱かず図々しく、先生方のお宅へお邪魔していた」とあるように、佐々木には「一歩の距離感」を感じさせていたような大久保を含めて、当時の立教史学科における学生と教員との間は比較的近かったことも推測される。

最後に、直接大久保の教えを受けたわけではないが、研究対象が大久保と大きく重なり、大久保の生前評をメディアにしたためることになる由井正臣（一九三三〜二〇〇八）の言葉を引いておこう。

私は大久保先生の講義を聴く機会をいちどももつことができなかった。先生が立教大学を去られる最終講義の折、私も駆けつけた。しかし、先生は私が教室に入ることをついに許されなかった。「それは困ります、来てはいけません」と子供のようにはにかまれる先生を前にして、私は聴くことをあきらめた。先生はふだんと同じように受講生を前に、最後の講義を終わられたようである。それでも、教室からでてこられた先生は女子学生から贈られた花束を抱えて、じつにうれしそうであった。(33)

大久保が立教大学を去るのは一九七一年三月なので、その年度に開かれた最終講義でのことと推測される。なお大久保の人柄が偲ばれるエピソードは、大久保の名古屋大学への招聘に関わった、先述の細谷俊夫も伝えている。

私が先生の実直なお人柄に打たれたのはそれから六年ほど経って先生が立教大学に転任されたときのことである。或る日突然先生は私のところでおいでにあり、実は立大から招聘を受け、いろいろ考えたすえ行くことにした、せっかく世話にあった身だが諒解してほしい、と縷々述べられた。この鄭重なご挨拶を受け、私は明治の人の折目正しさを教えられたのである(34)

大久保を招聘したのち、東京大学教授として転籍した年下の細谷の元に、比較的短期間で立教に招聘されることになった大久保からあった挨拶を受けての感想である。細谷自身も明治人ではあるので「私は明治の人の折目正しさを教えられた」というのもやや奇妙に感じられるが、様々なタイミングが合致することで成立する大学人事のあり方を思い起こされる場面でもある。

三、立教時代における大久保の研究

(1)立教在職中の大久保の業績

日本近代史研究者としての大久保が知的巨人であることは言を俟たない。彼の研究者としての成果のかなりの部分が、立教大学在職時代に世に問われたことも記しておかねばならない。一九五八年から七一年三月までに刊行された大久保の著作一覧を掲載しておきたい。

表4から分かるように、大久保は立教時代に、『日本歴史の歴史(日本文化研究四)』(新潮社、一九五九年)、『憲政史概観』(衆議院・参議院、一九六三年)、『日本全史一〇　近代Ⅲ』(東京大学出版会、一九六四年)、『内務省通史』(大霞会、一九七一年)という単著のほか、専門書一般書を取り混ぜた編集作業と分担執筆を行なっている。彼自身が執筆者として筆を取り、編者として目を通した総ページ数にするとどれほどの分量になるだろうか。

もちろん、こうした膨大な業績は、大久保が生涯をかけて収集した史料に基づくものであり、その準備は立教大学に着任する以前からなされていたはずである。しかし名古屋との往復がなくなり、自宅、大学、国立国会図書館との間の安定した往来で日常が規定されるようになった大久保に、十分な研究と執筆の時間が与えられたことが、前述した質量の仕事を生み出した要因の一つであることも確かである。

以下では、以上の仕事のうち、立教大学史学科としての仕事と考えられる五つの成果について、若干の検討をしておきたい。

(2)立教大学日本史研究室編『大久保利通関係文書』(五巻、吉川弘文館、一九六五-七一年)

まずは、大久保の祖父である大久保利通に関連する文書を収集した『大久保利通関係文書』についてである。一九六五年一月から七一年三月にかけて刊行された五巻本の資料集は、六五年における大久保の定年を記念して企画され、その後専任講師として再度の退職となる七一年三月に完結するという、まさに大久保の立教における教員生活に合わせた歩みを示す成果である。『立教大学史学会小史』に発刊の事情が記されている。

昭和三三年に、名古屋大学から本学に向けた大久保は、四〇年三月をもって六五才の定年となった。大久保が、明治維新史研究史上に果たした功労と、本学の発展に努力した功績を記念して、当初、日本史研究室で記念論文集の発刊を企て、海老沢・宮本・林と山田昭次の本学側のほか、広く学界の関係者に相談するため、児玉幸多・

表4　立教在職時に刊行された大久保の著作

『明治維新史研究講座』6巻（平凡社、1958.7-59.9）
『日本歴史の歴史（日本文化研究4）』（1959.4、新潮社）
大久保・下村富士男編『図説世界文化史大系24　日本5』（角川書店、1959）
大久保編『西周全集』4巻（宗高書房、1960.3-1981.10）
大久保編『日本人物史大系6　近代2』（朝倉書店、1960.3）
大久保編『明治文化資料叢書　教育編』（風間書房、1960.12）
大久保編『万延元年遣米使節史料集成』7巻（風間書房、1960-61）
大久保編『図説日本歴史7　日本文化の近代化』（中央公論社、1961.4）
大久保編『外国人の見た日本　明治』（筑摩書房、1961.5）
井上光貞・児玉幸多・大久保編『日本史読本』（東洋経済新社、1962.3）
『日本学士院80年史』（分担執筆、日本学士院、1962.3）
『日本史概論』（分担執筆、吉川弘文館、1962.4）
『憲政史概観』（衆議院・参議院、1963.7）
大藤時彦・佐治芳雄・宇野俊一・大久保編『日本百年の歩み　明治・大正・昭和史』（朝日新聞社、1964.2）
『日本全史10　近代Ⅲ』（東京大学出版会、1964.11）
『大久保利通関係文書』5巻（吉川弘文館、1965.1-1971.3）
海老澤有道・大久保編『日本史学入門』（廣文社、1965.4）
大久保編『明治政府　その実力者たち』（人物往来社、1965.8）
大久保編『山路愛山集（明治文学全集35）』（筑摩書房、1965.10）
大久保編『近代史史料』（吉川弘文館、1965.10）
大久保編『日本文化史8　近代』（筑摩書房、1966.7）
稲田昌種・中村貫之・大久保編『華族会館史』（霞会館、1966.8）
大久保編『昔夢会筆記（東洋文庫76）』（平凡社、1966.10）
大久保編『政治史三　近代（体系日本史叢書）』（山川出版社、1967.1）
大久保編『明治啓蒙思想集（明治文学全集3）』（筑摩書房、1967.1）
大久保編『明治維新（日本歴史シリーズ18）』（世界文化社、1967.1）
大久保編『大正デモクラシー（日本歴史シリーズ20）』（世界文化社、1967.2）
大久保・寒川光太郎『明治の歴史』4巻（集英社、1968）
『岩倉具視を語る（講演150号）』（尾崎行雄記念財団、1970.2）
『内務省通史（『内務省史』1）』（大霞会、1971.3）

出典：NDL Onlineで取得したデータより再構成

小西四郎・遠山茂樹・原口敬明・由井正臣・宇野俊一・上沼八郎の七氏に参集をいただき、計画の打ち合わせを行なった。この席上、大久保から、広く学界の共有財産となるような意味で、大久保家に伝存する「大久保利通にあてられた書簡」（なお、大久保は大久保利通の孫にあたる）の発刊を提議された。この結果、満場一致でこれを刊行するに決した。大久保家から提供された四千通余の整理と浄書にあたり、前記七氏の他に、鵜川美代子・太田熊太郎・佐々木克・

浅見恵の協力をえて全五冊を刊行するにいたった（現在二冊刊行）。出版については吉川弘文館社長吉川圭三の快諾を得、経済的な面では当時本学総務部長であった秦二郎・宮本馨太郎にそれぞれ協力を仰いだことを記しておきたい。(35)

大久保の退職を記念して（とはいえその後も専任講師として勤務している）、立教大学日本史研究室の事業として始められた本書の編集作業は、大久保本人をはじめとして海老沢有道・宮本馨太郎・林英夫という史学科専任教員、一般教育学部の山田昭次に加え、児玉幸多・小西四郎・遠山茂樹・原口敬明・由井正臣・宇野俊一・上沼八郎によって計画された。編集実務には大学院生であった鵜川美代子・太田熊太郎・佐々木克・浅見恵も加わった。(36) 第一巻の刊行と第五巻の完結に際しては、記念の会も開催されたことが記録されている。

こうして第一巻は、大久保の誕生日にあたる一月二五日に発刊された。この発刊の日、大塚の茗渓会館で大久保の慰労と出版を記念する会を催し、席上、大久保夫妻にこれを献呈した。なお、この会の出席者二〇三名で、大久保の功績を記念するにふさわしい盛会であった。司会は小西四郎と林英夫が担当し、教え子の竹本悦子（坂東流舞踏家）が日本舞踊、新宿の演歌師通称「コマツチャン」がバイオリンによる明治大正調演歌を演じた。大久保もまた、指名されて愛唱歌「枯れすすき」を唄ったのも印象が深い。(37)

大久保先生から、大久保利通宛の書翰の出版計画が出されたのは一九六二年頃であり、以来日本史研究室が中心となって内外の諸先生の協力を得て、第1巻の刊行を見たのが六五年一月二五日出会った。この日、大久保先生ご夫妻をお招きして、茗渓会館に置いて出版会が催された。そして最終巻が七一年三月に刊行され、およそ七年間を費やして全五巻の完成をみた。それは、偶然に大久保先生の退職と一致したことになった。そこで完成と退職の意味をこめて、六月一九日に第一巻の出版会と同じ場所で、ご夫妻をお招きして関係者五八名の出席のもとで盛大に記念会が模様された。そして、大久保先生には「大久保利通関係文書」全五巻を、奥様には花束の贈呈式がとり行われた。(38)

本史料集が、現在に至るまで、大久保利通個人の、ひいては日本近代史研究にとって基本史料とも言える役割を果たしていることは、この史料がしばしば当該テーマや時代に関する研究において引用されていることからも間違いはない。しかし史料集を編む場合、文書の収集や確認に際して様々な経費が発生する。原稿提出後の出版それ自体は吉川弘文館が責任を持つとしても、それ以前の段階でかかった経費はどのように処理していたのだろうか。そのような問いに答えてくれる証言も残っている。一つは、第五巻が刊行された際に、挟み込み文書として添付されていた「最終巻刊行にあたって」である。日本史研究室（海老沢有道・宮本馨太郎・林英夫・山田昭次・佐々木克・浅見恵）の名前で、

第一・第二巻刊行については当時本学総務部長秦二郎氏・文学部長手塚隆義氏に財政上のご配慮をいただいたが、第三巻以後は、文部省科学研究費補助金の交付を受けて順調に刊行を続行できたことをこころから感謝したい。

と記されている。他方で林英夫は以下のように回想している。

……このなかの一つに、先生の定年（六五歳）退職を記念して「大久保利通関係文書」（全五巻、吉川弘文館刊）の刊行があった。編集委員一三名でスタートしたが、編集刊行の経費は史学科「日本史研究室」の名で負担し、その苦労は、簡完結をみるまでの五年刊続いた。この頃、立教は、家的、あるいは同士的とでもいうべき好ましい風潮がみなぎっていたから、刊行にさいし宮本先生にお骨折をいただき大学当局から、最低限度ではあるが、助成金をいただいた（この事は、今まで口外しなかったが、時効と判断）。この資金を回転運用しても不足したので、研究室編として「近世古文書演習」を刊行し、これが総計して万をこす部数を発売、その印税をもって補填していった。[39]

最初の一・二巻の必要経費に関して、「あとがき」は手塚の名前を挙げているのにたし、林は宮本の名前を挙げている。これを矛盾なく解釈するとすれば、宮本が編集委員を代表して当時文学部長であった手塚と総務部長に内々に交渉し、助成金を支給してもらったということになろうか。いずれにせよ三巻以降は科研費による助成で刊行費用を賄うことができた。興味深いのは、日本史研究室が刊行した『近世古文書演習』の印税を刊行費用に充てていたというくだりである。[40]万単位も売れたということになれば、結構な印税を流用することはできたのだろう。

（3）大久保利謙・海老沢有道編『日本史学入門』（廣文社、一九六五年）

林の言葉を借りれば「家的、あるいは同士的とでもいうべき好ましい風潮がみなぎっていた」成果のもう一つが、大久保と海老沢が編者を務めた『日本史学入門』である。現在、多数存在する研究入門の体裁をとっているが、当時にあって

は、黒板勝美『国史の研究総説』（初版明治二二、更訂版昭和六）のほかに類書が存在しなかったため、廣文社の編集者である片平勝好氏から林英夫助教授を介して日本史研究の入門書を出したいという話が出発点であることが序文に記されている。[41]

史学入門や史学概論として、とりわけ西洋史由来の翻訳書や史学概論は、坪井九馬三『史学研究法』以来戦前より多数紹介されていた。[42] そもそも立教大学史学科の初代史学科長であった小林秀雄（一八七六〜一九五五）は『史苑』にベルンハイム『史学研究法』（Lehrbuch der historischen Methode）の翻訳を連載していたし（一九二八〜四二）、戦後最初の史学科長をつとめた野々村戒三は『史学概論』を刊行していた。[43] 西洋史として始まった立教大学史学科自体には、史学概論を一定程度重視する空気はあったように思われる。それを受けた上で、編集両名は、「本書編集のねらいは、方法論や史学理論ではなく、また概説でもなく、これから日本史を研究する人や史学科学生のため、また教員にとっても教室で教えるばあいに、ぜひとも必要な種々の知識や事項と、それに必要な参考文献を簡潔に正確に集成したハンドブックを作ることである」と宣言し、執筆者の選定を進めている。つまり理論的な入門ではなく、「これから日本史を研究する人や史学科学生のため、また教員にとっても教室で教えるばあいに、ぜひとも必要な種々の知識や事項と、それに必要な参考文献を簡潔に正確に集成したハンドブック」を編む必要があったのである。「実用的」であり具体的であるという要請は、歴史学研究会を中心にマルクス主義が歴史学界を席巻している最中にあっても、そうした流れとは一呼吸置いた立場にあった大久保や海老沢の望むところであったようにも思われる。[44] 実際に、一九六三年より、立教史学科においても日本史研究入門という新入生向けの入門講義が始まっており、この講義での指導経験や学生の反応なども踏まえての内容であったかもしれない。

本書は全体で七十二項目、執筆者総数は五十名にのぼる（**表5**）。二重線は立教専任、一重線は立教兼任、波線は立教出身、点線は國學院を示している。

総説・各節・史料に大きく分かれている本書は以下の特徴を備えている。

（a）執筆者は、史学科、文学部、立教大学の専任教員ならびに兼任講師という立教関係者が過半数を占めていることである。その他、小林秀雄以来の國學院関係者、辻善之助以来の史料編纂所や東京帝国大学出身者、大久保の名古屋大時代の教え子（上沼）、国会図書館の同僚（植村）、憲政資料室関係者（由井）も見える。当時の立教史学科のカラーを反映した人選であり、その結果としての構成であると言える。

（b）日本史と言いつつも、総説は立教大学同僚により日東西という世界史的立場に立っている。史体論は西洋を井上幸治、東洋を手塚隆義、日本を大久保が、時代区分論では世界史を井上が、日本史を当時法学部に所属していた佐藤誠三郎（一九三二〜九九）が執筆している。ここには比較の視点があり、当時の史学科（一般教育部も含む）が持っていたパースペクティヴが集約されている。

（c）各説は、Ⅰ政治史、Ⅱ社会・経済史、Ⅲ文化史、Ⅳ外国関係史に分かれており、それぞれ、Ⅰを大久保、Ⅱを林、ⅢとⅣを海老沢の人脈をベースに寄稿しているように思われる。ここでの宮本馨太郎の役割は興味深く、政治史の古代編と外国関係史の中国・朝鮮を担当している。宮本は民俗学者であるが、立教史学科においては実質的に教育を担当している日本古代史を反映していた。

（d）史料編は、考古・民俗学・地理学が同居する立教史学科らしく、Ⅰ遺物・遺跡、Ⅱ古文書・記録、Ⅲ民俗、Ⅳ書誌学、Ⅴ・伝記・系譜、Ⅳ地方史から構成されている。そのうち専任教員としては、中近世考古学の中川が「Ⅰ遺物・遺跡」の「2歴史時代」を、近世史の林が「Ⅱ古文書・記録」の「2近世（c）庶民史料」を、民俗学の宮本が「Ⅲ民俗」の「1伝承・習俗」を、地理学の別技が「Ⅳ地方史」の「2地誌」を担当している。

（4）『立教大学史学会小史』（立教大学史学会、一九六七年）

一九二八年に第一巻を刊行しはじめた立教大学史学会の機関誌『史苑』は、第二八巻一号をもって通巻一〇〇号を迎えた。この記念すべき号を立教大学史学会は『立教大学史学会小史』という特集にあてた。

特集の全体は「Ⅰ立教史学の創生／建学から昭和一一年まで」「Ⅱ暗い時代の学生と大学／昭和一二年から二四年まで」「Ⅲよみがえる立教史学／終戦直後より現在まで」という三部で構成されている。史学会や歴史学研究会のみならず大学別学会もまた各学会周年記念として自らの来し方をまとめることはしばしばあるが、『小史』の特徴は、「制度史に陥り、学生不在の小史にならないこと、また顕彰を廃したこと」（二八六頁）にあった。その結果、現役教員のみならず、名誉教授や卒業生も含めた、立教大学史学会の構成員全体が生の声を寄稿しているという点で注目に値する。ここで大久保は「大正末期史学会の状況」という文章を寄せている。立教大学史学科の状況を直接論じるというよりもその時代の歴史学界の状況整理である。

大久保と史学会との関係は詳述されていないが、大久保は

表5　大久保利謙・海老沢有道編『日本史学入門』(廣文社、1965) 目次

総説編
Ⅰ　日本史総論（大久保）
Ⅱ　史体論　1西洋（井上幸治）　2東洋（手塚隆義）　3日本（大久保）
Ⅲ　時代区分論　1世界史（井上）　2日本史（佐藤誠三郎）
Ⅳ　暦法　1遍暦・時法（海老沢有道）　2干支（手塚隆義）　3紀年・年号（海老沢）　4陰陽暦対照（海老沢）

各説編
Ⅰ　政治史　1総論（大久保）　2古代（宮本馨太郎）　3中世（貫達人）4近世（北島正元）　5幕末・維新（田中彰）　6近代（a）政治　（b）啓蒙思想（大久保）　（c）ナショナリズム（岡和田常忠）　（d）デモクラシー（橋川文三）　（e）社会主義思想（山辺健太郎）
Ⅱ 社会・経済史
A　総論（林英夫）
　1古代（渡部直彦）　2中世（杉山博）　3近世前期（大石慎三郎）　4近世後期（林英夫）　5近代明治期（田村貞夫・山田昭次）　6近代大正期（加藤幸三郎）
B　産業・技術
　1漁業（荒井英次）　2林業（所三男）　3鉱業（小葉田淳）
C　特殊問題
　1人口史（安藤精一）　2幣制（中井信彦）　3度量衡（編集部）　4米価（佐治芳雄）
Ⅲ　文化史
　1方法論（芳賀幸四郎）
　2宗教総説（海老沢有道）（a）神道（藤井貞文）　（b）仏教（大野達之助）　（c）キリスト教（海老沢有道）
　3文学　（a）古典（長野嘗一）　（b）近代（小田切進）
　4美術・芸能　（a）美術（奥平英雄）　（b）茶道（桑田忠親）　（c）演劇（桑田忠親）
　5学術　（a）儒学（田原嗣郎）　（b）国学（芳賀登）　（c）洋学　イ南蛮学（海老沢有道）　ロ蘭学（杉本勲）　（d）心学（逆井孝仁）　（e）教育（上沼八郎）
Ⅳ　外国関係史
　1中国・朝鮮関係（宮本馨太郎）　2近世西欧関係（海老沢有道）　3幕末外国関係（藤井貞文）　4近代外国関係（臼井勝美）　5近代欧米人の日本研究（編集部）

史料編
Ⅰ 遺物・遺跡
　1先史・原史時代（岡本勇）　2歴史時代（中川成夫）
Ⅱ　古文書・記録
　1古代・中世（荻野三七彦）　2近世（a）幕府史料（木村礎）　（b）藩政史料（木村礎）　（c）庶民史料（林英夫）
　3近代（a）近代文書（由比正臣）　（b）官庁統計（牛山敬二）　（c）新聞・雑誌（西田長寿）
Ⅲ　民俗
　1伝承・習俗（宮本馨太郎）　2風俗（遠藤武）
Ⅳ　書誌学（植村長三郎）
Ⅴ　伝記・系譜
　1伝記（編集部）　2系譜（土田直鎮）　3紋章・花押・印章（編集部）
Ⅵ　地方史
　1地方史（村井益男）　2地誌（別技篤彦）
付録
Ⅰ 一般参考文献（海老沢有道）　Ⅱ学会・研究団体（編集部）

在任中に、積極的に『史苑』に投稿している。掲載された四本の専論「幕末政治と政権委任問題　大政奉還の研究序説」(二〇巻一号、一九五九年)、「文書から見た幕末明治初期の政治　明治文書学への試論」(二一巻二号、一九六〇年)、「五代友厚の欧行と彼の滞欧手記『廻国日記』について」(二二巻二号、一九六二年)、「中村敬宇の初期洋学思想と『西国立志編』の記述及び刊行について　若干の新資料の紹介とその検討」(二六巻二・三号、一九六六年)というように、専任教授時代に集中している。大久保は必ずしも専門雑誌に積極的に論文を投稿していたわけではないことを思うに、短期間における着任先の学会誌『史苑』への四本の掲載は、立教大学史学会ならびに大学院生で構成されていたであろう史学会編集部とのつながりを想起せずにはいられない。

(5) 海老沢有道編『立教学院百年史』(立教学院、一九七四年)

立教学院はこれまで八十五年史、百年史、百二十五年史、百五十年という節目に学院史を刊行してきた(する予定である)。その中で一つの歴史記述としてのまとまりを持っているのは百年史である。

百年史は立教学院が創立百年を迎える一九七四年から遡ること十年前の六四年に、一般教育部の矢崎健一と文学部の海老沢有道によって学院理事会に提案された。[45] これほどまでに早い段階で理事会からの承認を得ようとした理由の一つは、八十五年史が、歴史家の海老沢の目から判断して、歴史書として不十分な出来であったからである。八十五年史は十分な学院関係資料を利用することもしなかったため、数多くの誤りが見られる作品であった。海老沢は百年史のあとがきに「相当の覚悟を以って、腰をすえて資料蒐集に当たらなければ、百年史の編纂は不可能であると考えた」と記している。[46]

「立教関係史料・文献は殆ど全く蒐集されてない。大学図書館では伊沢氏を中心に蒐集に努められているが、近時の学内刊行物すら完全には架蔵されていない」からである。[47]

百年史編集委員長であるキリスト教史の専門家海老沢のもと、小学校・中学校・高等学校などの教員に加えて、大久保・海老沢・宮本・林の史学科四人組らが執筆に当たった。大久保は「第三章　維新前後の情勢と立教学校の創設」を海老沢とともに担当した。[48] その後大学史研究を牽引する若き日の寺崎昌男(当時教育学科助教授)が加わっていたことも見落としてはならないだろう。[49] 歴史書としての本書の成功は、日本を代表するミッション校の歴史記述という作業のリーダーシップをとった海老沢と、彼を支えた、大久保を最年長とする史学科の体制であったことは想起しても良い。

（6）「本邦博物館事業創業史考」（一九七一年）

前述したように、博物館法の制定に宮本が深く関わっていたこともあり、立教大学には、日本で初めての学芸員課程が設置された。大久保に捧げられた『Mouseion』における中川成夫の跋文によると、大久保が担当した「日本史概説」は史学科学生で学芸員課程を履修している学生にとっては選択科目であり、なおかつ、日本史教員が合同で担当した「古文書学実習」と「博物館学実習」は制度上共通の科目であった。[50] 加えて、学校・社会教育講座が開講した「図書館史」なども担当していた。そうした縁もあり、大久保は、学芸員課程が協力した『新井市史』の監修者をつとめるとともに、『Mouseion』にも度々原稿を寄稿した。[51]

雄編「本邦博物館事業創業史考」は、そうした大久保と博物館学講座との縁の賜物でもある。[52] 本稿は、当時にあってほぼ唯一とも言える棚橋源太郎の博物館史を参照しながら、[53] 大久保の日本近代理解の特徴でもある、漢学伝統と洋学輸入との和合という文化史的側面に加えて、殖産興業政策の推進、文部行政の展開、万国博覧会の刺激という明治初期の国家活動との相互作用の中に博物館の生成を位置付けようとしている。さらにこうした動きの背後には、上野での博物館創設の建議を行なった祖父大久保利通と日本博物館協会創立発起人の一人に名を連ねる父利武の活動があったことも、大久保は十分に理解した上での成稿であったように思われる。[54]

おわりに

以上の検討の結果をまとめておきたい。第一章では、大久保の立教への招聘について検討した。名古屋大学への毎週の往復に難儀していた大久保と、大学院拡充のために近代史の教員を探していた史学科側の利害が一致した結果として、大久保は一九五八年に史学科に招聘されたことが推測される。第二章では、史学科教員としての大久保のあり方を、大久保を知る者の証言から再構成した。すでに高名な近代史家であった大久保自身は、招聘時点ですでに史学科日本史コースの中で最年長であり、七一年三月に専任講師を退職するまで最年長であり続けた。大久保、海老沢ならびに宮本、林という、それぞれ十歳年の差のある教員で構成される日本史コースの体制が、大久保在職中は続いた。この安定した体制と家族のような雰囲気が、大久保自身の仕事と史学科・大学院史学専攻の拡充を支えることになったように思われる。第三章では、立教時代の大久保の業績を考察した。大久保の生涯を振り返っても、立教に在職した十二年は最も生産的な時期でもあった。第二章で述べたように、この仕事を支える体制が非公式に日本史コースの中に出来上がっており、立教側もまた近代史家としての大久保に『日本史研究入門』や『立教学院百年史』など史学科や学院にとって重要な仕事に関わらせることになった。

日本における近代史学研究の祖でもあると同時に、立教の日本近代史ポストの祖となった大久保の在籍した一九六〇年代は、戦後の立教大学史学科の復興を支える時期でもあったことを確認しておきたい。「学生反乱」を経た大久保退職後の一九七〇年代は、立教史学科もまた新しい段階に入ることになる。

注

（1）本稿は、二〇一七年十二月八日（金）・九日（土）に開催されたシンポジウム「大久保利謙と日本近代史研究　家族・学問・教育」（於立教大学池袋キャンパス十号館X二〇四教室（八日）・四号館四三三九教室（九日））での筆者の報告に基づいている。なお当日の様子は、小澤実「二〇一七年度公開シンポジウム　大久保利謙と日本近代史研究　家族・学問・教育」（『立教大学日本学研究所年報』一七、二〇一八年）三―七頁。

（2）歴史家としての大久保の位置付けは、由井正臣「大久保利謙」今谷明・大濱徹也・尾形勇・樺山紘一・木畑洋一編『二〇世紀の歴史家（2）日本編下』（刀水書房、一九九九年）二〇九―二二五頁。ならびに今井修「日本近代史学史研究の構想と方法――その史学史的検討」（『社会科学討究』四一―三、一九九六年）二九六―三〇四頁。大久保の「自伝」として、大久保利謙『日本近代史学事始め』（岩波新書、一九九六年）。彼へのインタビュー記事（「大久保利謙先生に聞く　近代政治史料収集のあゆみ（1）（2）」（『参考書誌研究』七三、二〇一〇年、一―二八頁、同七四、二〇一一年、一―三三頁）や回想談話（「大久保利謙先生をかこんで」（『史苑』六二―二、二〇〇二年、一二〇―一三五頁）もある。

（3）大久保利謙『日本近代史学事始め――一歴史家の回想』（岩波書店、一九九六年）一六五―一六六頁。

（4）山口拓史『これまでの大学院、これからの大学院』（名大ブックレット一、名古屋大学大学史資料室、二〇〇〇年）二八―三四頁。

（5）「細谷俊夫学長年譜」（『白梅学園短期大学紀要』一九、一九八三年）一〇一―一〇二頁。細谷自身は大久保と招聘交渉をしたのち、大久保の着任を待つことなく、一九五二年より東京大学教育学部に転籍をした。なお細谷は、東京大学を定年後の一九七〇年四月に立教大学文学部教育学科に教授として迎えられ（大久保と一年のみ重なる）、さらに立教大学を定年後は白梅学園短期大学の学長職に就いた。

（6）戦後の立教大学については、立教学院百年史編纂委員会編『立教学院百年史』（立教学院、一九七四年）第九章。

（7）「文学研究科西洋史専攻を史学専攻に変更申請にともない、大久保利兼《ママ》氏と本学兼任講師白鳥清氏の両氏を専任教授として迎える」『文学部教授会記録』（一九五七年（昭和三十三）十一月十四日）。

（8）林英夫「「大久保利通関係文書」と「大久保利謙文庫」　追悼の言葉に託して」（『史苑』五七―一、一九九六年）一一〇頁。

（9）一九五八年当時の時刻表で確認すると、東京駅から名古屋駅まで、東海道線で特急を用いて片道五時間弱である。

(10) 大久保利謙「海老澤有道君と手塚隆義君の逝去を悼む　お二人との交友の憶い出」(『史苑』五三―二、一九九三年)七七頁。

(11)「学生反乱」に関する当時の記録として、松浦高嶺・速水敏彦・高橋秀『学生反乱　一九六九　立教大学文学部』(刀水書房、二〇〇五年)四―五頁には、一九七四年以降の移籍人事が解説されている。また仏文科の渡辺一民による以下の証言も参照。「…だから、文学部は紛争の後に何をしたか。人事審査を非常に厳しくした。どこの学部よりも厳しく、しかもそれまで学科本位だったのを、当該学科以外の委員を大幅に増やして、学部に人事委員会を作り、そこで全員で討論して決めるという非常に厳しい規定を作った」「インタビュー　渡辺一民氏に聞く」(『立教学院史研究』九、二〇一二年)一一七頁。

(12)「学科の人事は学科で全部決めて出してきたのを、教授会はみんなただ判を押すだけなのよ。そんなでしたよ、紛争までは。」「渡辺一民氏に聞く」一一三頁。しかしこの制度には前史がある。文学部教授会記録(一九六二年(昭和三十七)十二月十三日)によれば、清水博の提案で「上記の件(専任教員採用および昇進)は現在即決であるが、審査機関を設けてこれを審査した上で決定するようにして貰いたい。具体的には文学部長と専門内と専門外からえらんだ各2名の委員で構成した委員会で検討をしてはどうかとの提案があり、1月の教授会で再検討をすることになった」。さらに『文学部教授会記録』(一九六三年(昭和三十八)一月十七日)によれば、「前回に引き続いて「この機関は資格の審査をするのではなく、専門外の人たちに、納得をして貰うためにするもので、P・Rが目的だ。これによって人事を円滑にするのではないだろうか《ママ》、あくまでも報告を聴く委員会である」と、提案の趣旨とその権限について補足説明があった」。『文学部教授会記録』(一九六三年(昭和三十八)九月十二日)によれば、文学部長(当時は史学科の手塚)の提案で人事過程を公開する人事委員会を設置しようとしたところ、否決されている。その結果、以下のプロセスで人事を行うことが確認されている。「提案の仕方:予め次の教授会に出すことを告知する　審議:提案者~学科長~学部長の順で学部長が告知された次の教授会で議題に入れ審議決定する　決定:教授会規定第4条第2項により、無記名で出席者の三分の二の票を得て決定する。なお投票の方法は部長に一任となった」。

(13) 林英夫「「大久保利通関係文書」と「大久保利謙文庫」　追悼の言葉に託して」(『史苑』五七―一、一九九六年)一一一頁。

(14) この間の事情については、豊田雅幸「教育における戦時非常措置と立教学院　理科専門学校の設置と文学部閉鎖問題を中心に」『ミッション・スクールと戦争』(東信堂、二〇〇八年)二一九―五三頁。

(15)『立教大学史学会小史』九四―九六頁に「史学科復活運動」と題して海老沢が経緯を記している。

(16) 戦前・戦中に史学科で日本史を担当していた柴田亮は、学生主事であったことを理由として、学院から追放されている。鈴木勇一郎「立教関係者一一名の追放とその後」(『立教学院史研究』一五、二〇〇八年)三二―五九頁を参照。

(17)『立教大学史学会小史』一〇一―一〇二頁。野々村は「…してみれば復活した史学科が西洋史、特にアメリカ史研究に数等の便宜あるからして、この方面に力をそそぎ特色を生かすことは当然である。外人教授の来朝も実現するし、図書の充実も約束することができる。日本で西洋史、アメリカ史を学ぶなら立教史学科で、というような風にしたい、と考える」と述べたとされる（『立教大学史学会会報』八号）。

(18) ペリー教授は十一月二十七日に酒に酔った他大学学生の暴力により死亡している（『立教大学史学会小史』一三五―一三六頁ならびに清水博「ペリー教授の死を悼む」（『史苑』二〇―二、一九五九年）七二頁。また、教授会記録によれば、教授会として哀悼の意を示している（「ペリー教授が亡くなられたので謹んで哀悼の意を表する」『文学部教授会記録』（一九五九年（昭和三十四）十二月三日）。池袋キャンパスのチャペル内には、ペリー教授を記念する銘文が残されている（https://www.rikkyo.ac.jp/closeup/chapel/2015/0103.html）。なお中国政治・歴史研究で名高いハーヴァード大学イェンチン研究所のエリザベス・ペリー（一九四八〜）は、チャールズ・ペリー教授の娘であり、幼少期を立教大学キャンパス内の宿舎で過ごした。

(19) 「成瀬助教授が退職され、北大へ行かれるため、後任に松浦高嶺氏を専任講師として迎えることを承認した。同氏は短大助教授の経歴があるので一年間専任講師を務めた後助教授に昇格する予定である」（『文学部教授会記録』一九五八年（昭和三十四）二月十三日）。なお、一九五九年四月より大久保は教授、林と松浦は助教授に昇格したため、同年四月二十三日の教授会において「教授会新メンバーの紹介および挨拶」を行なっている（『文学部教授会記録』一九五九年（昭和三十四）四月二十三日）。

(20) 当時西洋史五、東洋史四、日本史五、地理学四であったところを、世界史学（専任五＋特任一）・日本史学（専任五）・超域文化学（専任五）という体制へ変更した。

(21) 立教におけるアメリカ研究とアメリカ研究所については、永井均「アメリカ研究所と戦争　活動の軌跡と関係者たちの群像」老川慶喜・前田一男編『ミッション・スクールと戦争　立教学院のディレンマ』（立教大学出版会、二〇〇九年）二五四―三〇三頁、斎藤誠「日本におけるアメリカ研究：その歴史と今後の課題」（『立教アメリカン・スタディーズ』二二、二〇〇〇年）七―三二頁。

(22) 「地理学専攻と「アジア地域総合研究施設」　別技篤彦先生に聞く」（『史苑』五三―一、一九九二年）一―五頁。

(23) 中川成夫「史学科と博物館学講座」『立教大学史学会小史』一七七―一七九頁。

(24) この間の事情は、民族学博物館館員として博物館法の制定に関わった宮本馨太郎の報告に詳しい。宮本馨太郎「博物館法施行規則の制定から博物館学講座開講に至る経過」（『Mouseion』二三、一九七七年）一―六頁。

(25) 棚橋についてはさしあたり、宮本馨太郎編『棚橋先生の生涯と博物館』（六人社、一九六二年）を参照。

(26) 当該講座は、一九五七年から現在に至るまで『立教大学博物館研究Mouseion』を刊行している。学芸員課程の歴史については、宮本「博物館法施行規則の制定」に加えて、学芸員課程主任を務めた中川成夫「学芸員課程二〇年の歩み」（『Mouseion』一九、一九七三年）一一―一九頁、同「学芸員課程二〇年の歩み　資料編」（『Mouseion』二〇、一九七四年）一―一三頁。

(27) 林英夫「「大久保利通関係文書」と「大久保利謙文庫」　追悼の言葉に託して」（『史苑』五七―一、一九六六年）一一〇―一一一頁。

(28) 本表は一九五八年から七一年にかけての『文学部・文学研究科履修要項』に掲載されたデータをもとに再構成している。

(29) 佐々木克「大久保先生と私　立教大学のころ」『大久保利謙歴史著作集1付録』（吉川弘文館、二〇〇七年）九―一〇頁。

(30) 浅見恵「大久保先生交々」（『史苑』五七―一、一九九六年）一一五頁。

(31) 浅見恵「京都秤座の一考察」（『地方史研究』一八、一九六八年）四一―五二頁他多数の業績がある。

(32) 石倉紘子「大久保先生の思い出」（『史苑』五七―一、一九九六年）一一八頁。

(33) 由井正臣「私の「大学院」」『大久保利謙歴史著作集8付録』（吉川弘文館、一九八九年）八頁。

(34) 細谷俊夫「大久保先生のお人柄」『大久保利謙歴史著作集4付録』（吉川弘文館、一九八八）一―二頁。

(35) 『立教大学史学会小史』一六五頁。なお当該箇所には執筆者署名がないので、史苑編集部の記述であると思われる。

(36) 全五巻完了に至るまで、多くの方々のご指導とご支援をいただいた。まず、この仕事が一研究室の事業としては、困難な作業であったため大久保先生と親しい児玉幸多氏・小西四郎氏・遠山茂樹氏・田中彰氏・宇野俊一氏・上沼八郎氏・原口宗久氏・由井正臣氏に編集委員としてご協力いただいた。さらに、国会図書館憲政資料室の藤井貞文氏を始め憲政資料室の方々にご協力・ご指導をいただいた。なお、当初史料の筆者をお願いしていた太田熊太郎氏が、刊行途中において他界され、生前に完結を御報告できなかったのが残念である。

第一・第二巻刊行については当時本学総務部長泰二郎氏・文学部長手塚隆義氏に財政上のご配慮をいただいたが、第三巻以後は、文部省科学研究費補助金の交付を受けて順調に刊行を続行できたことをこころから感謝したい。

なお、文部省科学研究費補助金交付にともない、編者が、立教大学日本史研究室から立教大学日本史研究会に名称を変更せざるを得なくなり、形式上、不統一となった事情も御諒承いただきたい。さらに本書のような困難な出版を快諾され、ご協力下さった吉川弘文館社長吉川圭三氏を始め社員の方々にも心から御礼申し上げたい。

昭和四六年三月二五日

立教大学日本史研究室　海老澤有道・宮本馨太郎・林英夫・山田昭次・佐々木克・浅見恵

「最終巻刊行にあたって」立教大学日本史研究会編『大久保利通関係文書五』（吉川弘文館、一九七六年）挟み込み資料より。

(37) 『立教大学史学会小史』一六五頁。

(38) 『史苑』三二―一、一九七一年、九〇頁。

(39) 林英夫「「大久保利通関係文書」と「大久保利謙文庫」追悼の言葉に託して」（『史苑』五七―一、一九九六年）一一二頁。

(40) 立教大学日本史研究室編『近世古文書演習』（柏書房、一九六八年）は、一九七一年に増訂版が刊行された。後者は、同編『近代文書演習』（柏書房、一九七〇年）とともに、版元より「古文書演習シリーズ」とされた。実質的には大久保の編だろう。なお『近世古文書演習』は、林英夫編『必修近世古文書演習』（柏書房、二〇〇五年）として「復刊」された。なお林英夫は、この時期、立教大学日本史研究室の名前で、様々な業績をまとめている。近代古文書演習の他に、「立教大学所蔵文書目録」として、四冊の目録も刊行している。こちらは一般書ではないので印税が期待できるわけではないが、これもまた「家的、あるいは同士的とでもいうべき好ましい風潮がみなぎっていた」結果の一部であると言って良いかもしれない。

(41) 大久保利謙・海老沢有道編『日本史学入門』（廣文社、一九六五年）二頁。

(42) 坪井九馬三『史学研究法』（早稲田大学出版部、一九〇三年）。なお坪井の史学思考を巡っては、中野弘喜「史学の「純正」と「応用」――坪井九馬三にみるアカデミズム史学と自然科学の交錯」松沢裕作編『近代日本のヒストリオグラフィー』（山川出版社、二〇一五年）。

（43）結局実現はしなかったが、史苑叢書の一冊として、小林の翻訳による『史学研究法』をまとめて刊行するという計画もあった。野々村戒三『史学概論』（早稲田大学出版部、一九二九年）。

（44）戦後歴史学については、さしあたり永原慶二『二〇世紀日本の歴史学』（吉川弘文館、二〇〇三年）を参照。

（45）『立教学院百年史』六一五頁。

（46）『立教学院百年史』六一五頁。

（47）海老沢有道「『立教学院百年史』編集雑感」寺崎昌男・別府昭郎・中野実編『大学史をつくる　沿革史編纂必携』（東信堂、一九九九年）一六二―一六三頁。

（48）『立教学院百年史』一〇一―一六三頁。

（49）寺崎は一九七四年から七九年まで立教大学に在籍した。

（50）中川成夫「跋文」（『Mouseion』一七、一九七一年）四六頁。

（51）新井市史編修委員会編『新井市史』（上下、新井市、一九七一―七三年）。

（52）大久保利謙「本邦博物館事業創業史考」（『Mouseion』一七、一九七一年）一―四五頁。

（53）棚橋源太郎『博物館・美術館史』（長谷川書房、一九五七年）。

（54）中川「跋文」四六頁。

大久保利謙『日本近代史学事始め』についての覚書
――大久保史学の史学史的検討のために

今井　修

いまい・おさむ――早稲田大学非常勤講師。専門は日本近代思想史・史学史。主な編書・論文に『津田左右吉歴史論集』（岩波文庫、二〇〇六年）、「歴史の思想」（『岩波講座 日本の思想』第一巻、二〇一三年）などがある。

筆者が最晩年の大久保利謙先生の謦咳に接し、岩波新書の『日本近代史学事始め』の編集補助や立教大学図書館所蔵「大久保利謙文庫」のための蔵書整理をお手伝いしてからすでに二十五年以上が経過してしまった。小論は二〇一七年十二月に立教大学でおこなった「大久保史学の史学史的位置」と題したシンポ報告そのままの活字化とせずに、『日本近代史学事始め』に特化して、筆者が所持する編集関係資料を再整理したうえで、聞き取りテープと大久保自身の草稿や初校ゲラなどを検討、一部資料紹介するかたちで、このユニークな特色ある回想録の成り立ちを跡づけてみた。覚書風ではあるが、大久保流に表現することを許されるならば、大久保史学の世界を理解し、その史学史的位置を考察するための「基礎工作」をおこなおうとしたものである。

はじめに

二〇一七年十二月八日・九日に開催された立教大学日本学研究所主催公開シンポジウム「大久保利謙と日本近代史研究家族・学問・教育」では、求められるままに「大久保史学の史学史的位置」と題した報告をおこなった。「大久保史学の史学史的位置」を考察するうえでの基本的問題を列挙してみたに過ぎないものであったが、大久保没後二十二年の時点で、近年活発化しつつある日本近代史学史研究の状況において、大久保史学への関心と再検討を促す有意義な企画として嬉しかった。

筆者の大久保史学に対する基本的理解は、大久保先生からの懇請で（いや温情であったろう）佐藤能丸氏と共同執筆した『大久保利謙文庫目録』第2集（立教大学図書館、一九九六年三月）収録の解説「大久保先生の日本近代史研究とコレクションの意義」と、とくに史学史研究についての総体的意義づけについて家永三郎と対比的に論じた「日本近代史学史研究の構想と方法――その史学史的検討」（早稲田大学社会科学研究所『社会科学討究』第一二一号〈中村尚美教授退職記念号〉、一九九六年三月）で不十分ながらも示しており、それ以後は『大久保利謙歴史著作集』全八巻（吉川弘文館、一九八六～九三年）はじめ大久保の著書・論文を継続的に読んできたとはいえ、大久保史学を全体として対象化して検討することを試みたことはなかった。近年の研究において、大久保の史学史研究への批判が目につくようにもなってきており、あらためて大久保の研究を深く学び直す必要性を感じている。

大久保史学の再検討・批判的継承というとき、大学史・教育史・史学史・洋学史・文化史・政治史・華族史の分野における大久保史学の主要な達成をそれぞれの研究史上において位置づけ、個別論点レベルでの批判をおこなうことは今日の時点において相応に可能であるだろうが（それはおこなわれなければならないことである）、それらを総合して大久保史学の全体的評価、すなわち史学史上の位置づけとなるとそう簡単ではない。大久保の史学史研究ひとつとっても、大久保の長期にわたる研究過程と同時代における日本近代史学史研究の展開との関係、さらには大久保史学の系統的拡充との相互関係をその蔵書（大久保利謙文庫）までをもふまえて内在的に追跡し分析するとなるとまことに容易ではなかろう。つまるところ、みずからの研究における大久保史学の問題性、それへのこだわりの深度によって追究の度合も論者によって異なってこざるをえない。筆者自身は率直にいって、なお大久保史学をその全体性において検討できる段階にないことを認める者である。

したがって、編者から依頼があったのはシンポ同様のテーマなのだが、小論では大久保の最後の著作となった岩波新書『日本近代史学事始め』一冊にしぼって、「大久保史学の史学史的位置」を検討するうえにおいて本書はいかなる示唆をあたえてくれるものかという点を中心にまとめてみたい。『日本近代史学事始め』は大久保先生の亡くなられた翌月の刊行であり、遠山茂樹（一九一四～二〇一一）、田中彰（一九二八～二〇一一）、宇野俊一（一九二八～二〇一二）、由井正臣（一九三三～二〇〇八）の四人の編者の諸先生も全員鬼籍に入られてしまわれた。筆者は佐藤さんとともに編者からの要請で編集の最終段階で若干の補助作業を分担し得たことで、本書の誕生を内側から見届けたという思いをもっている。今ふり返ってみても、それはまことに貴重な体験であった。大久保先生およびご家族から大量のご本と資料もいただいている。シンポ報告ではこれら手許にある資料類を活用することができなかったのであるが、この機会に『日本近代史学事始め』をめぐる手持ち資料類を整理し、その成立過程についても探ってみることにした。研究論文の体をなさず、「覚書」としたゆえんである。なお、文中において先生と敬称抜きを混用することもあらかじめご諒察をお願いしておく。

一、最晩年の大久保利謙先生に接して

筆者がはじめて大久保利謙先生にお目にかかったのは、一九八七年十月二十四日、久米美術館で開かれた先生編『久米邦武の研究』(吉川弘文館から一九九一年十一月に刊行)の執筆者打ちあわせ会の席上であったと記憶する。控室から出てこられた先生のお姿を思い浮かべることができる。鹿野政直先生との共同執筆をお認めくださって、「日本近代思想史のなかの久米事件」を苦しみながらも何とか書きあげ、以後大久保先生からもご指導いただけるようになった。成城のご自宅に伺ったのは、『津田左右吉全集(第二次)月報』補巻2(岩波書店、一九八九年十月)掲載の「津田左右吉の歴史学について」の聞き手としてで、一九八九年九月十五日の午後三時間あまり、月報の小文といえどもいささかも忽せにしない先生の態度を目の当たりにして、つよい感銘をうけた。これらの延長線上に佐藤さん(当時は早稲田大学大学史編集所)とともにおこなった『日本近代史学事始め』編集のための補充ヒアリングや立教大学の大久保利謙文庫の蔵書整理のお手伝いがあったのであり、まずは当時の手帳をもとにして、これら作業の日録を簡略に作成してみるとつぎのようになる。

〔一九九三年〕

3・20　佐藤能丸氏と大久保先生訪問
3・26　大久保先生祝賀会第一回会合(以後、4・14、5・19、5・29の計四回)
5・30　著作集完結・朝日賞受賞祝賀会(霞会館)
6・27　大久保先生宅にて事務局懇親会
12・15　大久保先生自伝新書打ちあわせ会(早大由井正臣研究室、由井・井上一夫〔岩波書店編集部〕・佐藤・今井)
12・25　大久保先生宅(佐藤・今井)

〔一九九四年〕

1・23　自伝ヒアリング①〔今後の方針について〕（井上・佐藤・今井）

2・6　自伝ヒアリング②〔『東京帝国大学五十年史』について〕（佐藤・今井）

2・20　自伝ヒアリング③〔明治文化研究会について〕（佐藤・今井）

3・13　自伝ヒアリング④〔憲法史研究会について、蔵書整理の依頼〕（佐藤・今井）

4・10　自伝ヒアリング⑤〔憲法史研究会について・続〕（佐藤・今井）

5・22　蔵書整理打ちあわせ①（佐藤・今井）

6・5　蔵書整理②（佐藤・今井）

7・3　蔵書整理③（佐藤・今井）

8・6　蔵書整理④（佐藤・今井）

9・6　蔵書整理⑤（佐藤・今井）

10・9　蔵書整理⑥（佐藤・今井はカゼで欠）

11・6　蔵書整理⑦〔立教大学大久保利謙文庫目録第2集の編集方針打ちあわせ〕（牛崎進〔立教大学図書館〕・佐藤・今井）

11・19　立教大学新座保存書庫①（牛崎・佐藤・今井）

11・20　蔵書整理⑧〔大久保先生から主題別整理方針の指示〕（牛崎・佐藤・今井）

11・23　蔵書整理⑨（牛崎・佐藤・今井）

12・11　蔵書整理⑩（佐藤・今井）

12・24　立教大学新座保存書庫②（牛崎・佐藤・今井）

〔一九九五年〕

1・14　立教大学新座保存書庫③（牛崎・佐藤・今井）

1・21　蔵書整理⑪〔立教移管分の確認〕（牛崎・今井）

2・4　立教大学新座保存書庫④（大久保利泰氏立ち会い、牛崎・今井）

9・9　蔵書整理⑫〔蔵書移管作業、文庫目録第2集解説執筆指示〕（牛崎・今井）

9・13　佐藤・今井で由井正臣先生をご自宅に訪問し、岩波新書進行状況について相談

9・16　立教大学新座保存書庫⑤（大久保利泰氏立ち会い、牛崎・佐藤・今井）

9・24　由井先生・佐藤・今井の三人で大久保先生に新書進行状況の報告

10・12　大久保先生に文庫目録第2集解説原稿を提出（今井）

10・18　大久保先生「お礼の言葉」（文庫目録第2集）を

受領（今井）

10・22 岩波書店で新書編集委員会（田中彰・宇野俊一・由井正臣の編者に井上一夫・佐藤・今井）

11・24 由井研究室で今後の補充ヒアリングの検討（今井）

11・26 新書補充ヒアリング（今井）

12・3 大久保先生から新書初校ゲラを受領（今井）

12・17 新書再校ゲラ持参（今井）

12・21 由井先生とともに新書「むすび」補充ヒアリングと最終確認、大久保先生新書再校ゲラを受領（今井）

12・31 大久保先生逝去

〔一九九六年〕

1・8 大久保先生の訃報

1・14 「お別れの会」打ちあわせ会

1・22 『日本近代史学事始め』発行

2・12 「お別れの会」（霞会館）

一九九三年以降、成城のご自宅へは二十八回お伺いして、一回は午後の大体二時間程度をめどに先生のお話をうかがい、その後、二階で利恭・尚子のご長男夫妻におもてなしをうけた。蔵書整理では午前中から夕方まで作業した日も数回あり、新座の立教大学図書館保存書庫へも五度足を運んでいる。そして『日本近代史学事始め』の校正段階に入って以後は、もっぱら筆者が校正ゲラの持参と受領、細部の問題点についての調査・確認役をつとめた。

手帳の記述も少しだけ引用しておこう。最初の一九九三年三月二十日「(土) 春分の日、一・三〇に成城学園に着き、二・〇〇佐藤さんとともに大久保先生宅到着、寝室兼書斎に通される。今日は明治文化研究会について聞きとりをするはずが、先生がご所蔵の史学史関係の貴重書をそろえて待ちかまえておられ、もっぱらその話となる。（中略）今度、史学史だけの目録を作りたいとのことで、その作成の補助を依頼される。四・三〇すぎに辞退し、佐藤さんと喫茶店で雑談」。九四年三月十三日「(日) 二・〇〇すぎ大久保先生宅、第四回目は憲法史研究会について、今日の先生は力感にあふれ内容も充実、おわって例によって二階に上がり、ご家族の方と五・〇〇すぎまで歓談。蔵書の整理などを依頼される」。同六月五日「(日) 九・三〇すぎに成城に着き、一〇・〇〇先生宅。今日は書庫下の整理。五・三〇すぎまでダンボール九箱につめて整理おわる。先生あて私信で歴史家の筆跡がわかって面白し」。九五年十一月二十六日「(日) 二・〇〇大久保家。二・〇〇すぎから三・〇〇すぎまで先生から単独でヒアリング。先生、初校にかなり手を入れておられる。三日にとりにうかがうことにしておく。そのあと上でご夫妻とご相談、四・〇〇すぎまで。九・〇〇前に由井先生に電話報告」などという具合である。

この間、大久保先生からも封書・はがきの書信やお電話も数度いただいたが、そのなかの三通を抜粋して紹介したい。

(一九九三年三月二十五日付はがき)

拝復、扨て過日は佐藤君と御同道御来駕まことに忝く、快心の一時を過しました。早速懇書下され、津田先生蔵書コッピー有難く存じます。(中略)過日は小生蔵本一部御覧に入れましたが、史学史関係文献の処理、立教の方とも相談し、何とかまとめたく、若し学兄の御協力を得ばと考えておりますが、これはまた御相談申上度存じます。学兄の御研究に御利用下されば小生のコレクションも生きてきます。(以下略)

(一九九四年十月十三日付はがき)

冠省、過日は残念でしたが早速御懇書頂戴、佐藤君に若干の発掘資料を示しておきました。「高級料理」はこれからが愈々本番ですから近々の「ゼミ」を楽しみにしております、新テーマも頭にあります。(中略)御説のように明治・大正の編輯・出版業史の研究は文化史上の重要ポイントであり、次会に話しませう。(以下略)

(一九九五年四月十六日付封書、便せん四枚にビッシリの長文の一節)

冠省

御無沙汰の処御ハガキ拝見しました。古本屋まわりの話、小生には昔の夢となりました。高校時代から神田の古本屋通りをうろつきました。大正震前の明治以来の店並です。河上肇・福田徳三の絶版本をさがしまわって集めました(大久保文庫目録にあり)。創設当初の岩波書店の神保町の和風の小店も知っています。あの頃の神保町の古本屋街を歩いた人はもう本当に少ないでしょう。小生は掘り出しものをかかえて歩いたことをハッキリ覚えています。

(中略)

つぎには昨年来御願している小生蔵書整理、カタログの件です。過日牛崎君に電話したら仕事はすすめている由でした。彼も忙しいのでしょう。研究者に役立ように、今度は多年集めた研究に役立つ雑本、パンフレット類を沢山いれたいと思っています。この点は佐藤・学兄の御協力を頼りにしています。これは小生多年の苦労が研究者の方々に御役に立つ場作りですから、何とか御協力を御願いする次第です。それがカタログとしてうまくまとまればと念ずるほかなしです。御仕事に御多忙の方々には恐縮の至りですが。

（中略）

小生何とか生きている、ということにて目下『津田眞道洋学研究』を何とかまとめ度く毎日机に向っています。そのうち拝眉、万々。延引右迄　草々　（欄外に「寄稿の「月報」を呈上」と補入されている）（注―『早稲田大学蔵資料影印叢書洋学篇月報』6、一九九五年四月掲載の大久保利謙「幕末明治の洋学者津田真道文書との出合いと津田洋学の特色」をさす）

そもそも佐藤さんと今井の二人は、大久保先生が一九九二年度の朝日賞を受賞されたお祝いにご自宅に参上するとともに、先生から定期的に日本近代史学史研究についてのお話をうかがうことを希望して、勝手に〝大久保史学史ゼミ〟などと称して、その開講をお願いしていたのであった。右の先生のはがきに出てくる「高級料理」とは先生の大変興味深いお話を形容した佐藤さんの表現である。先生もわたしたち二人を前にして、「語部」になるといわれ、牛崎さんなどには〝ゼミ〟用の書物は「大久保文庫」にいったん登録だけしてすぐにもどしてくれるよう指示される熱の入れようであった。前掲「大久保先生の日本近代史研究とコレクションの意義」のつぎのくだりを引用しよう。「二人は、先生の蔵書への限りない愛着に感動し、比類無きご記憶の確かさに舌を巻き、歴史研究における資料、実物研究、書誌の大切さを学生に戻った気持ちで改めて身を以て再確認させられることになった」（ちなみに、前掲「日本近代史学史研究の構想と方法」の拙稿は、この〝大久保史学史ゼミ〟の第一レポートのつもりで、先生にお読みいただくことを楽しみにして書いてみたものであった）。わたくしにとってまことに贅沢なかがやくばかりの時間であったと追想する。

成城のご自宅訪問時、自伝ヒアリングはもちろん蔵書整理の日も先生の発言はすべて録音をとった。あらためてテープを聞き返すと、〝愉しき日々〟がリアルに甦り、先生の語りの面白さに引きこまれてしまう。すべて文字化して何ら差し障りない内容だと判断するが、とくに重要な一事のみここに記しておきたい。最初に紹介したはがきにもあるように、大久保先生は当初から日本近代史学史上の重要文献をピックアップしての詳細な書誌を書き込んだ文献目録をつくることを意図されていたことであって、たとえば田口卯吉の『日本開化小史』を事例に説明されながら、愛蔵の明治初年の文明史コレクションなどについて、立教の『大久保文庫目録』とはまた別個に、再構成して「史学史関係のカタログをつくりたい」とくり返し表明されている。じつは『文庫目録』第2集の編集作業の最終段階に来て、史学史はじめ大久保史学の主要研究領域・主題別の独自構成・排列を大胆におしだすことを強く主張されていたのであったが、実際に刊行された第2集の目録は第1集に従い、先生の意を十分に満たしたもの足りえていない（ことを痛感させられる。残念ではあるが制作の側からするとやむを得なかったと思う）。それはともかくとして、大久保先生は立教「大久保利謙文庫」でおわりではなく、なおその〝先〟〝次〟をめざされていたのであって、わたしたちにもその〝先〟〝次〟に進むことを求めておられることをあらためて確認してまことに慙愧に堪えない。

わたくしが接した最晩年の大久保利謙先生の印象は、まったく〝超人〟そのものであった。しかし、「いまからふり返ると、先生はやはり、先生ご自身の体力の衰え、限界をいちばん正確に、しっかりと見据えておられたようで」、一九九五年の「猛暑明けの九月、意を決せられたかのように、「岩波新書の方の決着をつける」と強い調子でいわれ、文字通り最後の力を振りしぼって、『日本近代史学事始め』を仕上げられた」のであって、「およそ本造りとはどういうことか、文章を書くとはどういうことか、そして研究にたいする果しない執念を、身をもってお示しくださった」（「大久保利謙先生お別れの会」スピーチ草稿より引用）のである。「天稟の高潔な品格、颯爽として自由な学問的情熱と闊達なお人柄は、多くの研究者を深く魅了して敬愛をうけ、氏を中心に独特のあたたかな人と人との結びつきがはぐくまれたのであった」。「新進若手の研究をも極力吸収せんとし、最後までペンを離されず、日本の学問と歴史学の来歴を見据え、その未来をしずかに語っておられた」（今井寄稿「大久保利謙氏の訃」『日本歴史』第五七七号、一九九六年六月）。先生の死の直後、緊張感もって記した一文のむすびである。

二、『日本近代史学事始め』は何を語っているか

岩波新書『日本近代史学事始め――一歴史家の回想』の第一刷発行は一九九六年一月二十二日、手許にある第二刷同年三月八日、第三刷同年四月五日と増刷され、二〇〇八年五月に品切れとなった。本文一八二頁、巻末の「年譜」と「編者あとがき」を含めても全一九九頁、岩波新書のなかでもスリムな一冊になっている。帯では「興味深いエピソードに彩られた待望の自伝」と謳われ、『岩波書店の新刊』には「一九〇〇年、元老・大久保利通の孫として生まれた著者は、大正デモクラシーのなかで歴史家として出発し、日本近代史研究の先鞭をつけた。多方面にわたる研究業績に加え、憲政資料室創設を中心とした史料整備など、学界に対する寄与ははか

りしれない。若き日に接した河上肇・尾佐竹猛らの思い出など、興味深いエピソードに満ちた回想録」と宣伝されている。

本文は、「I 明治の記憶」「II 大正デモクラシーのなかで」「III 日本近代史に立ち向かう」「IV 編纂事業のなかで」「V 憲政資料室とともに」の五章構成、全二十二節である。刊本の目次は節までであるが、小見出しまで抜き出して一望することによって、本書の内容と特色もよく見えてくるので、そのようなかたちで全体構成を示すとつぎのようになる。

〈『日本近代史学事始め』内容細目一覧〉

I 明治の記憶

一 日露終戦の頃（大分・浦和そして市ヶ谷へ／邸宅がサロンになる／バタくさい生活様式）

二 学習院初等科時代（四谷の初等科に歩いて通う／乃木希典院長の評判／一年下級に昭和天皇が入学／明治天皇「崩御」のショック／塾に預けられる）

三 父利武のこと（父利武の生いたち／アメリカそしてドイツに留学／帰国そして内務省へ／母栄のこと／社会事業に精力的にとりくむ／開明官僚の典型／侍気分でハイカラ／父利武の晩年）

四 祖父利通と伯父たち（尊敬の対象／父の語る利通の思い出／地元組と東京組／伯父利和のこと／牧野伸顕の思い出）

II 大正デモクラシーのなかで

一 個性豊かな先生たち――学習院高等科時代（寮長は鈴木大拙さん／錚々たる先生たち／津田左右吉の著作を読む）

二 白樺派文学青年として（世相の転換のなかで／学習院から育ったリベラリズム／山の手文学の典型＝漱石）

三 河上肇先生のこと（経済熱をふきこまれる／『貧乏物語』に深い感銘／河上肇の講演を聞く／福田徳三をめぐって）

四 京都大学で経済学を志す（学問の道を選ぶ／河上肇さんのこと／軽いノイローゼになる）

五 東京大学国史学科へ（震災でさまがわりした東京／国史学科の先生たち／辻先生と黒板先生のこと／型破りだった平泉先生の講義／頓座した幕末史の試み／卒業論文執筆のころ／歴史学研究の転換点）

III 日本近代史に立ち向う

一 最初の仕事――『東京帝国大学五十年史』の編纂（国史学科副手となる／近代史研究のスタート／思いがけず史料を発見／構成をどうするか／松平春嶽の史料／大

学校とは何であったか／『五十年史』の完成とその後）

二　尾佐竹猛先生そして明治文化研究会（尾佐竹先生に出会う／例会の雰囲気／在野性・庶民性に満ちた『明治文化全集』／鈴木安蔵さんのこと／柳田泉さんをめぐる思い出／初めて教壇に立つ／土屋喬雄さんそして羽原又吉さんのこと／明治文化研究会はどうみられたか）

三　史学史に対する関心――薩藩史研究会の仕事のなかで（発会のきっかけ／重野安繹論文集の意義／刊行の経過をめぐって／史学史研究のスタート／徳富蘇峰との出会い）

四　洋学史への接近――シーボルト史料調査の日々（日独文化協会から頼まれる／大好評だったシーボルト展覧会）

Ⅳ　編纂事業のなかで

一　西周と津田真道の史料に出会う――『帝国学士院六十年史』の編纂（編纂にあたるきっかけと経過／錚々たる学者群像／二十数年かかって刊行／西周の文書に出会う／全集刊行の準備／戦後の全集編纂／津田真道のこと／遺稿の整理段階で中絶／ようやく全集刊行にこぎつける）

二　明治政治史研究の礎石づくり――憲政史編纂会と『貴族院五十年史』のこと（尾佐竹先生の門下として／憲政史編纂会発足の事情／編纂スタッフと分担／編纂計画はどうだったか／精力的に史料を集める／議会の事務局との摩擦／開店休業状態になる）

三　華族会館での「明治憲法」論議――憲法史研究会をめぐって（秘蔵文書の研究会／設立の趣旨と会員資格／華族会館を利用する／印象に残る美濃部達吉報告／伊東巳代治史料その後）

Ⅴ　憲政資料室とともに

一　戦中と戦後のあいだ（山形に疎開する／結婚をめぐる話／貴族院の最後を見送る／華族の世界／売り食いで生活する）

二　『くにのあゆみ』執筆の頃（突然の呼び出し／執筆のありさま／厳しい批判をうける／新歴史協会に参加する／労農派の人たちと知りあう／「国民の歴史」研究会のこと）

三　いよいよ憲政資料室創設へ――初めての請願活動（思いがけない訪問者／話がくいちがう／初めての請願活動／憲政資料室の産声）

四　史料蒐集と整備をめざして（アーカイブの開祖／政治家たちの史料を集める／樺山家でのエピソード／予算

をどう使うか／名古屋大学へうつる／課題は山積み／国立公文書館のこと）
五　わたしの近代史研究（明治政治史研究へ／研究の歩みをふりかえる／『華族会館史』と『内務省史』）
六　歴史学研究の周辺——古本屋さんの思い出など（神田に通いはじめる／掘り出しものの話／古本屋さんのプロフィール／目録と内容見本／「大久保利謙文庫」のこと）

内容の骨格を確認しよう。（一）大久保の九十五年の生涯は、福沢諭吉の〝一身二生〟さながらに、戦前四十五年と戦後五十年に二分されるが、本書の構成はⅠからⅣが戦前、Ⅴが戦後と四対一で戦前部分が大きな比重を占めている。その戦前部分も日露戦後から大正デモクラシー期にかけて、東大国史学科卒業までの修学時代を父利武を中心とした大久保家の人びととへの回想とともに語ったⅠとⅡ、昭和初年から戦時中の研究と編纂事業への従事を列挙したⅢとⅣとに二分される。なかでも研究と編纂の両輪、とくに明治文化研究会と尾佐竹猛が大きな役割をもっていたことを印象づけられる。これは、『大久保利謙歴史著作集』全八巻に系統的に集成されている大久保史学と向きあうとき、戦前・戦中期の出発期の重要性、そこからの長期的展開を見きわめたうえでの検討・評価が大切であることを再認識させるものであるといえよう。（二）言及されている人物単位でみると、節のタイトルでは父利武、祖父利通、河上肇先生、尾佐竹猛先生、シーボルト、西周と津田真道の七名、小見出しレベルではⅠに乃木希典院長、昭和天皇、明治天皇、母栄、伯父利和、牧野伸顕、Ⅱに鈴木大拙、津田左右吉、漱石、福田徳三、辻先生と黒板先生、平泉先生、Ⅲに松平春嶽、鈴木安蔵、柳田泉、土屋喬雄、羽原又吉、重野安繹、徳富蘇峰、Ⅳに美濃部達吉、伊東巳代治の二十二名、あわせて二十九名であり（うち戦後部分ではゼロ）、もとより小見出しは内容に即して編集部で付けたにせよ、これまたおのずからにして本書における登場人物の大久保史学にとっての重要度のありようを明示するものとなっている。

つぎに本書刊行後に出された書評を二点みてみよう。[1] まず、本書の編者同様に大久保と密接な関係のあった伊藤隆氏は、『日本歴史』第五八五号（一九九七年二月）の書評でつぎのように記している。「最後の著作になった本書は、自らの生涯を回顧する形で、日本近代史研究の誕生期を中心に、その発展を語られたものである。（中略）遠山茂樹氏らを中心に聞き書きを行い、原稿化し、著者が手を入れた本書は一種のオーラルヒストリーとも言える」。「読者は著者の生涯を通じて日本近代史研究の黎明期をわかりやすく知ることができる。ただ評者には、先生からいろいろな形で伺ったことが多いだけに、ご自分の研究と史料収集についてもっともっと詳細な記録をおおやけにしていただきたかったとの思いを捨てることができない」。

もう一点は昨年（二〇一八）十一月に亡くなられた、当時学習院大学教授であった十川信介氏が『文学』季刊第七巻第三号（一九九六年七月）に寄稿した「大久保利謙著『日本近代史学事始め』雑感」（その後、十川著『落葉のはきよせ　近代文学研究余録』二〇〇九年十二月に収録）で、重要な指摘を含むので長い引用となるがお許し願いたい。「一読したときには何となく物たりない思いが残った。大久保氏の生涯があまりにも淡々と語られていて、重要な転期における動機づけが不明確であったり、その場の状況に従っただけのように思われたからである。とりわけ、河上肇を慕って京大で経済学を志したはずの氏が、なぜそれを断念して東大の国史に転じたのか、また大学卒業後、なぜ近代史の領域に進もうと思ったのか、という心理的な要因は、ほとんど語られていないにひとしい。一般に回想記・自伝類では、自己顕彰的なものであれ、自虐的な懺悔であれ、生涯の「事件」が明瞭にくまどられるのが普通である。ところが本書では、むしろそういう自己顕示的な面は抑制され、というより、顕示―抑制の心理の枠組とは無縁に語りが展開されていることが特徴である。それは単に旧華族という、氏の出自が生みだしたものではないようだ。このような語り口がなぜ採用されたのだろうか」。「その疑問をいだいて再読したとき、私には本書の持つ独特の顔が見えてきた。（中略）これらの語りに共通するのは、自分の過去に主観的なアクセントを打ち、劇的に構成するのではなく、時代のなかにあった自分をつとめて客観的にみつめようとする姿勢であろう。その意味で、ここから浮かびあがってくるのは、大久保利謙という個人の自分史というよりも、氏が生きた時代の青春であり、氏を取りまいていた歴史学研究の大きなうねりなのである。本書が「日本近代史学事始め」と題された所以であろう」。

本書を一読したかぎりでの率直な感想は、〝読み足りない〟というものであろう。伊藤氏、十川氏はじめ一様にそのような読後感が表明されている。この点に関係してもっとも端的には、（A）本書のサブタイトルを「一歴史家の回想」としてあることであって、前掲の『岩波書店の新刊』段階ではまだ「学問的自伝」となっていたことからもわかるように、じつは初校まで「学問的自伝」であったものを、大久保先生は「自伝」という言葉にこだわられて、前掲日録の十一月二十六日の補充ヒアリングの際に「一歴史家の回想」と変更されたのである（よりくわしくいえば、学問的自伝→一歴史学徒の回想→一歴史家の回想）。すなわち、つぎから具体的に例示していくが、本書は大久保先生ご自身や「個」をつよく押し出そうとされたものではなく、「顕示―抑制の心理の枠組とは無縁」とまではいえなかろうが、みずからの「心理的」あるいは内面的心情までを語ることに消極的であったことは、すぐに了解できるところである。

典型例となるのは、（B）Vの「五　わたしの近代史研究」の部分であって、頁数にして一六八から一七三の六頁弱にすぎないもので、これでは大久保史学の戦後における本格的展開の〝証言〟を期待して読もうとした者には、ほとんど肩透かしを食わされたも同然で、その「詳細な記録」とはなっていない。この点もじつは編者やわたしたちも補充ヒアリングをおこなって、よりくわしい内容をめざしたのであったが、先生はご自身の研究そのものについては多くを語ろうとされなかった。まさしく「わたし」は消去され、というとつよすぎるが、必要最小限でしか語られていないのである。小見出し「研究の歩みをふりかえる」のおわりに、「わたしの近代政治史研究は、幕末から明治・大正時代までが中心で、昭和時代の政治史について十分に論じられなかったのは残念です。しかし昭和時代は、わたし自身が研究者として生きてきた同時代ですので、この「回想」のなかにわたしの生き方、考え方の一端が示されていると思います」（一七二頁）とはあるが、「わたしの近代史研究」の部分は初校段階でもほとんど抜けていて、致し方なく全体として編者の方で再構成した内容であったというのが実際なのである（再校と刊本で比較しても大きく改変している）。

関連して、ここで（C）立教大学の「大久保利謙文庫」についても一言しておきたいことがある。この「文庫」で留意しなければならない点は、「大久保先生の日本近代史研究とコレクションの意義」で書いておいたように、「実は、これは先生の蔵書の全てではな」く、「原則的に先生とは同世代以降の研究書（特に昭和戦後に刊行のもの）や一般的な叢書・全集シリーズなどの収録は、一部を除いて除外」されていることである。すなわち大久保蔵書のなかの同世代研究者の著書や一般向け書物五〇〇〇冊余は「文庫」にあえて収録していないのであって、さらには〝資料所蔵の適材適所主義〟よろしく、その資料が収まるにもっともふさわしい図書館や機関に数年来寄贈されてこられもしていて、大久保蔵書のかつての全体像はいまとなっては誰も知る者がおらず、復元も不可能である。近年の史学史研究では歴史家の蔵書への注目も高まってきたかに観測されるが、「大久保利謙文庫」は近代日本史学史研究はじめ大久保史学の主要研究領域における貴重な文献のコレクションとして研究者の利用に供されているのであって、かならずしも旧蔵者すなわち大久保史学研究のための資料としてあるのではない。大久保史学のバックボーン、その奥行きを知り、その形成と展開を収録図書との対応においてそれなりに跡づけることはできようが（それは是非になされなければならない研究課題である）、「大久保史学の史学史的検討」の観点からすれば、上記の〝欠落〟は大きな制約でありきわめて残念というしかなかろう（筆者などはその点をあえて大久保先生につよく指摘したのであったが、「立教でも限度があるだろうから」とのお言葉であった）。このような先生の方針は、『日本近代史学事始め』の「わたし」を抑えた語りのスタイルとも対応しているかに思われもする。(2)

本書に対する全体的印象、「語り口」の問題はこれくらいにして、もとより「語り口」と語られた内容は密接不可分とはいえ、『日本近代史学事始め』に述べられている内容から「大久保史学の史学史的位置」の検討に資する重要な〝証言〟、注目すべき大久保の自己認識について、（D）から（H）の五点にわたって、順次とりあげてみたい。まずは（D）本書全体、大久保の生涯を〝総括〟した言葉として、むすびのつぎの一節が何よりも注目されるところであろう。

あらためていま、わたしの生きてきた道をふりかえると、いいときにいい人に出会ったとつくづくと思います。その意味では、わたしは運がよかった。黒板先生・辻先生らによって築かれた実証主義にもとづく官学アカデミズムの黄金時代を経験し、その一方で、尾佐竹先生をはじめとする在野の研究者の方々を知ることができたわけです。そういうなかで、わたしはリベラルな姿勢を一貫させることができたと思います。

わたしは日露戦争から第一次世界大戦、大正デモクラシー、さらに太平洋戦争という転換期を経験してきましたが、時代の風潮に迎合したことはないつもりです。それは常に実証的な態度であろうとしたことと無縁ではない。昭和一七（一九四二）年に書いた文章で、「観念の遊戯に溺れていないか」などと記したことがあります。右翼からは攻撃されましたね。また、戦後は逆に、講座派的な研究動向には違和感がありました。

さて、軍人が嫌いで、官吏とかサラリーマンとかにも不向きなわたしにとって、歴史研究の道はまさに天職ともいうべきものでした。戦後、華族が廃止されたことも、わたしにはありがたいことでした。「解放された」という気分を味わいましたね。限られた経験にもとづく体験談ですけれど、何かの参考になれば嬉しいことです。

（一八一―一八二頁）

じつはこの一文も、再校をいただきに上がった十二月二十一日（生前の大久保先生のお姿を拝した最後の日となった）に、由井先生が大久保先生から聞き取られた「しめくくりの言葉」であって、この点については『図書』第五六一号（一九九六年三月）掲載の由井正臣「大久保利謙先生を送る」につぎのように記述されてある。[3]「暮れも押しつまった十二月二十一日、今井さんと私は、先生をお訪ねし、疑問点を糺し、ゲラをいただいて帰った。この時の先生はとてもお元気で、ご自分の生きてきた道をふりかえって、いいときにいい人に出会った喜びを強調された。その時のお話の大要は、新書の末尾に記録されている」。当日の私の手帳には、簡単に「九・三〇成城着、由井先生とともに大久保先生訪問、先生ヒアリング内容をしっかり考えておられ、非常にスムースに展開される」としか書いてないのだが、和気藹藹の雰囲気のなかにも居住まいを正した凜たる姿勢で一つ一つ受け答えされる大久保先生を横からながめて、由井先生にたいする深い信愛の情をよく感じとることができた。そこに流れていた豊潤な時間・鮮やかな光景が、ご自宅を辞して外に出たときの清々しく晴れやかな気持ちとともに忘れられない。

引用したむすびの言葉ともちろん重なるのであるが、テープから両者のやりとりをそのまま忠実に再生してみるとこんな具合である。

由井　太平洋戦争を分水嶺にして先生の生涯は二つに分けられるわけですが、先生の学問に対する情熱とか姿勢というのはほとんど変わらなかったように思うんですが。

大久保　いや私はそれしか能がないんでね。最初から軍人さんはキライでしたよ。別に反軍国主義じゃないけどね。役人というかサラリーマンがキライでね。やっぱり学問ということで京都に行ったんですよ。とても経済学者というのはむかないといいますかね、国史に入って、やっぱり平泉さんからずいぶん影響を受けたですね。それからほとんど大学生活になった。

由井　あの、たとえば辻・黒板先生から得られた史料編纂所の持っている実証主義の一番いい部分を引きつがれた。

大久保　平泉さんが実証主義の基礎の上に文化史に転換していくわけでしょう。まあいきすぎちゃって

由井　ああなっちゃったんですけど。東大のアカデミック史学の黄金時代のね。重野には会ったことはないが、ああいう実証主義、つまり封建史学のなかから新しい西洋史学の構築という、それに感銘を受けたですよ。

大久保　もうひとつ先生の立場としては、ファナチックなものにいかない自由主義。

由井　講座派には抵抗を感じたですね。

大久保　著作集のときに感じたのは、先生は明治国家というものにピッタリくっつかないで、距離を持ちながら、それが佐幕派史観になったり、文化史とか……。

由井　尾佐竹さんがそうでしたね。大正デモクラシーで吉野の線でね。そういうことができたということは仕合わせですよ。いい時にいい方にめぐりあって、運がよかったといえば運がよかったですね。

……

大久保　いや敗戦でよかったですよ。侯爵様だったらどうにもならない。あれから解放されたですね。貴族院議員なんかなっていたらね、今から考えてみると、あれは解放でしたね、わたしの。

由井　侯爵という身分から解放されたという言葉ははじめてお聞きしました。（笑）

大久保　貴族院なんてユウウツだったですよ。そういう感じをこれを読みながらつくづく感じますね。

この会話にうかがえる大久保の自己認識を本書の〝総論〟とすれば、〝各論〟として、（E）大久保がみずからの東大国史学科時代を、「いまから考えれば、ちょうどあの頃が歴史学のあり方が変わっていく、ひとつの境だったのではないかと思います」（六八頁）、「わたしは官学アカデミズムのいちばんいい時期にいたといえるのかもしれません」（六九頁）と捉えている点が、やはり重要である。これを大久保史学における日本近代史学史の構想・時期区分と重ねあわせてみよう（ここでは既発表論文に対する大久保の最終的な「補筆・改稿」が施されている『日本近代史学の成立（大久保利謙歴史著作集７）』一九八八年十月からの引用とする）。「日本歴史の歴史」論文のむすびにおける展望、「日本の近代史学は明治期に用意され、大正末から昭和にかけてはじめて確立をみたのである」（六〇頁）、くわえて「明治史学成立の過程」論文の同じくむすびにおける概括、明治史学は「明治初年から二十年代前後まで、それからさらに三十年前後までと、それ以後と三つの段階を見ることができた。二十年代は修史館の廃止と、大学に史学科、国史科の創設があり、アカデミックな史学界が形成され、それがさらに三十年前後に至って史料編纂掛の新設を見、また史学科、国史科から輩出した新進の史学者の学問的活動の開始によって、混沌より整頓に落ち着き、さらに建設の第一歩を踏み出した。明治の近代史学は、この前後をもって大成したものということができよう」(九二頁)。すなわち、これによると、明治三十三年生まれの大久保は、まさしく「明治の近代史学」の第二段階、「大成」期に生をうけ、「さらに建設の第一歩を踏み出し」、「大正末から昭和にかけてはじめて確立をみた」とされる期間は、大久保の修学、東大国史学科卒業までとピッタリ重なることになるわけである。

「大久保史学史」についての筆者のとらえ方を述べるには別稿が必要になるが、『歴史著作集』のタイトルにもなっているように、「日本近代史学の成立」をめぐる諸問題の探究を焦点として、「大正史学への展望」をこころみようとした点に注目すべき、学ぶべき特質をもつと理解する。そもそもの大久保の問題意識・分析視角は、東大国史学科卒業後から昭和戦前・戦中期、「日本近代史に立ち向う」研究意欲において、「大正史学」の「明治史学」からの展開のあり方、「明治史学」の評価が重要な問題となったのである。換言すれば、「明治考証史学」と「大正文化史」、後者における「考証史学」批判の批判的検証を問題意識の核心としている。いわば「修史館を中心とする考証史学」の伝統の日本近代史学史における再評価論であり、これが「大久保史学史」の主柱をなしているのである。

周知のように、戦時下の一九三八〜三九年に『重野博士史学論文集』全三冊を刊行、晩年に至っての『久米邦武歴史著作集』全五巻に加えるに『久米邦武の研究』の編集(一九八八〜九一年)にみられるように、重野安繹と久米邦武の著作集は大久保の近代日本史学史研究の起点と到達点をなしていて、この二人の歴史家に対する評価はきわめて高く、「大久保史学史」に占める比重はそれだけに大きい。『日本近代史学事始め』では、(F)「近代史学史上、重野・久米という存在は重要です」(一〇〇頁)と強調され、筆者も一再ならず、「久米っていうのはオッソロシイ歴史家だからね」という大久保のつぶやくような声を聞かされた(録音に数度はいっている)。

『東京帝国大学五十年史』の編纂に始まり、昭和の戦前期を通して拡充していく大久保の日本近代史研究と編纂事業に対する語りのなかで、「大久保史学の史学史的位置」を考察する上で参考になる発言をさらにあげていこう。(G)「わたしの研究生活のスタートが『五十年史』編纂だったことは、わたしにとって実に大きな意味をもつことになりました。帝国大学はユニバーシティの移植ですから、この『五十年史』はそのまま、日本の近代文化史、洋式学問導入史になります。この編纂に携わったことにより、わたしは近代文化史・学問史にとりくむことになったからです」（七三頁）。小見出し「近代史研究のスタート」では以上の引用文に始まって次頁まで重要な記述がつづくが、この部分は初校のさいの大久保の書き入れ補筆をよりスッキリとまとめ直したかたちになっている。筆者は大久保の文章そのままが研究資料として価値ありと判断するし、また、『日本近代史学事始め』の本文が、実際の大久保の言葉や表現をどのようにふまえてできているものなのかを示す一例として、あえて大久保の補筆原文を忠実に紹介しておきたい。

帝国大学は西洋ユニバシチーの移植です。ですからこの五十年史は日本の近代文化史、洋式学問導入史です。これによってわたしは「近代史」のなかの文化史と取くむことになりました。もちろんこれはそれをわたしの生涯の専門にするということでは全くないのですが、結局私は近代史家〔と〕なりました。以前に経済学、社会問題に手を出していたことがこの過程の根底にあったことも勿論のことなのですが、国史科に入って近代史意識はどうも一旦は手離してしまったものが近代大学史（ユニバシチー史）を振り当てられたのがきっかけで、日本近代文化と本格的に取組むことになったわけです。これは全たくわたくし自身思いもかけなかったことというほかありません。しかしわたくしにはこれがうってつけとみえてこの道に突っ込み、明治文化史、さらに関連して明治大正政治史と取くんでその辺を勉強するようになりました。尾佐竹史学・明治文化研究です。わたくし在学の頃の東大国史科は古代、中世辺が専門といってよく、幕末近代への関係はほとんどなかったですね。ですから近代社会革命史の羽仁五郎君はまだ全くの変り種だったのです。そういう国史科でしたから「近代史」はでてこない。近代史専攻となった原平三君その他の近代史家は、維新史料編纂会に就職したのがきっかけとなったらしいです。勿論各本人の意向はわかりませんが、私の東大国史科時代はまだそういう情況だったのです。

（H）「いわゆる教育史には、あまり興味がなく、政治史あるいは社会史・文化史としての教育史をやりたかった」（八二頁）大久保にとって、「尾佐竹猛先生そして明治文化研究会」（Ⅲの二、八三―九七頁）は大きな意義をもった。東大国史学科の実証主義の学風・官学アカデミズムの問題とともに大久保史学の形成、その「史学史的位置」を見定める上での重要ポイントである。その意味でも内容全体を注意深く読みとることが求められるが、最後になって「明治文化研究会はどうみられたか」の小見出しのもと、遠山茂樹の発言が長文引用してある。本書全体の流れからするとこの引用のしかたは特異であって、いくぶん奇異な印象を与えるのではなかろうか。編者の一人が唐突に〝顔〟を見せ、長広舌をふるったようなものになっているからである。この点については三章のおわりであらためて言及したい。

右に一例を示したことからも、『日本近代史学事始め』の本文と大久保自身の補筆との異同の問題をはじめとして、この岩波新書がどのような編集過程を経て出来あがったものであるかが、本書の性格・内容の批判的検討にもかかわって浮上してくる。そこで、つぎからは筆者の所持する関係資料によって、その範囲で明らかになる『日本近代史学事始め』成立過程について書いておこう。

三、『日本近代史学事始め』の出来るまで

いまからふり返ると不思議な気もするのだが、『日本近代史学事始め』について、由井正臣先生にそもそもの企画のおこりや編者の諸先生による大久保先生からの聞き取りの実際、その原稿化などの具体的な編集経緯について、一度も正面から話題にしてお聞きしたことがなかった。いまとなっては悔やまれるが、文字化されている情報は一九九五年十一月十日付けになっている「編者あとがき」のつぎの記述がすべてである。

その先生の学問的軌跡を、私たちはエピソードを交えてお聞きしようと、十数年前から計画を立てた。ある出版社の企画もあって原稿化を試みたが、企画はそのまま中絶した。

右の朝日賞受賞の前後、岩波書店編集部によって岩波新書での企画がもちあがった。そこで私たちは、あるときはいっしょに、あるときは個々に、先生のお話を伺い、少しずつそれを原稿に起こした。

しかし、先生の多岐にわたる学問的な営みと歩みは、一朝一夕に語り尽くされるものではなかった。佐藤能丸（早稲田大学政治経済学部講師）・今井修（東京外国語大学講師）の両氏に応援を求め、両氏はこれまで語られなかったところや聞きもらした部分をおうかがいすべく、足繁く大久保先生のお宅を訪れて下さった。さらには、これまで先生がいくつかの座談会で発言されたことなどをも

参照にしつつ、まとめあげたのが本書である。（一九八頁）

そしてむすびの部分で特記している、

本書をなすに当たってご令息大久保利泰・尚子御夫妻には、関連の写真や関係図など細部にわたってご協力をえた。（中略）また岩波書店編集部、とりわけ井上一夫氏には、ひとかたならぬご面倒をおかけした。（一九九頁）

編者が『日本近代史学事始め』の具体的編集過程について明記しているのはこれだけである。

そこでまず元岩波書店編集部の井上一夫氏からヒアリングし、氏が保存しておられた『日本近代史学事始め』編集ファイル一冊をお見せいただいた。この資料を参照して岩波新書としての編集作業のあらましを記すとつぎのようになろう。岩波新書としての企画決定は一九九三年四月二日であり、大久保へは四月六日付で正式依頼状が送付されている。企画カードの文面に、「本書の狙いは、まず、近代史研究をリードしてきた著者の学問的自伝としてである。続く世代である遠山茂樹氏・井上清氏らと異なる点は、青春を大正デモクラシー時期に過ごしたということであり、河上肇・尾佐竹猛先生らの謦咳に接した経験をもつ。これを核としつつ、まさに二〇世紀を生きてきた著者の記憶・経験をあわせることによって、時代の証言としての意味を付したい。（中略）本書は書き下ろしではなく、聞き取りでつくり、それに手を入れてもらうかたちをとりたい」とある。

企画決定段階での書名は、『私の歩んだ道——日本近代史学事始め』（仮題）で、構成案として、

一、明治の記憶
二、大正デモクラシーの頃
三、学問研究生活がはじまる
四、憲政資料室とともに
五、私の近代史研究
六、いま思うこと
年譜

となっている。しかしこれは「すでに様々に語っておられる回想・対談などから抽出してみたもので（『佐幕派論議』など）、あくまで仮案」で、実際の作業は「ある出版社」（以下、D出版社とする）の企画の中絶した原稿（「談話筆記」）をもとにして、不足部分を補い、新しく再編成し、構成を数次練り直して、刊本のような目次となったのであった。この過程で編集担当の井上氏の尽力は甚大で、D出版社案から岩波新書の器に合うように作り変えがおこなわれたといえる。[4] しかし順調に編集作業が進行したわけではなく、一九九三年末から九四

年三月にかけて、田中・佐藤・今井による補充ヒアリングがおこなわれたとはいえ（筆者の手許には九三年十二月十二日実施の田中彰「明治一四年の政変と井上毅」以下、日録で示した九四年二月六日、二月二十日、三月十三日のあわせて四回分のヒアリング速記録がある）、九四年から九五年夏にかけて一時ブランクがあり、初校が出たのは九五年の十一月十五日、再校が十二月十二日、校了が二十八日と、九五年の秋口から年末にかけて加速度的に一気に進行させて、翌九六年一月の刊行（大久保先生九六歳の誕生日にあわせて）にこぎつけている。

井上氏の一九九三年十月十二日付大久保先生宛書簡では、「遅れましたが、ワープロ整理したものをお送りいたします。談話筆記のかたちでおこされていたものを再整理したかっこうですが、相当に話が出入りがありますので、統合・整理しなおしてあります」と断ったうえで、この段階での構成案として、

Ⅰ．幼年の頃（家族のこと）

Ⅱ．学習院時代（大正デモクラシーの頃）

Ⅲ．歴史家修業時代（大学と戦前の歴史学界）

Ⅳ．戦中と戦後（華族のことと戦後研究生活のスタート）

Ⅴ．近代史研究者として（憲政資料室のこと、研究の歩み等々）

のような内容骨子を「たたき台」に提示してある。分量的には四〇〇字原稿用紙で「新書一冊は二八〇枚が標準ですので、Ⅴを語っていただき、あと適宜補筆していただければちょうどいい分量かと思います」とも書かれている。

なお、先行する『日本歴史』第四〇三号・第四〇五号（一九八一年十二月、八二年二月）掲載の「国史学界の今昔　私の近代史研究」（聞き手　伊藤隆・土田直鎮）を参考資料にしていることは言うまでもあるまいが、『歴史公論』第二巻第九号（一九七六年九月）掲載の原田勝正との対談「日露戦後の思い出」他の関連資料も適宜参照しながら原稿化する努力がなされているのが確認できる。

ところで、D出版社の「談話筆記」原稿について井上氏は、つぎのような構成になっていると記している。

Ⅰ．明治の頃——祖父のこと

Ⅱ．学生の頃——学習院から東大まで

Ⅲ（1）日本史を歩みはじめて

（2）戦後のこと：思い出の人々

Ⅳ〔座談会〕大久保史学の世界

D出版社の企画がいつの時点でなぜ「中絶した」のかはもとより不詳だが、大久保先生が亡くなられた後に御遺族から譲り受けた蔵書・遺品類のなかに、この「談話筆記」に相

当する原稿類が含まれていた。じつは（立教大でのシンポの時点では）筆者の手許にあることをすっかり失念していたのであったが、原稿は二種類あって、仮にそれぞれを〔A〕〔B〕とすると、

〔A〕　D出版社の二〇〇字原稿用紙四三一枚

〔B〕　D出版社の二〇〇字原稿用紙四二三枚に、大久保先生の自筆原稿一八八枚

である。両方とも一行あけの鉛筆書きの談話筆記であり、四〇〇字に換算すれば、〔A〕は一〇八枚、〔B〕は一〇六枚となる。〔B〕の先生の自筆原稿は同じ原稿用紙を用いてマス目通りに執筆されており、要所要所への補入原稿であるが、何よりもこのような先生ご自身の原稿が四〇〇字九十枚以上も存在したことに驚かされる（ちなみに大久保先生は佐藤・今井にはD出版社の旧企画およびこの自筆原稿があることなどについてはいっさいお話になることはなかったのである）。

〔A〕は書名タイトルの明記はないが、「第一章（明治の大久保家・学習院時代）」二五三枚、「第二章（歴史学との出会い）」一七八枚の二章分で、欄外に小見出しも書き込まれている。第一章のそれは、「幼ない頃／祖父利通／父利武のこと／私の母／もう一人の祖父／明治の洋行帰えり――大久保家の生活様式／薩摩と大久保／牧野伸顕／昔の東京／学習院と天皇と／学習院を出るまで／京大河上さん」の十二項目、第二章は「東大国史の人脈――東大入学／修学旅行／心に残る講義／私の卒業論文／羽原さんと土屋さん／私の結婚／浪々の身／薩藩史研究会――重野安繹集／貴族院五十年史――尾佐竹さん／帝国学士院六十年史／西周と津田真道／私のはじめての本――「日本近代文芸」／戦前の歴史学界の雰囲気」の十三項目、あわせて全二十五項目となっているが、内容的には戦前部分のみで戦後には及んでいない。

これに対し〔B〕は同様に書名タイトルはないものの、原稿用紙四枚の目次案（「今までまとめた分の仮の区分けです」と注記がある）が示されている。「第一章　明治の頃――父、祖父のこと」「第二章　学生の頃――学習院から東大まで」「第三章　日本史を歩みはじめて」の三章分、節は通し番号で「1　幼ない頃／2　父利武のこと／3　洋行帰り／4　祖父利通／5　薩摩と大久保／6　もう一人の祖父／7　私の母／8　牧野伸顕／9　昔の東京」（以上第一章）、「10　学習院と天皇と／11　学習院を出るまで／12　京大――河上肇／13　東大国史の人脈／14　修学旅行／15　心に残る講義／16　私の卒業論文」（以上第二章）、「17　私の結婚／18　羽原さんと土屋さん／19　シーボルト研究／20　薩藩史研究会／21　貴族院五十年史／22　帝国学士院六十年史／23　西周と津田

真道／24　私のはじめての本／25　戦前の歴史学界」（以上第三章）である。

〔A〕〔B〕を比較すると、〔B〕は〔A〕をほぼ再編成したものであることは明らかで、各小見出しの枚数は2が四十枚と突出しており、二十枚台が五つ、十枚台が九つ、十枚以下六つで、かなりアンバランスな分量であり、5 19 21 22の四つは原稿が失われている。また、目次案にはない「第四章憲政資料室の創設——戦後のこと」が付け加わっており、通し番号の付していない小見出し「戦争から敗戦へ」と「憲政資料室との関わり」の二節分（後者は七一枚と最長）があるものの、井上氏作成のワープロ原稿と較べるとこのあとにさらに原稿があったとも推測され、全体として完成していないばかりか、草稿としても全部が完全にはそろっていないようである。(5)

以上、二種の談話筆記の概要を記してみたが、〔A〕には大久保の手がまったく入っていないのに対して、〔B〕には若干ではあるが手が入っており、前述のように相当量の手書き原稿も添えられている。大久保の補入原稿について、タイトルと枚数を列挙しよう（頭の番号は挿入されるべき節番号を示す）。

1　「私のふるさと」八枚。「大分」六枚。「日露戦争」十一枚。

2　「父利武」二八枚。

10　「日露戦争の頃／初等科／乃木さん」十二枚。

11　「中等科・高等科」三五枚。

12　「河上肇と経済学」二一枚。

13　「東大国史科・副手・五十年史」十四枚。

18　「羽原さんと土屋さん」十四枚。

21　「尾佐竹先生と明治大学・明治文化研究会・貴族院五十年史」十八枚。

22　「帝国学士院史・日本学士院史」八枚。

23　「西周・津田真道」十三枚。

これらの自筆原稿がいつ、どれくらいの期間で書かれたものかはわからないが、最初の「私のふるさと」の一枚目に、わざわざ「昭和五十六年一月四日午前十時起筆」と記入してあるから一九八一年の年頭ということになろう。「父利武」には単に「一月五日」とだけある。由井前掲「大久保利謙先生を送る」によれば、「この企画がもちあがったとき、強調されたことは、ご自身の来歴を語るとともに、「父のことを少し詳しく話しておきたいですね」ということであった」とされるが、「父利武」と題したこれだけの分量の原稿があったことにまず注目できよう（『大久保利謙文庫目録』に寄せた「大久保利武コレクションについての憶い出」が一九九〇年三月であるからそれより十年近くも早いことになる）。補入原稿はこれでおわりでなく、なお順次書き足すつもりであったろうが（その項目メモとおぼしきものも数枚ある）、右に列挙した分のみながめても『日本近代史学事始め』の原色の数々としてきわめて興味深い史料である。そこでここでもサンプルを一例のみだが示しておきたい。「尾佐竹先生と明治大学・明治文化研究会・貴族院五十年史」の冒頭から二〇〇字六枚分を書き抜くとつぎのようである。

尾佐竹猛先生は東大国史科で御世話になった諸先生とは別の意味で、私の近代史研究の歩みに懇切な指導をして頂いた恩師である。大正十三年、明治文化研究会ができて『新旧時代』が発刊されたりして尾佐竹猛という名前は知っていたが逢ったことはない。初対面のきっかけは、「五十年史」の口絵に柳川春三《ママ》の写真がいるので、それを拝借に新宿花園町のお宅をお訪ねしたときであったと記憶する。その後、日独文化協会で□展覧会をしたときに、出品を願ったり、講演を願ったりして、何時とはなしにいわゆる出入りする者の一人となった。そういう関係から法曹会館で先生主宰の明治文化研究会の例会にも出席するようになり、先生の周辺にむらがる宮武外骨、渡部幾治郎両老その他柳田泉・木村毅・松下芳男・田中惣五郎・鈴木安蔵・深谷博治らの人々と相知るようになった。吉野作造博士はすでに故人で、私の近代史研究の歩みは、尾佐竹先生を中心とする明治文化研究会グループの仲間としてであった。

昭和十年三月頃と思うが、突然尾佐竹先生から、「君、明治大学で日本法制史の講義をしてくれないか」という話をうけた。これも全く突然である。先生は明治大学出身で、現在法学部教授でもあり、有力先輩であった。そこで浪々の私を使ってやれという懇情であったろうが、元来、演説や講義は苦手だったので、いささか意外に思っていると、「なーに、憲法十七条、貞永式目の話ぐらいしていればいいんだよ……」と諭されついに私は明治大学法学部の教壇に立つこととなった。しかしそれにしても、日本法制史は、東大で中田薫教授がとくに国史科学生のために特別講義をされたのを聴講したぐらい、また滝川政次郎氏が国史研究室に出入していたので懇意となって法制史の話を聞いたぐらいで講義には全然自信がなかった。そこでにわか勉強のほかない。滝川さんの『日本法制史』と、中田博士の公法と私法の講義プリントを買ってそれを繰り返し読んだ、滝川さんの概説は分りやすいので、それが私の日本法制史の骨組となり、さらに『国家学会雑誌』に載った中田さんの論文を読んだりした（当時論文集刊行以前）。

とにかくはじめて教壇に立った。明大は昼夜二回制で、毎週一回、同じ講義を二回づつする。学生は大勢で、とくに夜間の学生は熱心なので、休むわけにもゆかず、戦争で自然休講になるまでやった。後には日本経済史の講師であった土屋喬雄氏がやめられた後を引受けてくれと頼まれて、日本経済史も二、三年やった。どちらも全く冷汗ものであったが、これは法制史・経済史の大綱を身につける勉強となったという利得となった。

右の補入原稿の紹介とも関連して、ここで二章の（H）としてあげた『日本近代史学事始め』本文にある「まえに座談会をやったときの遠山発言」（九五頁）に言及しておきたい。まず、ここでいわれている「座談会」とは公刊物に掲載されているものではなく（したがって大久保・遠山の「著作目録」で探しても出てこない）、井上氏が記しているD出版社の「談話筆記」のなかの「Ⅳ〔座談会〕大久保史学の世界」を指すのである。手許にある〔B〕原稿はこの座談会の部分を全く欠いているのだが、井上氏が「大久保先生と遠山茂樹先生の部分を中心に抄録」し、「遠山先生の発言部分は手入れされたものによる」、「内容にしたがって、発言を適宜統合・整理した」「座談会」記録（〔元原稿の六〇％くらい〕と記されている。座談会には遠山の他に田中・宇野・由井も加わって発言している）のコピーを所持するので、これによって内容を示せば、「1．明治文化研究会と尾佐竹さんのこと」「2．史学史研究のパイオニアとして」「3．経済史・思想史・政治史」「4．明治維新史研究と大久保家の立場」と続いている。

『日本近代史学事始め』本文（九五―九六頁）に引用してある遠山発言は、1のなかの遠山発言を再構成して掲載したものであることがわかる（しかも、初校においては大久保先生がいったん全文削除されたのであったのを、編者の要請で〝復活〟したものなのである）。ここでの引用・紹介の趣旨は、「遠山さんたちの世代からみた明治文化研究会とは何であったか」を示すこと、発言の焦点は当初「敬遠」していた遠山が「それではいけないと反省した」ときには戦争で会はつぶれてしまって、「明治文化研究会の流れはつぎの唯物史観の学習から出発した近代史研究者にはつながらず、切れてしまった。これは日本の近代史研究のうえで、ひとつの不幸だった」という問題の明示である。座談会での遠山発言のポイントは、であればこそ、そのようななかにあって「大久保さんは、明治文化研究会の流れの最後のバトンを持った人だという感じがする」という大久保史学評価であって、「大久保史学の核心は、史料の発掘と研究を重んじられる学風だと思いますが、それは明治文化研究会あるいは尾佐竹さんとその周辺から学ばれたものを近代的に発展させたと理解できる」とするとらえ方であり、この点にこそ力点がおかれている（初校までは「遠山さんは、わたしを明治文化研究会の流れの最後のバトンを持った人だという感じがするといっていますが、そうかもしれません」と大久保の談話として記述されていたが、刊本ではなくなっている）。

遠山にとっての大久保史学とは、つぎに引用する発言を勘案すれば、たんに明治文化研究会の継承者にとどまらず、明治以来の日本近代史学・アカデミズム史学のよき伝統を戦中から戦後にかけて若い世代の研究者につなぐ役割をはたしてくれていた存在だということであり、これが一番の要点、すなわち遠山の考える「大久保史学の史学史的位置」ということになろう。「やはり戦前に大久保さんの仕事からショックをうけたのは、史学史についての業績です。（中略）大久保さんは、ある意味でアカデミズム史学の花咲いた一番いい時期に学ばれたわけでしょう。それを、大久保さん流に若い世代、アカデミズムに頭から反発するわたしたちのような研究者に伝えようとした。それを、わたしたちは史学史の論文を読んで感じたわけです」。あらためて遠山の大久保論に目を通してみると、大久保の史学史研究からの啓発、それへの感銘が一貫して強調されてあり、核となっているとさえいえることに気づかされる。『みすず』の追悼特集号（一九九六年三月号）に寄せられた「追悼大久保利謙先生――七〇年の業績とその背景」はさすがに見事な一文であるし、「大久保利謙さんと教科書訴訟」（『教科書検定訴訟を支援する歴史学関係者の会ニュース』第一七九〇号、一九九六年三月二十七日）の小文であっても強調点は同様である。右の座談会での発言は遠山史学自体の検討にとっても重要な内容をもっていると判断される。

遠山の発言は、史学史研究の意義、すなわち何のための何に寄与する史学史研究なのか（でなければならないのか）を問うてており、今日の史学史研究の活性化のなかにあっても史学史研究のあり方について再考を迫るものがある。その意味で、明治文化研究会に対する遠山発言の挿入は、編者の世代における史学史の断絶と批判的継承のあり方への反省が含意されていたものというべきなのである。大久保の史学史研究の特色は、近代日本の学術史としての、すなわち史学史も「学史」と名乗る以上は、何よりも学問としての歴史学研究の具体的成果を正面にすえての基礎的にして本格的な研究をめざすべく、研究領域としてしっかり自立した骨太なものでなければならないのであって、歴史家と歴史家との間を世代・分野をこえてつなぎ、結びつけるものとしての史学史研究を実証的につみ重ねていった点にある。イデオロギー過剰(先行)、きらびやかな抽象的史論は忌避した。「王政復古史観といい、「諸雄藩」史観、「下級武士」史観といい、子細にみると、そのうちにもさまざまなニュアンスのちがいがあるから、史学史としてはこれを具体的に分析しなければ各史観の意味や、位置づけはできるものではない」(「王政復古史観と旧藩史観・藩閥史観」『法政史学』第一二号、一九五九年十月)。これが大久保の史学史研究、方法意識である。素朴にして常識的な方法的提言であるかにみえて、「具体的分析」の貧弱、実証的論究からの逸脱への厳しい批判・拒否感覚を内在(大久保の好んだ表現では「基礎工作」の重視)する。この自己制御の持続によってこそ大久保史学史の稜線がかたちづくられているのであり、才気煥発に過ぎた平泉澄と羽仁五郎(講座派)はかかる観点から大久保史学にとっては他山の石となる。

ところで、D出版社の企画はいつ頃にたてられたものであろうか。筆者は由井正臣先生が亡くなられたときにも蔵書と遺品類の整理をお手伝いし、そのなかから大久保先生関係の資料を一括譲り受けている。「大久保先生祝賀会」「大久保先生著作集関係」と題された二冊のファイルに、筆者が関係資料を整理し直した「大久保・遠山記念論文集関係」とでも題されるファイルの合計三冊である(なお『日本近代史学事始め』編集のファイルは単独では見当らなかった)。それぞれ関係者からの来信も数点含まれるが、このうち大久保記念論文集に関しての一九七九年八月八日消印の田中彰からの封書のなかにつぎのような記述を見出せた。「大久保自叙回顧録の件。宇野氏より頂戴したメモをもとに私案をつくり、宇野氏にも送りましたので(中略)コピーをお送りします。頂戴したメモを下敷きにしました。メモの方も御返却致します。(中略)これを素材にもう一度そちらでアレンジし、その上で大久保先生にお願いしてみて下さい。大久保論集の下巻の方もくれぐれもよろしくお願いします」。これが私の手持ち資料のなかで企画開始時期を推定できる現在のところ唯一の資料である。この封書の時点ではまだ大久保先生の了解がとれていないようだが、おそらくは一九七九年秋から八〇年初頭にかけて企画として成立し、スタートしたのであったろう。さらに、〔A〕原稿の第一章の「薩摩と大久保」のなかで、「去年の九月、鹿児島で大久保利通の銅像の除幕式があって、久し振りに行って来たんですが」とあり、除幕式は一九七九年のことであるから、談話は一九八〇年時と推定できる。これが年末にかけて〔B〕原稿として再構成され、それをうけて大久保は八一年一月四日起筆の補入原稿執筆の作業にはいったのであろうと推測されよう（前掲「国史学界の今昔」の座談会がおこなわれたのも一九七九年十二月三日と八〇年二月八日であるから、まったくの同時進行であったことが判明する）。

大久保に「直接間接学恩を受けた人々が、先生の喜寿を祝して刊行を企画した」記念論文集は、小西四郎・遠山茂樹編『明治国家の権力と思想』（吉川弘文館、一九七九年十一月）として刊行されたが（当初予定されていた「大正・昭和期の論稿をまとめる一冊」は未刊となった）、D出版社の企画はこの大久保喜寿記念論文集とも連動して生まれたもののようである。さらに、刊行されたのはかなり遅れて一九八七年の十一月と十二月だが、遠山茂樹編『近代天皇制の成立』『近代天皇制の展開』（岩波書店）の二冊の論文集も、遠山の横浜市立大学停年退職を翌年三月に控えた一九七八年暮に計画されており、大久保の記念論文集とこれまたほとんど同時進行のもので、田中・宇野・由井の三人はいずれにも執筆者として名を連ねている（由井論文のみ大久保記念論文集では下巻収録予定であったため活字化されていない）。由井先生の残されたファイルをながめていると、田中・宇野・由井たちにとっては、これらの一連の企画・計画がまさしく一体的なものとして意義づけられ、推進されていたことに、今更のように気づかされる。つまりは戦後歴史学における日本近代史研究も一九七〇年代末の段階に達して、これまで研究を一貫して先導してきた大久保や遠山も喜寿と停年を迎えるまでになった。時代環境の大きな変化、戦後歴史学の転換期・困難のなかで、理論と実証の両面における前進をはからんがための、大久保史学・遠山史学の一体的批判的摂取・継承を目的としていたのであって、遠山（戦後歴史学・マルクス主義史学）批判のための大久保史学（実証主義・アカデミズム史学）再評価ではなく、その逆でもない。両先学の達成を総合して受けとめ直すことの自覚であり、具体的にいかなるかたちでの学問的継承が自己にとって可能か、研究史さらには史学史はいかに認識し書かれねばならないのか、の切実な自己点検がここから生まれる。先行世代の研究を矮小化・単純化しての軽々しい批判のための批判の言説は、ここにはない。

大久保自身も八十歳台を迎えて、みずからの体験、受け継いできたもの、見てきたものを次世代に語り残しておきたい、より積極的にはおかねばならないとの想いをつよくすることになったのであろう。(6)『日本近代史学事始め』には大久保のそのような〝語部〟意識を感じとれるが、大久保にとっての最大の関心事が〝史料の運命〟におかれていたことは疑いない。これこそが本書全体を貫いての大久保の自他に深く問いかけてやまない痛切なるテーマであり、持続低音なのである。「筆者は戦前の憲政史編纂、貴族院五十年史に関係して戦前の情況をよく知っていたので、旧大名家、旧特権層の没落で、変れば変る有為転変の世相を、史料の運命において肌身で感得した」（大久保利謙「発足の頃あれこれ」『みすず』二七六〈特集　憲政資料室の35年〉、一九八三年八・九月）。「史料の運命」は国家・社会の運命と重なり、それはまた歴史家と歴史学の運命をも連想させるものとの思念が、大久保の著述と行動の源泉にあったことを知るべきであろう。

　最晩年の大久保先生は、史料のゆくえ、その発掘・整理・公開と保存、蔵書の処理のされ方をめぐって、それらに対する歴史研究者の意識のありようをくり返し問題にしておられた。そのような大久保にあって、D出版社の企画が中絶してしまったのは何故か。出版社側の事情をおいて大久保先生の側から憶測するに、おそらくは一九八六年二月から刊行開始となる『大久保利謙歴史著作集』の徹底的な補訂作業に精魂を傾注することとなって、「自伝」の方は、〔B〕原稿のような段階で棚上げになってしまったのであったろう。[7] その意味では、『歴史著作集』全八巻の完結直前に岩波新書として〝復活〟したのは、まさしくグッドタイミングであったのである。

　このように関係資料を検討してくると、『日本近代史学事始め』は、一九八〇年代初めからの〝前史〟〝原型〟を有し、その「語り」の語られた時期（すなわち本文中の「いま」）にも幅とブランクがあることが見えてこよう。岩波新書としてD出版社の旧企画は構成・内容ともに大きく刷新されているとはいえ、それをリライトして組み込んでいることも明らかであって、大久保の「語り」の内容・事実認識と評価などもそのように理解されなければならない。岩波新書の初校において、与えられたわずかの時間で、先生は猛然と手を入れられはしたが、先生にとって全く酷薄といっていいスケジュールを容れてのラストスパートであって、不十分な面も残されたものと心痛む。さらには時間切れで編者と佐藤・今井の二人が書きくわえている個所もあり、いかに大久保の意をふまえ、言葉を尊重してとはいっても限界があることは言うまでもない。したがって、本書の「語り」の特色に注目することはいいが、過度にその細部までを問題にしようとすれば、問題によっては失当をまねくことにもなろう（その一、二例を寓目したのであえていい添える）。[8]

　最後に、『大久保史学の史学史的検討』にとって、『日本近代史学事始め』は大久保利謙の自伝的色彩をもつ回顧談として貴重な史料的価値をもつ一冊だが、大久保に親炙し大久保の信頼きわめて厚かった四人の編者による大久保史学理解（によって全体の基本的枠組ができている）を内在しており、その意味で大久保と編者（さらには岩波書店編集部）の共同制作的作品ととらえられ、いわばこの『日本近代史学事始め』そのものが、「大久保史学の史学史的位置」を明示した大久保史学論の第一着手としての意義をもっていると評価できるのである。

＊

大久保利謙先生が亡くなられ、その翌月に『日本近代史学事始め』が発行され、新聞や雑誌上で紹介したような関係記事が多く出た。そのなかで、毎日新聞社の『毎日グラフアミューズ』第四九巻第一〇号（一九九六年五月二十二日）が〔達人ルネサンス～Back To The Past〕欄で、大久保を〝大久保利通を学問した歴史家〟としてとりあげ、『日本近代史学事始め』の初校ゲラも小さいながら写真で紹介されている。同記事のご長男利泰氏の談話「本を愛して」に、「父にとって、古本屋のはしごは当たり前のことでした。本は重たくないんですよ。重たい物は、普段、あまり持たないのですが、風呂敷包に本をいっぱい買って帰ってきても、それだけは重たいとは感じないのですね。本が重いのは、父にとっては、まったく苦にならないのです」とある。

この、「本は重たくない」の精神ほど大久保利謙先生の人と学問、大久保史学の世界をズバリ表現する言葉はないのではなかろうか。小論の覚書をともかくもむすぶにあたって、そのことが感激もって実感されてくる。二十世紀にかたちづくられた大久保史学の「時代性」を示すとともに、わたしたち後継世代の日常への親しきメッセージであるというをはばからない。逝去から四半世紀を経ても、忘れ得ない音容に力づけられる。

注

（1）刊行直後の新聞書評を見出しと評者名のみ紹介しておこう。朝日（96・2・11）〈二十世紀の生き証人／一貫した進退と処世〉（今谷明）、読売（96・2・16）〈華族社会を活写した回顧録〉（御厨貴）、毎日（96・3・11）〈近代日本が研究対象になる過程を語る〉（高島俊男）、「信濃毎日」（96・3・3）〈おおらかな自伝的回想録〉（菊田均）など。『日刊ゲンダイ』（96・2・29）〈百年を見晴らす悠々然の身ぶり〉（狐）では、「そのつつましくも悠々然たる語り口こそが、一世紀に及ばんとする時間の証人にはふさわしい」と評されている。

（2）大久保史学自体を検討するうえでは、「亡くなる直前まで手元に残していた蔵書」や「自筆原稿類」なども含むとされる学習院大学史料館所蔵「大久保文庫」が、より有用なデータを提供してくれるものであるかもしれない。これらの諸点については本書の佐藤雄基論文を参照のこと。

（3）この『図書』の一文を含め、五点の文章が「大久保利謙先生のことども」と一括して、由井が早稲田大学停年の際にまとめた私家版『師友の思い出　附　略年譜と著作目録』（二〇〇三年三月）に収められている。『明治維新の人物像（大久保利謙歴史著作集8）』（一九八九年一月）の「解説」と今谷明ら編『20世紀の歴史家たち（2）日本編下』（刀水書房、一九九九年十一月）に執筆した「大久保利謙」は収録していないが、とくに後者は『日本近代史学事始め』のエッセンスをふまえた由井ならではの読みごたえのある端正な小伝となっていて、大久保史学研究の出発点を明確に示すものである。

（4）岩波新書のなかで『日本近代史学事始め』と対比されるのはまずは高木市之助『国文学五十年』（一九六七年一月）であろうが、鹿野政直『岩波新書の歴史』（二〇〇六年五月）では残念ながら言及がないのであるが、同時期のとくに井上氏編集担当の岩波新書のなかで『日本近代史学事始め』がどのような位置づけを与えられる作品であるかを考察する必要もあろう。井上氏については近作の『伝える人、永六輔『大往生』の日々』（集英社、二〇一九年三月）をひとまずは参照のこと。なお筆者には、岩波新書ではないが、大久保とほとんど同時間を生き抜いた宮崎市定著・礪波護編『中国文明論集』（一九九五年十二月）が岩波文庫として著者の死の直前にまとめられ、死後に刊行されたものとして感慨深い。

（5）〔B〕原稿とともに二〇〇字原稿用紙四枚で清書した「華族・明治・歴史」（仮題）と書名を明記した目次案が別に添付してある。〔B〕をさらに改編して一書としようとしたのであろうか。参考資料として、項ははぶいて章と節のみを示せばつぎのようである。

はじめに
一、最後の華族
（1）大久保利通の孫として
（2）歴史学をめざす
（3）貴族院議員として
二、明治文化研究会と憲政資料室
（1）尾佐竹猛先生と明治文化研究会
（2）憲政資料室と共に
三、大学の場と近代史研究
（1）大学教授として
（2）近代史研究をめざして
四、むすびにかえて――大久保史学の世界――

（6）一九八〇年六月に坂本太郎『古代史の道　考証史学六十年』（読売新聞社）が出版されたこともあるいは刺激になったかもしれない。『日本近代史学事始め』では六〇頁に坂本への言及があるが、前掲の「国史学界の今昔」をみると、この座談時（一九七九年十二月三日）にはまだ出ていなかったにもかかわらず、「黒板先生の講義ぶりは、最近出版された坂本太郎さんの『古代史の道』（昭和五十五年刊）にある通りです。あの本には、私の頃の国史科の模様がリアルによく書かれている。だいたいあの通りだと思えばまちがいない」（校正時に補入されたのであろう）と言及があることからも、刊行後にすぐに目を通されたことがわかる。大久保と同世代のアカデミズム史学の理解・検討において坂本太郎の存在が重要であることは贅言を要しない。

なお、一九八〇年代は大久保と同世代の歴史家たちが連年この世を去っていった時期でもあった。それは戦後史学史において大きな人的交替期をなしていた。歴史学研究の諸潮流の展開やその時期区分ももとより史学史研究の大切な課題ではあるが、それのみではどこか血が通っていない。史学史叙述においても雪嶺の『同時代史』の叙述形式よろしく一人一人の歴史家の生年とともに没年、すなわち固有の生死、人生にもっと注目したものがあってもよいであろう。歴史家の自伝が史学史研究のための重要な史料足りうるゆえんであり、それだけにまたその批判的分析の方法論ももっと論ぜられてしかるべきであろう。

(7)『大久保利謙歴史著作集』刊行中に始められた憲政資料室における大久保談話も、その熱意にもかかわらず、一九八七年十一月二十四日の第一回から翌年十二月九日の第七回まででとぎれてしまっている（九三年十一月二十日になって追加の一回がおこなわれた）。第四回までの談話記録は『参考書誌研究』第七三号、第七四号（二〇一〇年十一月、二〇一一年三月）に、「大久保利謙先生に聞く　近代政治史料収集のあゆみ」一・二として分載されている。ここでも大久保は、「主要目的は近代政治史料史というか、そういうものを固めておくということ、これは近代史研究の一つの大きな史料史みたいなものです。これは他ではできない、ここでしかできないことだし、それが研究史の過去、将来を見通すことになります」と強調している。

なお、『明治維新史学会報』第一二号（一九八五年十一月十八日）を見ると、一九八五年五月二十四日の明治維新史学会第十回例会で、大久保が「研究回顧談」をおこなっているのが確認される。同会報掲載の佐々木克「大久保利謙先生の回顧談「近代史研究出発のころ」に寄せて」に比較的詳細な内容紹介がなされているので参照のこと。

齢九十を越えても大久保は長大な論文を書きつづけた。なかでも『日本近代史学事始め』の企画決定前の一九九二年五月発表の「憲政記念館と憲政資料室・国立公文書館――大正以降のわが国憲政史研究の回顧」（『憲政記念館の二十年』）は、病後であったにもかかわらず、このテーマについての、書き下ろしの、大久保ならではの渾身のエネルギーを注いだ集大成的論考となっている。裂帛の気合とはまさしくこれをいうのであろう。

(8) 付言すると、『日本近代史学事始め』は第二刷、第三刷と順次増刷ごとに誤植・誤記の訂正はもちろん、わずかではあるが用語の微修正もおこなっている。したがって研究資料として引用する場合は、第三刷を参照・利用するのが適切であろう。

なお、『大久保利謙歴史著作集』はじめ大久保の著書・論文には、かならずしも大久保の責任のみに帰せられないだろうが、大久保にして思いの外かなりの誤植・誤記や不正確な史料引用が散見される。とはいえ、「拙文誤植御懇切に御指摘忝し、どうも誤植悪文は多年のこと恥しい次第です」（一九八九年二月七日付今井宛はがき）とわざわざ丁重な返礼を認めておられるように、大久保（の世代）には研究者として当然の羞恥心が厳存していた（それなくしてみずからの学問への矜持が生まれようはずもない）。昨今のまことに無神経で惨めなありさまとはおよそ次元の違う話である。

大久保の「年譜」・「著作目録」についても、『大久保利謙歴史著作集8』付載のそれがもっとも詳細ではあるが、不十分さをまぬがれない。研究史的検討を超えて、「史学史のなかの大久保利謙」論構築のためには、より詳細・精密な「年譜」・「著作目録」の作成が何としても必要である。

附記　小論の作成にあたって、大久保利泰氏と由井映子氏には大久保先生と由井先生の関係資料の利用をお許しいただいた。また、井上一夫氏にも種々ご示教をうけたうえに編集資料からの引用をご許可くださった。以上記してあつく御礼申しあげる。

校了直前に大久保洋子氏から大久保先生の若き日のお写真とともに、（1）学校法人学習院総務部広報課発行『学習院報』第三五七号（一九九六年四月一日）、（2）河出書房編集部編『奈良の仏像』（河出新書、一九五六年）の資料二点をご送付いただいた。（1）には刊行されたばかりの『日本近代史学事始め』に言及した小倉芳彦「平成7年度大学卒業式学長告辞」の掲載があり、（2）は大久保先生の「帝王の姿　不空羂索観音像」と題した分担解説を収録している。「著作目録」には未掲載の小文である。封入してあった封筒には、「小生の昔の寄稿書二冊　遊びの記念　嗚呼三十七年前」と大きくマジック書きされてある。ならば、一九九三年の記載ということになって、佐藤・今井が訪問し始めた時点とまさしく重なる。先生はこのようにしてご自身のあゆみを、一点一点に愛着こめて整理しておられたのである。

「大久保利謙先生お別れの会」（1996.2.12）にて（於霞会館）
前列左から、大久保洋子、大久保利桊、遠山茂樹、大久保尚子、後列左から、佐藤能丸、井上一夫、由井正臣、田中彰、宇野俊一、川崎勝、今井修。

小伝・大久保利武——大久保家三代の系譜

松田好史

まつだ・よしふみ——霞会館華族文化調査委員会研究員、博士（文学）。専門は日本近代史。主な著書に『大久保家秘蔵写真——大久保利通とその一族』（共編、国書刊行会、二〇一三年）、『内大臣の研究——明治憲法体制と常侍輔弼』（吉川弘文館、二〇一四年）、『貴族院の会派公正会史』（昭和会館、二〇一八年）などがある。

大久保利謙の父利武は米・独に留学した官僚政治家で、地方行政や産業振興、社会事業に尽力する一方、利通の顕彰を始めとする多くの修史事業にも参画した。本稿は利武の生涯とその事蹟を概観するとともに、利武の歴史事業と利謙の歴史学の接点を探り、利通から利武へ、さらには利謙へという大久保家の系譜を描くものである。

はじめに

大久保利通が西郷隆盛、木戸孝允と並んで三傑と称される維新の元勲であることは贅言を要しないであろう。また、本書の主役であるその孫利謙《としあき》が日本近代史学の開拓者の一人であり、明治政府や華族制度の研究、それに洋学史等の分野で大きな足跡を残したことも、また言を俟たないところであろう。

他方、利通の三男であり利謙の父である利武《としたけ》については、注目されるところが少ない。管見の限りでは、社会事業に関する研究や赴任先の地域史等で言及されるほかは、僅かに死去直後に発表された松井茂「大久保利武侯を憶ふ」が社会事業家、地方長官等幾つかの側面から利武の事蹟に言及しているのと、利謙が自伝で(1)「父利武のこと」に一〇頁を割いている程度である。

しかし利武は、父利通、兄の利和《としなか》や牧野伸顕、それに嗣子利謙といった大久保家の一族の結節点に在った人物であり、大久保家の人間関係、及びその中における個々の人物の位置

図1　大久保利武

付けを検討する上では、等閑に付すことが出来ない存在である。そこで本稿は、大久保利武の生涯とその事蹟を概観し、利通から利武、さらには利謙へという大久保家三代の系譜を描くことを目的とする。それは同時に、歴史家・大久保利謙の原点を探ることにつながるであろう。

一、幼年時代

大久保利武は慶応元年四月十三日[2]（一八六五年五月七日）、薩摩藩士大久保利通、ます夫妻の三男として鹿児島に生まれた。幼名を三熊といい、兄に利和（彦熊）、伸顕（伸熊、牧野家の養子）がいた。利通の子女の中で、維新前に薩摩で生まれたのは利武が最後である。

明治七年（一八七四）十二月、九歳の時に母に連れられて上京[3]、裏霞ヶ関にあった大久保邸に住んだ。学校のほか、英語、漢学、習字の稽古を受け、十一歳からは中村正直が主宰する同人社の塾に入れられたという。

利武は十三歳の時に父利通と死別しており、「明瞭《はっきり》と記憶が」ないものの、利通に「叱られたことは記憶がありませぬ。子供は大変可愛がった方で、私どもは学校から帰ると父が役所から帰ってくるのを楽しみに待っていた」という。毎土曜日には利通を囲んで家族で食事をするのが楽しみであり、また芝二本榎にあった別荘に馬車で連れて行って貰ったこともしばしばであったとも述べている[4]。

利武は明治十六年に大学予備門に入学し、二十年には改組された第一高等中学校を卒業、米国のイェール大学法学部に留学した。米国から次兄の牧野に宛てた書翰では、「目下修学之課目」としてローマ法を、「最モ専攻致居ル課業」として鉄道法、万国公法を挙げている[5]。鉄道法を学んでいるのは長兄利和が日本鉄道の発起人を務めていた関係であろう。

高等中学の学友には床次竹二郎、山之内一次、伊集院彦吉（以上薩摩）、石井菊次郎、柴田家門、原嘉道等が[6]、イェール大の学友には松方幸次郎、吉田鉄太郎等がいた。また、同時期に三島弥太郎、樺山愛輔、松方正雄等も米国に留学しており、同地において往来があったことが確認出来る[7]。

二十二年にイェール大を卒業すると欧州に渡り、ドイツのハレ大学に学んだ。渡独に際しては、当時駐米公使だった陸奥宗光から、ドイツ国法学の権威R・シュタインへの紹介状を得ている。(8) ドイツには五年間滞在し、(9) 明治二十七年四月、学位論文「日本地方行政幷自治政沿革歴史」により博士号を取得した。牧野宛の書翰によると、

試検論文之儀ハ最初欧州諸国地方財政を比較的ニ論スル賦ニ有之《これあり》、材料を取集め筆取り初め申候得共、已ニ此問題ハ多ク学者方之著述ニ依り已ニ定論モ有り、新奇之説を更ニ編み出す事容易ニ無之《これなく》、且教師之勧も有之、今春より論題を替へ日本ノ古来よりノ地方制度ヲ論文ニ着手致、已ニ二百枚ヲ越へ殆ント脱稿致候。近日中ニ大学校討論会《ゼミナア》ニ朗読致候。教師ノ評次第ニテ直ニ試検論文として大学ニ提出致す賦ニ御坐候。或ハ多少改正刪修之箇処ヲ命セラレ可クトモ被存《ぞんぜられ》候。

とあり、(10) 先行研究の層が厚い欧州の地方財政研究を避けて日本の地方制度史を研究対象としたのであった。

図2　薩摩出身の在米留学生仲間と。前列左が利武、右が樺山愛輔。後列は左から松方正雄、同幸次郎、高崎安彦、吉田鉄太郎、三島弥太郎。（明治20年9月）

二、官界入り

帰朝した利武は、明治二十八年五月に台湾総督府参事官心得となり、清から割譲を受けたばかりの台湾に赴任した。
実は利武は、前掲の牧野宛書翰の中で、

官途ハ暫時望ム所ニ無之、出来ル儀ニ候ハヽ、尚私之将来ノ仕事ノ用意ニ従事、地方行政ニ付テ研究仕度事ト存候儀御坐候。又直ニ仕官ト申シテモ到底今日ノ有様ニテ出来難ト被存、申上迄モ無之私目的外ノ役人ナドヘ頭ヲ無理ニ下ケテモ瑣少ナル月給取ニ取り付等之時流ハ飽迄避ケ、且毛頭望ム所ニ無御坐《ござなく》候。

と、当面は官吏任官を希望しないことを力説していたのであるが、結局薩摩出身の樺山資紀総督の関係からか、総督府への就職に落ち着いたのである。

利武は台湾において、参事官心得として淡水支庁や民政局に勤務したが、翌二十九年四月には総督秘書官に転任している。同じく総督府に勤めていた再従弟の樺山資英に宛てた書翰によれば、

> 小生ノ身上此際局長ヨリ関係ヲ絶チ、即其直接は総督〔府〕ヲ離レン為め参事官ノ方ハ取止め総督専任秘書官ト相成、全ク局長ト縁ヲ絶ツ方他日辞職ノ時ニ都合可然《しかるべく》ト被存候。小生ハ貴説ノ如此際辞任ハ思ヒ止り他日総督ト進退ヲ共ニスル覚悟御坐候故、彼是其方即ち参事官ハ断申度

と、水野遵民政局長との間で軋轢があったらしく、樺山総督の秘書官として総督退任の際に自然な形で辞職することを企図した。[11] この目論見は的中し、利武は樺山の内相就任（九月二十日、第二次松方内閣）と同時に内相秘書官に転出することに成功した。その後、樺山の退任に殉じて一度秘書官を退いたものの、第二次山県内閣で西郷従道が内相となるに及んで再び内相秘書官に就任、三十二年四月には三十三歳の若さで内務省監獄局長となり高等官二等に叙せられたのである。

また、同年には日本郵船社長近藤廉平の長女栄《さかえ》と結婚、翌三十三年に長男利謙、三十四年に次男利正、四十一年に三男通忠と三子を儲けている。大久保家の家庭生活は西洋色の濃い「非常にバタくさいもの」であり、利謙の眼から見た父利武は、外国紙を愛読する「ハイカラ」な「開明官僚の典型」であったという。[12]

三、監獄局長

利武の局長就任当時、監獄行政において焦点となっていたのは、監獄費国庫支弁問題であった。従来地方税で賄われていた監獄費が、地方税の負担過多と監獄改良の阻害の原因であるとして、初期議会以来数次にわたって国庫支弁法案が提出されては廃案となっていたのである。しかし、条約改正による治外法権撤廃の結果、外国人を国内監獄に収監する関係から監獄の改良が急がれ、明治三十二年十一月に開会した第十四議会で同法案の成立を見たのである。[13]

この議会で、利武は小松原英太郎次官と共に政府委員として法案の説明に当ったが、今後の費用増を警戒する議員から追及を受けて見積りの曖昧さを露呈した上、国庫支弁移管後に内務省が監獄を管轄することで首相と内相の合意が成立している、との答弁が小松原の答弁と齟齬を来し、事実にも相

違するとして問題となった。利武は議会閉幕を待たず、三十三年一月に久保田貫一と入れ替えの形で鳥取県知事に転出したが、『東京朝日新聞』はこの答弁が原因の更迭であるとの記事を掲載している。(14)

しかし他方で、監獄行政を経験し、また小河滋次郎や留岡幸助と出会ったことで、感化事業を始めとする社会事業に「多大の興味を有せらるることとなり」(15)、長年にわたり日本赤十字社、社会事業協会、方面委員中央連盟等の役員を務める発端となったのである。従って、利武にとってこの九ヶ月間は忘却すべき汚点ではなく、その後のライフ・ワークの起点となったといえよう。

四、牧民官として

鳥取県知事に転出した利武であるが、在任僅か三ヶ月で香川輝と交代して休職(16)、内務省から「欧洲諸国ニ於ケル地方行政事務実況取調」を命ぜられて渡欧した。欧州ではブリュッセルにおける万国監獄会議に出席したほか、渡欧中の岳父近藤廉平と同道してロシア・トルコ・ギリシャ等にも足を伸ばし、ウィーンでは駐墺公使として駐箚していた牧野一家と久闊を叙している。(17) 帰路は米国を経由し、イェール大のあるニューヘブンにも足を運んだ。ニューヨークではその繁栄振りに、「何程発達スルヤラ底気味悪ルク感中候」との感想を遺している。(18)

帰朝した利武は、三十四年六月に大分県知事に就任した。同地では、翌三十五年に発生した不況対策として勤倹貯蓄を奨励し、貯蓄組合の設置等を推進したほか、産業面では遠洋漁業の振興等の施策をとったという。(19) また、五十年間で一五〇〇町歩弱の模範林を造営する大規模な造林事業を計画し、「時の県知事大久保利武氏は如何にもして《〔ママ〕》之を遂行せしめむと造林事業の指導誘掖に力むること切なる者あり」、後任の各知事や技手等も尽力した結果、「予定以上の良成績を収めたり」と賞される成功を見た。(20) この時期の利武について、鵜崎鷺城は、

> 何等為す所なく、恰かも自己と県治の何の関する所なきが如くなりしも、一たび案を県会に提出するや、如何なる反対を受くるも之を撤回せず、其所信を枉げざるの強味と、巧みに之を貫くの手腕とは流石に甲東の面影を兼有するに似たり。

と評している。(21)

明治三十八年九月、利武は埼玉県知事に転じた。(22) 彼はここでも勤倹力行を奨励、各地に青年会を創設させ、三十九年には埼玉県教育会を設立して青年の修養を指導させた。また、

大分に続いて造林事業に力を入れ、十ヶ年で二〇〇〇町歩の計画で造林事務所を設置している。(23) さらに大古利根川の浚渫や耕地整理といった土木事業、染織学校の設置、蚕糸業の奨励等にも注力し、積極政策をとったほか、明治四十年の水害を承けて水防組合の強化にも努めたという。(24)

五、農商務省

地方長官としての実績を積み重ねた利武は、明治四十年十二月に至り、農商務省商工局長として中央に復帰した。同局は商事・工業・度量衡を一手に所管する産業振興の司令塔であるが、産業の発達に伴う業務の肥大化により、四十二年七月に商務局と工務局に分割され、利武は商務局長に横滑りしている。

この転任について利謙は、

> 本省といえば内務省ですから、農商務省に移るのは左遷といえないこともないのですが、工場法の制定が問題になっていたときでしたから、産業政策の整備のために、ドイツでえた知識というか、養われた眼というか、それが買われたのではないでしょうか。〔中略〕農商務省ではふつうの地方行政じゃなくて産業行政ですから、ドイツの経済学の知識をもっていた父には適していたのかもしれません。

と推測している。(25)

転任当初の農商務相は松岡康毅であったが、四十一年七月に第二次桂内閣が成立すると薩摩出身の大浦兼武に代り、次官も同郷の押川則吉となった。利武は以前から大浦と近かったらしく、大分県知事在任中の三十六年七月には、「大浦警視総監愈内務大臣とならば総務長官は地方官より出べく鈴木定直氏、大久保利武氏等の顔触たるならんと」との観測記事も見られる。(26)

利武は四十三年の四月から六月にかけて、清国各地の商工業を視察した。釜山から満州に抜けて奉天、長春、大連、営口、さらに北京、漢口、上海、南京を回って帰国している。帰朝後の新聞談話では、上海の紡績業と燐寸製造業の発達は特筆すべきであり、日本の同業者にとって「大に注意すべき価値あり」「他日日本の産業界に至大の関係を及ぼすに至るや明白なり」と注意を喚起している。(27)

四十四年八月、第二次西園寺内閣が成立し、牧野が農商務相となった。この時期における利武評として、『万朝報』に掲載された高橋鉄太郎の「早熟早老の大久保利武」には、

> 初の頓々拍子の栄達に似ず、近年はやゝ迍邅の感があつて、実兄の牧野伸顕の下に碌碌として一局長の椅子に坐

し、其健在如何をさへも疑はるゝに到つては、前の麒麟児は遂に早熟早老の凡人に終らんとするのであらうか、〔中略〕一代の人傑を父とした彼が今にして早く既に箍の弛まんとする様では心細いではないか

〔中略〕

天資英敏俊爽の彼は順境に狃れて懈怠に陥つたので、猶春秋に富むから一奮発して亡父の雄懐を攄べたら如何だ、妹婿の伊集院彦吉でも大使となり大臣となる機会も絶無とはいへないが、彼の現在の庸態では大臣になるなどは夢想だも出来無い、岳父に近藤廉平の如き財閥を控へて居るから、彼は如何なる活躍も思ひの儘ではないか

とある。[28] いささか辛辣な評であるが、利武に対する期待が大きかったことの裏返しと解するべきであろうか。他方、鵜崎鷺城は、「商務局長としても殆んど事務を挙げて部下に委し、無為にして治まるの風あり」と評しており、[29] 自分が率先するというよりは部下の自主性を尊重するタイプの管理職だった様に思われる。

六、大正政変

さて、明治四十四年から五年にかけて、財部彪海軍次官の日記にしばしば利武が登場する。押川則吉、山之内一次、床次竹二郎、樺山愛輔、木場貞長等同世代の薩摩出身者と、育英事業等後進の育成に関する会合で同席しているのが大半であるが、大正元年（一九一二）暮、所謂二個師団増設問題では、押川、山之内、財部と共に強硬な増師反対派として連日「妥協談打破ノ方策ニ付談合」[30] し、薩派関係者の閣僚等の間を奔走していたらしいことが窺われる（この点、妥協による内閣存続を模索していた牧野や床次内務次官とは、同じ薩派でも温度差があった様に思われる）。

その後彼等の期待通り交渉は決裂し、西園寺内閣も瓦解した。後継首班には松方正義が擬されたが拝辞したので、「〔押川、山之内、大久保〕三氏ハ松方侯出廬ノ謀破レタルニ付頗ル失望、遺憾ニ堪ヘザルノ模様」であったという。それでも、「井上侯更ニ松方侯引出シ方熱心ニテ、樺山愛輔氏ノ相談アリタリトテ今一度此方面ニ潮流ヲ作ラン歟トノ相談」をしたり、「山之内、大久保利武氏ト鼎坐十一時過迄懇談」したりと、引続き薩派内閣樹立に執念を見せたが、[31] 結局十二月十七日に至って組閣の大命を拝したのは桂太郎だったのである。

七、第一次山本内閣と利武

第三次桂内閣成立直後の大正元年十二月三十日、大浦新内相により、利武は大阪府知事に任命された。この時の人事は

原敬前内相が、「大浦ガ政友系ヲ排斥スル積ニテ此歳晩殊ニ御用仕舞後ニ決行セシハ如何ニモ穏当ナラズト思フ」と批判したもので、大浦は「政友系」の一員であった犬塚勝太郎前知事を逐って、後釜に農商務省から引き抜いた利武を充てたのである。(32)なお、利武はこの機に高等官一等となっている。

第三次桂内閣は僅か二ヶ月で総辞職し、山本権兵衛が後継内閣を組織した。第二次松方内閣退陣以来、十五年振りの薩派内閣の登場である。新内閣で内閣書記官長に就任した山之内が原敬に「山本ヲ出ス事ニ関シテハ押川則吉、大久保利武等モ同意ニテ功労アル者ナルヲ説」いており、(33)山本が出馬を決意するに当って利武も山之内、押川と共に説得に当ったらしいが、詳細については明らかではない。

他方、利武が大阪府知事の位置で山本内閣を側面支援していたことは、牧野との往復書翰から窺い知ることが可能である。

二年九月、中国第二革命の過程で、日本人居留民を巻き込む所謂南京事件が発生すると、対外硬の世論が沸騰し、山本内閣、殊に牧野外相の姿勢が弱腰であるとして非難の声が朝野に充ち満ちた。大阪でも「当地新聞紙ノ論調ハ甚タ穏当ヲ欠キ、往々過激之構造語ヲ擅ニ」する状況となったので、憂慮した利武は大阪朝日新聞の西村時彦(34)と謀り、記者の鳥居素川を上京させて「可成《なるべく》真相ヲ見聞シ所論ノ穏健ヲ謀ラン」とした。鳥居は牧野を訪問して「二時間近く種々話致」、牧野の方は「自から意思ニ疎通致候心地致候」と良好な感触を持った様である。(35)

さらに翌春、シーメンス事件が発覚すると、山本内閣に対する批判が再燃し、東京では退陣を求める群衆が騒擾事件を起こす有様であった。利武は、

新聞紙之論調険悪ヲ極メ、人心ノ煽動教唆ニ吸々《（マヽ）》トシテ社会秩序ヲ破リツヽアルハ実ニ言語同断《（マヽ）》、幸ヒ内務本省ノ取締方針モ決心附ケ候様ナレハ、当地ニテモ遠慮無ク取締致居候。今日ニ於テハ新聞紙条例之不備如何トモ難致《いたしがたく》、発行停止出来サルハ唯々残念ノ思候。

と、煽動的な新聞に対しては断固として取り締まる方針で臨んでいたが、(36)大阪では二月十一日に開かれた市民大会で多少の混乱が生じた程度で、東京程大きな騒擾は発生しなかった様である。山本内閣は貴族院における予算案否決を承け、三月二十四日に至り退陣に追い込まれた。

八、大阪府政

ここで、利武による大阪府政を概観しておきたい。

利武が知事として特に力を入れたのは社会事業である。大

正二年五月、監獄局長時代の部下小河滋次郎を招聘し、感化救済事業の指導監督を委嘱した。その指導下で救済事業研究会（会長利武、副会長小河）が、さらに四年四月には大阪救済事業同盟会が発足し、大阪における社会事業の連絡・統一が図られることとなった。同盟会には三十以上の団体が加盟し、講習会や視察等が行われた。(37)

また、大阪府立高等医学校の府立医科大学への改組に当っては、校長佐多愛彦と協力して文部当局に働きかけ、四年に至って実現を見た。佐多の伝記によれば、「歴代の大阪府知事特に当時の大久保知事の熱誠尽瘁、小山健三、本山彦一氏等の終始一貫せる後援扶掖に対し、感謝の情の油然たるを覚えた」という。(38)

このほか、欧州大戦の好景気も相俟って急成長しつつあった大阪市の都市計画のため、市と協力して市区改正条例の大阪への適用を政府に働きかけ、退任直後の大正七年四月に法改正が実現した。(39) 貿易や産業の振興にも尽力し、府立の商品陳列所が再建されたのも利武の知事時代である。(40)

なお、四年七月二日付の牧野宛利武書翰に、「東京転任ノ事風説伝ハリ甚タ迷惑千万、今少シ当地ニ仕事致度計画モ致居候。其方御奉公相叶候ト存シ、人繰都合上転任ハ絶対的御断致度〔中略〕為念《ねんのため》電報御含願上タル次第」云々とあり、(41) 利武が府知事の仕事に意欲的に取り組んでいたことが窺われる。「東京転任」が何であるか詳らかではないが、この日下岡忠治内務次官が辞し後任に久保田政周東京府知事が、その後任には井上友一が就任しているので、利武をそのいずれかに充てる案が報じられたものであろうか。

大正六年十二月、利武は大阪府知事を退官し貴族院議員に勅選された。(42) 更迭の背景には同年の十月に発生した淀川の大水害があり、利謙によれば、瀬田川洗堰の開閉を巡って滋賀県と対立したために退官を余儀なくされたという。(43) 利武が大阪で衆望を得ていたのは確かな様で、退任に当っては天王寺公園において大規模な送別会が開催されている。(44)

九、パリ講和会議

大正三年七月に始まった第一次世界大戦は、七年十一月に至り連合国の勝利のうちに停戦を迎えた。連合国側の五大国の一角を形成していた日本は、パリで開催される講和会議の首席全権に西園寺公望を、全権に牧野伸顕、珍田捨巳、松井慶四郎、伊集院彦吉を、また経済部門の随員の一人として近藤廉平をそれぞれ任命した。

岳父近藤の渡欧に利武も随行し、八年三月から勅任待遇の外務省事務嘱託として、講和会議経済委員会の敵人関係分科会で委員を務めた。[45] 利武はドイツ語に堪能であったのでこの部門を任されたのであろう。

また、この間ブリュッセルで開かれた第五回万国議院商事会議にも、近藤と共に出席した。[46] この会議は大正三年から連年開かれているもので、日本からの出席者は例年三、四名程度であったが、この年は講和会議のために渡欧していた議員が合流したことで十三名に膨れ上がった。会議の代表団として渡欧したのは斎藤隆夫や前田正名（彼も大久保家の縁戚である）等、現地合流組には利武や近藤のほか近衛文麿等がいた。

図3　ロンドンの利賢邸にて。中列左から吉田茂、伸顕、和喜子（利賢夫人）、利武。後列左から三島弥彦（牧野峰子の弟）、利賢。（大正8年）

なお、牧野の女婿吉田茂が随員として講和会議の日本全権団に参加していたほか、末弟利賢《としかた》も横浜正金銀行の支店長としてロンドンに駐在しており、利武、牧野等も含めて大久保一族が欧州に勢揃した観があった。利武等は会議の合間にロンドンに遊び、利賢一家と団欒の一時を過している。[47]

十、薩派の中の利武

帰朝した利武は、専ら貴族院議員として、また社会事業家として活動することになるが、この間、大正九年には京都市長就任説が[48]、また第二次山本内閣時代の十二年十二月には入閣説が取り沙汰された。後者は、関東大震災後の火災保険の処理問題で辞意を固めた田健治郎の後任として、薩派の内部から推された様である。[49] 結局、議会開会の切迫により岡野敬次郎法相が当面兼任したものの、直後に虎ノ門事件で内閣が倒れたため、入閣は幻となった。

また、大正十年に宮内大臣、同十四年に内大臣となり、若き昭和天皇（当初は摂政宮）を支えることとなった牧野に対しては、陰に陽に支援を惜しまなかった。

先ず、牧野の片腕となる宮内次官に静岡県知事関屋貞三郎を推薦し、静岡へ出向いて就任を説得した。[50]また、牧野の内大臣転任後、その秘書官長に河井弥八が任命された際にも利武が一役買った様で、関屋から利武に宛てた、「河井氏之件真ニ好都合ニ相運び無此上《このうえなき》仕合ニ存候。最初より御厚配感謝の外なく候」云々との書翰が残されている。[51]さらに昭和五年（一九三〇）、秘書官長に木戸幸一が擬された際にも、牧野の求めに応じて木戸の人となりについて情報を提供している。[52]

このほか、同年のロンドン海軍軍縮条約批准問題に際しても、条約推進派の財部海相と反対の姿勢を見せていた東郷平八郎元帥の対立を緩和せんとする、山之内一次の工作の模様を牧野に報じており、[53]宮内官としての立場上薩派の一員として行動しにくい牧野にとって、利武が郷党との間のパイプ役となっていたことが窺われる。

ところで、利通の没後、大久保家は長兄利和が継ぎ、明治十七年には利通の功で侯爵に叙せられていた。しかし、利和には子供がなかったので三男の利武が指定相続人となり、[54]昭和三年六月十五日に大久保侯爵家を相続した。これに伴い貴族院世襲議員をも利和から引き継ぎ、勅選議員を辞職している。

十一、貴族院での活動

大正六年に貴族院議員となった利武は、最大会派の研究会に入会した。同会は子爵互選議員（のちに伯爵互選議員団も合流）が多数を占める構成であったが、少なからぬ勅選議員を抱えていた。大正末年以降の貴族院改革の潮流の下で、「子爵幹部に引き摺られてきた傾向があつた」勅選議員がその是正のため「二十日会」を結成した際には、金杉英五郎、木場貞長、藤山雷太、志水小一郎等と共にこれに参加している。[55]もっとも、この会のその後の動向はよく判らず、利武がどの程度積極的に参画していたのかも不明である。研究会内では、昭和七年頃から協議員を務めた。

次に議事での活動を見てみよう。[56]特別委員会での動向を概観すると、利武が出席、発言しているのは住宅組合法案（第四十四議会）、職業紹介法案（同）、工場法中改正法律案（第四十六議会）、救護法案（第五十六議会）といった社会政策、軍需工業動員法案（第四十議会）、取引所法中改正法律案（第四十四議会）、輸入生糸検査法案（第五十一議会）といった産業政策、それに過激社会運動取締法案（第四十五議会）、府県制中改正法律案（同）、六大都市に特別市制実施に関する法律案（第六十四議会）といった内務省関係の三つに大別出来、官吏時代の得意分野を活かしていたことが知られる。

殊に、第六十五議会（昭和八年十二月〜九年三月）に少年教護法案が提出された際には、特別委員長としてこの法案を担当し、「煮え切らない当局に対し激語督励」して貴族院を通過させたという。(57) 他方、大正十四年の第五十議会では普通選挙法の特別委員を務めたものの、反対派ないし消極的であると見なされたらしく、三月二十三日には対貴族院国民大会の実行委員による訪問（一種の示威行動）の対象となっている。(58)

なお、『東京朝日新聞』によれば、昭和六年一月に蜂須賀正韶《まさあき》貴族院副議長が任期満了で退任した際、一部で利武を後任候補として推す動きがあった模様である。(59) 研究会幹部が松平頼寿《よりなが》を推薦したが流れ、結局近衛文麿に落ち着くのであるが、その過程で利武の名前が浮上した様なので、研究会に所属する数少ない世襲議員として利武を推す案が出たものであろう。(60)

十二、晩年

利武の晩年は、社会事業と文化事業に捧げられたといってもよい。その活動の幅は広く、詳説するとかなりの紙幅を要するので、ここでは概観に留めたい。

先ず社会事業であるが、大正九年に日本赤十字社の理事となり、昭和九年に東京で開催された第十五回赤十字国際会議では代表委員を務めている。また、昭和四年の第二回国際社会事業大会（パリ）に日本代表として出席し、日本の方面委員制度を紹介した。(61) さらに、東京慈恵会で会長を、中央盲人福祉協会で副会長を、中央社会事業協会、癩予防協会で理事を、中央慈善協会、協調会、慶福会、済生会等で評議員を務めている。内務省が大正十年に設置した社会事業調査会でも、小河や留岡と共に臨時委員を務めた。

他方、文化方面の活動としては、昭和六年から死去まで日独文化協会会長を務め、理事長を務めた近藤海事財団では、海事に関する資料・文献を蒐集する海事文庫を創設した。また、教育審議会、国際観光委員会の委員等を歴任した。このほか、大正十一年には古参官吏に対する礼遇の一つである、錦鶏間祗候の待遇を受けている。

昭和十八年（一九四三）七月十三日、大久保利武は老衰のため高輪二本榎の自宅で薨去した。七十八歳であった。同日勲一等に叙せられ瑞宝章を授与され、翌十四日には特旨を以て正二位に陞叙された。

十三、利武と歴史事業

ところで、利武の嗣子利謙は学習院高等科から京都帝国大学経済学部に入学したものの中退し、大正十五年東京帝国大学文学部国史学科に再入学して史学の道に進んだ。その後の「大久保史学」については本稿の範疇を超えるが、ここでは利謙の歴史学の背景にある利武の歴史事業について見ておきたい。[62]

利武と歴史との関わりは、ハレ大学に提出した学位論文に始まる。前述の通り、「多ク学者方之著述ニ依り已ニ定論モ有」る欧州の地方行政から、日本の地方行政に研究テーマを変更した利武であるが[63]、その際に、現状ではなく「沿革歴史」を対象とした所に、彼の歴史志向が顕れている様に思われる。

利武による歴史事業の中で最大のものは、何といっても『大久保利通伝』『大久保利通文書』『大久保利通日記』の編纂であろう。伝記は薩摩出身の維新史料編纂官勝田孫弥が著者となっているが、利武は単なる依頼主またはスポンサーではなく、利和や牧野と協力して徹底した史料調査を行い、購入、あるいは物々交換を通じて利通の書翰を入手し、『文書』の充実に努めた。また、徳富蘇峰が昭和二年に青山会館で開催した利通の遺墨展に史料を提供し、図録『甲東先生遺墨集』掲載史料の選定にも関わっている。さらに、京都における利通の旧宅を購入し（「有待庵」と命名）、大山巌等からこの旧宅に関する懐旧談をも聴取している。

加えて、利通顕彰との関係からか、岩倉具視を顕彰する岩倉公旧蹟保存会の会長を務めたほか、維新史料編纂会委員や鹿児島県史編纂事業の顧問、島津家編輯所総裁等も歴任した。また、大阪府知事時代にも、楠木正成や乃木希典の顕彰事業に参画していたことが知られている。[64]

利謙は父利武の歴史事業について、「歴史趣味とでも申すものがあり」、しかし利通関係については単なる趣味ではなく、「追慕のあまり、その事績を探り、維新回天の歴史を通じてその精神の在るところを究めんとする為であったに外ならない」、「利通の事績調査は兼々意をいたし、自ら詳細な年譜を作り（大久保利通文書第十に収む）、利通の文書日記の類は精査して、大方その大意を諳んじ居」た、「遺墨その他関係資料は目に触るれば価を問わず購入し、然らざれば借覧して謄写保存する等蒐集に努め、逸話の如きは耳に入る毎に手記してあ」る、と述べている。[65]

最後に、利武の歴史事業と利謙の歴史学の交錯に触れておこう。

利謙は昭和九年に結成された薩藩史談会に参加し、重野安繹（利和の岳父）の論文集や川上操六の伝記刊行に関わった。利武は同会の会長であり、『陸軍大将川上操六』には序を寄

図4　晩年の利武・栄夫妻と利謙、並びにその子供の利泰と成子。（昭和14年7月）

せている。この本の名目上の著者は利通の遺墨展を主宰した徳富蘇峰であるが、利武は利謙に対し、蘇峰とのつき合い方に関する注意を与えたという。[66]

また、利武が顧問を務めた鹿児島県史編纂事業で、利謙も昭和十一年から委員を務めているし、利武が会長を務めていた日独文化協会がシーボルトに関する共同研究を実施した際、その文献調査を委嘱されたのが利謙であった。[67] これらの事業について、利武と利謙の間でどれほどの往来があったのかは詳らかでないが、利謙が利通の顕彰事業に賭ける父の姿を見て育ったこと、学者としての助走の時期に、利武の膝下で多くの事業に従事したこと、そして、それが利謙の維新史研究や洋学史研究の契機となったことは、疑いを容れないところであろう。

おわりに

右で概観した様に、利武の生涯は、官僚政治家、社会事業家、それに歴史家の三つの側面に大別することが可能である。官僚としては地方行政と産業行政に尽力しているが、これは父利通が取り組んだ「内治」「殖産興業」の延長線上にあるものの様に思われる。他方、従来から比較的に注目されてきた社会事業家としての側面は、利通在世中にはほぼ存在しなかった分野でもあり、利武独自のものと見做すのが適当である。

また、歴史家としての利武は、利通や岩倉具視の顕彰を中心とした維新史や薩摩藩史に取り組んでいたが、嗣子利謙も同じ道を歩み、その「大久保史学」を大成させたと見ることが出来よう。即ち、大久保家の三代は利通と利武が内政家として、利武と利謙が歴史家としての共通点を有するのであって（同様の言い方をすれば、牧野伸顕は「外政家としての大久保利通」の後継者であるといえよう）、大久保利謙の歴史学は大久保家の系譜の中に胚胎したといって差支えないのではないかと思われるのである。

注

(1) 大久保利謙『日本近代史学事始め――一歴史家の回想』(岩波書店、一九九六年)。

(2) 霞会館編『平成新修　華族家系大成』(吉川弘文館、一九九六年)。宮内公文書館蔵「華族履歴」には四月二日生まれとある。

(3) 『大久保利通日記』下(日本史籍協会、一九二七年)明治九年十二月九日条。

(4) 以上、大久保利武「家庭の公」(佐々木克監修『大久保利通』講談社、二〇〇四年。初出一九一二年)。

(5) 明治二十一年四月二十二日付牧野宛利武書翰、国立国会図書館憲政資料室所蔵「牧野伸顕関係文書」(以下「牧野文書」)書翰の部四一三―二。

(6) 大久保利謙「資料　床次竹二郎書翰　明治二十一年一月一日発信――アメリカ留学中の友人に帝国大学法科大学内外の情況を伝えたもの」(『東京大学史紀要』一一、一九九三年)。

(7) 松田好史他編『大久保家秘蔵写真――大久保利通とその一族』(国書刊行会、二〇一三年)四五頁。

(8) 大久保利謙「陸奥宗光と留学生」(『日本歴史』四七六号、一九八八年)。ただし、利武が実際にシュタインに面会したかどうかは不明であるという。

(9) この間の利武の動向について、H・P・マルチュケ「日本人留学生のドイツにおける活動――神戸寅次郎と大久保利武」(法制史学会近畿部会、二〇一四年)という学会報告がなされているが、筆者は未見である。

(10) 明治二十六年七月二日付牧野宛利武書翰、「牧野文書」書翰の部四一三―五。

(11) 明治二十九年四月四日付樺山資英宛利武書翰、国立国会図書館憲政資料室所蔵「樺山資英関係文書」一二七―六。

(12) 大久保利謙『日本近代史学事始め』七、二三―二五頁。

(13) 倉持史朗「帝国議会における監獄費国庫支弁問題」(『天理大学社会福祉学研究室紀要』一四、二〇一二年)。

(14) 以上、「鳥取高知二県知事」(『東京朝日新聞』明治三十三年一月二十七日付朝刊)。なお、監獄行政は同年七月に司法省に管轄替えになっている。

(15) 松井茂「大久保利武侯を憶ふ」(『厚生問題』二十七―九、一九四三年)。

(16) 『日本の歴代知事』では赴任する暇もなかったという説もあることに言及しているが(『日本の歴代知事』三巻上、歴代知事編纂会、一九八〇～八二年、一四六頁)、大久保利泰氏所蔵「大久保利武関係文書(以下「大久保文書」)」には、鳥取県庁気付の利武宛大久保栄書翰が含まれるので、赴任していることが確認出来る。

(17) 松田好史他編『大久保家秘蔵写真』七三頁。牧野は明治三十年に駐伊公使となり、三十九年に帰朝するまで欧州に在勤していた。

(18) 明治三十四年三月十七日付牧野宛利武書翰、「牧野文書」書翰の部四一三―九。

(19) 大分県政史刊行会編『大分県政史』(大分県、一九五五年)、第十一節「大久保利武知事時代」。

(20) 「模範事業(三五)大規模の造林計画(大分県の造林施設)」(『読売新聞』明治四十一年二月二十二日付)。この記事によれば、六年間で二〇一町歩の植え付けと四九〇町歩の実測が完了したとある。

(21) 鵜崎鷺城『朝野の五大閥』(東亜堂、一九一二年)一五〇頁。

(22) 埼玉県知事時代の利武については、小山博也「歴代知事――人と業績(二一)第一三代 大久保利武」(『埼玉県史研究』三五、二〇〇〇年)がある。
(23) 『日本の歴代知事』一、七四六頁。
(24) 以上、『埼玉県行政史』一(埼玉県県政情報室、一九八八九年)八七―八九頁。
(25) 大久保利謙『日本近代史学事始め』二二―二三頁。
(26) 「内務総務長官の候補」『東京朝日新聞』明治三十六年七月三日付朝刊。
(27) 「清国の製造工業 大久保商務局長談」(『読売新聞』明治四十三年六月十七日付朝刊)。
(28) 高橋鉄太郎『当面の人物フースヒー』(フースヒー社、一九一三年。『万朝報』における初出は明治四十五年六月十六日)。
(29) 鵜崎鷺城『朝野の五大閥』一五〇―一五一頁。
(30) 坂野潤治他編『財部彪日記――海軍次官時代』下(山川出版社、一九八三年)、大正元年十一月二十五日条。
(31) 『財部彪日記』大正元年十二月十、十三、十五日条。
(32) 『影印原敬日記』九(北泉社、一九九八年)大正元年十二月三十日条。犬塚等は原と共に辞職の意向であったが、原が「地方官ガ内閣ト共ニ更迭スルハ不可」として見合せていたという。
(33) 『影印原敬日記』大正二年九月二十九日条。
(34) 西村は種子島の出身で、大久保家の親戚に当る重野安繹の弟子である。
(35) 大正二年九月二十五日付牧野宛利武書翰、「牧野文書」書翰の部四一三―二五、大正二年十月二日付利武宛牧野書翰、「大久保文書」。
(36) 大正三年三月三日付牧野宛利武書翰、「牧野文書」書翰の部四一三―一九。
(37) 救済事業研究会『大阪慈恵事業の栞』(大阪府、一九一七年)三一―三六頁。
(38) 高梨光司『佐多愛彦先生伝』(佐多愛彦先生古稀寿祝賀記念事業会、一九四〇年)三二九頁。
(39) 芝村篤樹「解説」(関一研究会編『関一日記』東京大学出版会、一九八六年)九八一頁。
(40) 『日本の歴代知事』二巻下、二四六頁。
(41) 大正四年七月二日付牧野宛利武書翰、「牧野文書」書翰の部四一三―二六。
(42) 利武の勅選は、薩派に対する長州系の寺内内閣の配慮の現れであろうという観測もあった。『東京朝日新聞』大正六年十二月十七日付朝刊、「勅選の面々」。
(43) 大久保利謙『日本近代史学事始め』二五―二六頁。利謙は「大阪と京都の争い」としているが、京都ではなく滋賀であろう。
(44) 『関一日記』大正六年十二月二十五日条。
(45) 外務省記録「財政委員会 第二巻」(外務省外交史料館所蔵、二・三・一・二九)。
(46) 末広一雄『男爵近藤廉平伝』(末広一雄、一九二六年)二六四頁。
(47) 松田好史他編『大久保家秘蔵写真』一〇四頁。
(48) 『読売新聞』大正九年十二月八日付朝刊、「京都の市長は大久保氏が第一候補」。
(49) 『東京朝日新聞』大正十二年十二月二十四日付夕刊、「入閣の交渉を青木子拒絶す」。この記事では、利武のほか永田秀次郎、下岡忠治を推す声があるが「何れも帯に短い襷がある」と評されている。

(50) 大久保利謙『日本近代史学事始め』二六頁。
(51) 大正十五年七月二十五日付利武宛関屋貞三郎書翰、「大久保文書」。
(52) 昭和五年九月八日及び十月一日付利武宛牧野書翰、「大久保文書」。
(53) 昭和五年七月十八日付牧野宛利武書翰、「牧野文書」書翰の部四一三―四五。
(54) 大久保家の口伝によれば、牧野は自身が大久保家に復帰して襲爵することも考慮したものの、妻の峰子が反対したため断念し利武に譲ったという(大久保利桊氏談)。
(55)『東京朝日新聞』昭和二年十一月二十五日付朝刊「研究勅選団も新運動開始」、『読売新聞』同年十一月二十六日付朝刊「研究勅選団も新団体組織」。
(56) この部分の記述は、「帝国議会会議録検索システム」に拠った。
(57) 原泰一「大久保侯の憶ひ出」(『厚生問題』二十七―九、一九四三年)。
(58)『東京朝日新聞』大正十四年三月二十四日付夕刊「寝込を襲はれた貴院の反普選組」。法案は特別委員会で修正可決され、利武も賛成している。
(59)『東京朝日新聞』昭和五年十二月二十二日付朝刊、「貴族院副議長候補者」。
(60) 正副議長は議員の任期がない公侯爵から選出されることが慣例となっていた。当時研究会所属の世襲議員は利武と蜂須賀、元副議長の黒田長成の三名のみであった。
(61) 松井茂「大久保利武侯を憶ふ」。
(62) この項の記述は特記なき限り、松田好史「歴史家・大久保利武」(松田他編『大久保家秘蔵写真』所収)による。
(63) もっとも、その後は地方官時代、退官後を通じ、官庁の外郭団体の機関誌や業界誌を中心に、現状分析的なものを含め多くの論説を執筆している(清水唯一朗「大久保利武著作目録」http://web.sfc.keio.ac.jp/~yuichiro/wp/?page_id=24)。
(64) 森田俊雄「大阪府の史蹟調査と府立図書館の皇室関係大阪府郷土資料展示(後編)――大阪府知事大久保利武の事蹟と大阪府立図書館の展示史」(『大阪城南女子短期大学研究紀要』四五、二〇一〇年)。
(65) 大久保利謙「跋」(大久保利武『有待庵を繞る維新史談』尚友倶楽部、一九九八年。初出一九四三年)一三二―一三三頁。
(66) 大久保利謙『日本近代史学事始め』一〇五頁。
(67) 大久保利謙『日本近代史学事始め』一〇五―一〇六頁。但し、利謙に声をかけたのは利武ではなく主事の友枝高彦であったという。

附記 本稿の図版は、全て松田好史他編『大久保家秘蔵写真』より転載した。

大久保利武・利謙父子の学問形成と蔵書

——立教大学図書館・学習院大学史料館所蔵「大久保文庫」

佐藤雄基

日本近代史研究の開拓者のひとりである大久保利謙は、書物の蒐集家としても知られている。本稿では、稀覯本コレクションとして生前寄贈された立教大学図書館所蔵「大久保利謙文庫」と、手元に残されており、没後に学習院大学史料館所蔵となった「大久保文庫」の書籍群を紹介する。そして、個人の読書体験に関する情報を蔵書群から引き出し、史学史研究の史料として用いる「歴史家の蔵書からみた史学史」を試みたい。

さとう・ゆうき——立教大学文学部准教授。専門は日本中世史、史学史。主な著書・論文に『日本中世初期の文書と訴訟』（山川出版社、二〇一二年）、「朝河貫一とマルク・ブロックの往復書簡——戦間期における二人の比較史家」（向井伸哉・斎藤史朗との共著、『史苑』七六巻二号、二〇一六年）、「文書史からみた鎌倉幕府と北条氏——口入という機能からみた関東御教書と得宗書状」（『日本史研究』六六七号、二〇一八年）などがある。

はじめに

日本近代史研究の開拓者のひとりである歴史家大久保利謙は、国立国会図書館憲政資料室の創立に関わったほか、研究に必要な「史料」を自ら積極的に蒐集したことで知られている。とりわけ、大久保が手掛けた明治文化史（大学史・史学史・洋学史を含む）の研究にとっては、公文書や日記・書簡とは別に、明治期に出版された書物が「史料」として重要になる。それらの蔵書の一部は稀覯本を中心にして、大久保が勤めた立教大学に寄贈され[1]、現在「大久保利謙文庫」（以下、立教「大久保文庫」）として保存・公開されている。一方、生前手元に残されていた蔵書群は没後、学習院大学史料館に寄贈され、同館所蔵「大久保文庫」となっている（以下、学習院「大久保文庫」）。本稿［二］で紹介するが、そこには大久保が論文で用い、あるいは書き込みをした書物が含まれており、書物それ自体が大久保の学問形成に関わる史学史上の史料となる。また、立教大学の大久保文庫には利謙の父大久保利武（一八六五～一九四三）のコレクションも含まれるが、本稿「三」で述べるように多角的な検討が可能な興味深い史料である。

本稿は、立教大学及び学習院大学の「大久保文庫」の紹介を兼ねつつ、自伝『日本近代史学事始め』（以下『事始め』）とは異なる観点から、大久保の学問と学問形成の一端を明らかにしたい。本稿は、個人の読書体験に関する情報を含む蔵書を史学史研究の史料として利用することで、歴史家の学問形成の過程やその背景を探る「歴史家の蔵書からみた史学史」の試みでもある。

一、立教大学図書館所蔵「大久保利謙文庫」の概要

まず立教大学図書館所蔵「大久保文庫」の概要を紹介する。「大久保文庫」は立教大学図書館のもつ個人文庫の一つである。(2) 文庫の解題を含めた『大久保利謙文庫目録　附大久保利武コレクション』（一九九〇年三月）と『大久保利謙文庫目録　第二集』（一九九六年三月）の二冊の目録が立教大学図書館により刊行されている。「大久保文庫」設立の経緯について、立教大学史学科の同僚であった林英夫は次のように回想している。(3)

先生は神田の古書店にも足を運ばれ、古本屋廻りは楽し

写真1　立教大学図書館保存書庫「大久保文庫」（非公開）

みの一つであった。これは先生の蔵書をみれば古本通だったらすぐ分るほどに珍本珍書の類、足で集めないと入手できない本の山である。いつだったか、先生は、その本の処置を心配そうにフッと洩らされた。それで私は、大久保文庫として立教の図書館に一括してまとめてはと思いついた。そのためには、ご生存中に購入を約束し代金を支払う、しかし先生が手元で必要なものは、いつでも先生が思い立たれた時に納入すればよいし、先生がこの本を借り出すのも自由という方式を考えて、幸に井上幸治先生（史学科フランス史教授）が図書館長でいらしたので、その無理とも思われる大久保文庫設立法を先生に懇願した。

注意したいのは、「大久保文庫」が大久保利謙によって一度に寄贈された書物群ではなく、一九七四年に立教大学に一括して寄贈された後（和書三二〇二冊、洋書一〇二冊、総冊数三三〇四冊）（「昭和49年度助成金」の青印）、追加の寄贈が繰り返されたということである。一九八二年三月に新座保存書庫（現在、来館利用はできない施設である）が完成し、そこに「大久保文庫」も移送された段階で、図書館の保存体制に信頼を寄せた大久保が、追加の寄贈を行ったという。[4] 一九九〇年に完成した『大久保利謙文庫目録』は和書六四四三冊、洋書八九二冊を載せ、洋書八九二冊内三六八点四九四冊は父利武のコレクションであった（受講ノート類三十七点四十二冊含む）。『大久保利謙文庫目録　第二集』では和書二四一四点、洋書五十二点（内利武旧蔵分二〇）が載せられている。[5]

「大久保文庫」は、維新史ならびに洋学史、史学史・教育史を柱として、明治期のほぼあらゆる学問分野に及ぶ書物を含み、文化史・学問史・思想史研究での活用が望まれる。とりわけ明六社関係のコレクションは、『明六社考』（立体社、一九七六年）などにまとまる大久保の明治期文化史研究の「史料」であった。

『東京帝国大学五十年史』（一九三二年）編纂に関わった大久保にとって、加藤弘之は重要な存在であった。加藤の最初の著作『鄰草《となりぐさ》』の写本（登録番号74-17878）（**写真2**）をはじめとして、二十八点以上の加藤の著作があるが、加藤の旧蔵書も含まれる。加藤旧蔵書の一冊であるイギリスの考古学者ジョン・ラボック（John Lubbock）の著書*The Origin of Civilisation and the Primitive Condition of Man*（『文明の起源と人間の未開状態』）（一八七〇年）のドイツ語訳（一八七五年版）（登録番号74-18347）には加藤の書き込んだメモ、下線が散見される[6]（**写真3**）。加藤の初期の思想は天賦人権論であり、明治啓蒙期の開明官僚の思想を代弁するものであったが、明治十二年（一八七九）には天賦人権を否定する論説「人権新説」を発表していた。このラボックの著作への加藤の書き込みに注目して、この本を契機に加藤が進化論に転向したことを大久保は指摘した。(7) 具体的な読書体験から個人の思想遍歴を探ることのできるケースである。

　教育史の関係でいえば、たとえば、京都市小学校創立三十年紀念会編『京都小学三十年史』（一九〇二年）（登録番号94-73110）は、一九三四年の京都に赴き、関係者からの聞き取りと史料蒐集をしたときに入手したものであり、同年の論文「明治二年京都における小学校の設立について」（『大久保利謙歴史著作集』（以下『著作集』）四所収）に反映されている。これ以外にも、論文「中村敬宇の初期洋学思想と『西国立志編』の訳述及び刊行について：若干の新史料の紹介とその検討」（一九六六年、『著作集』五所収）をはじめとして、蒐集した書

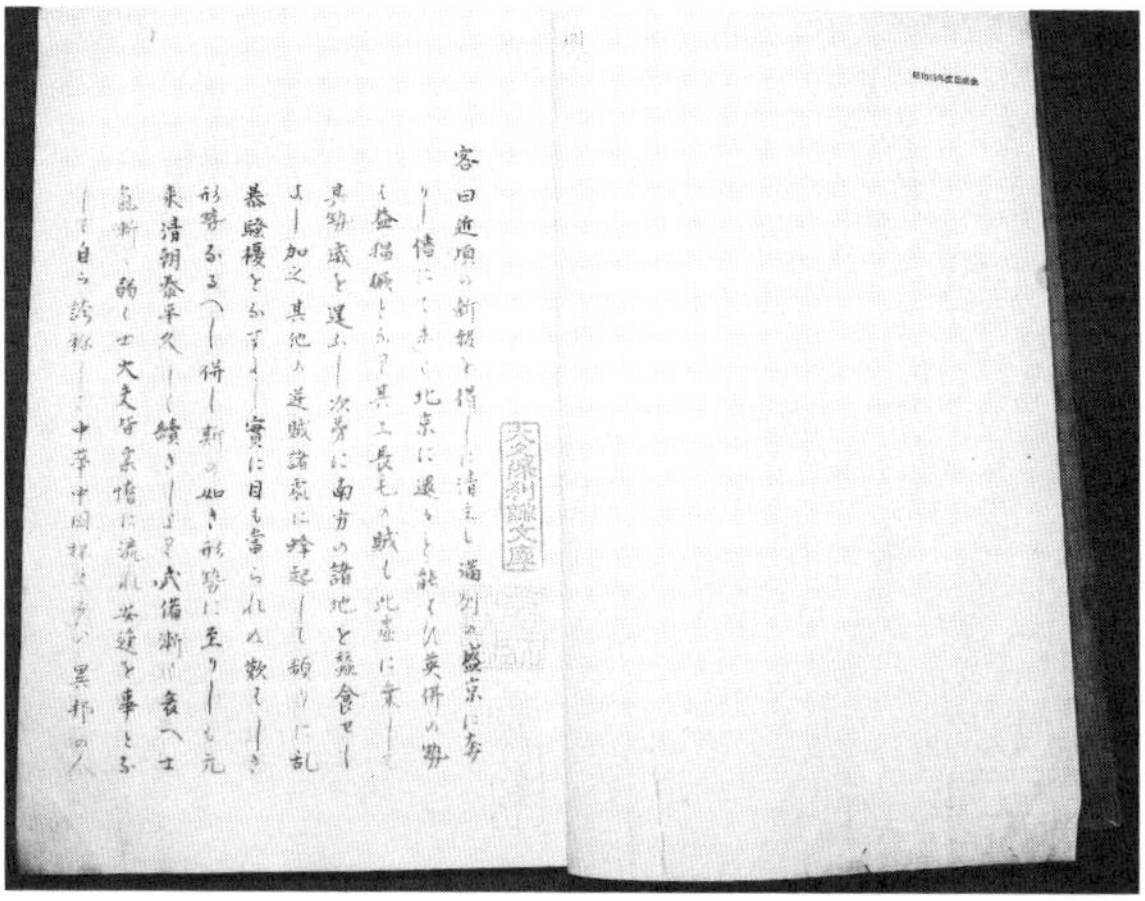

写真2　加藤弘之『鄰艸』写本（立教大学図書館所蔵）（筆者撮影、以下同）：本書は利謙が古書店で購入した写本で、「若林文庫」（1984年に没したコレクター若林正治の蔵書印）計3つの蔵書印あり。

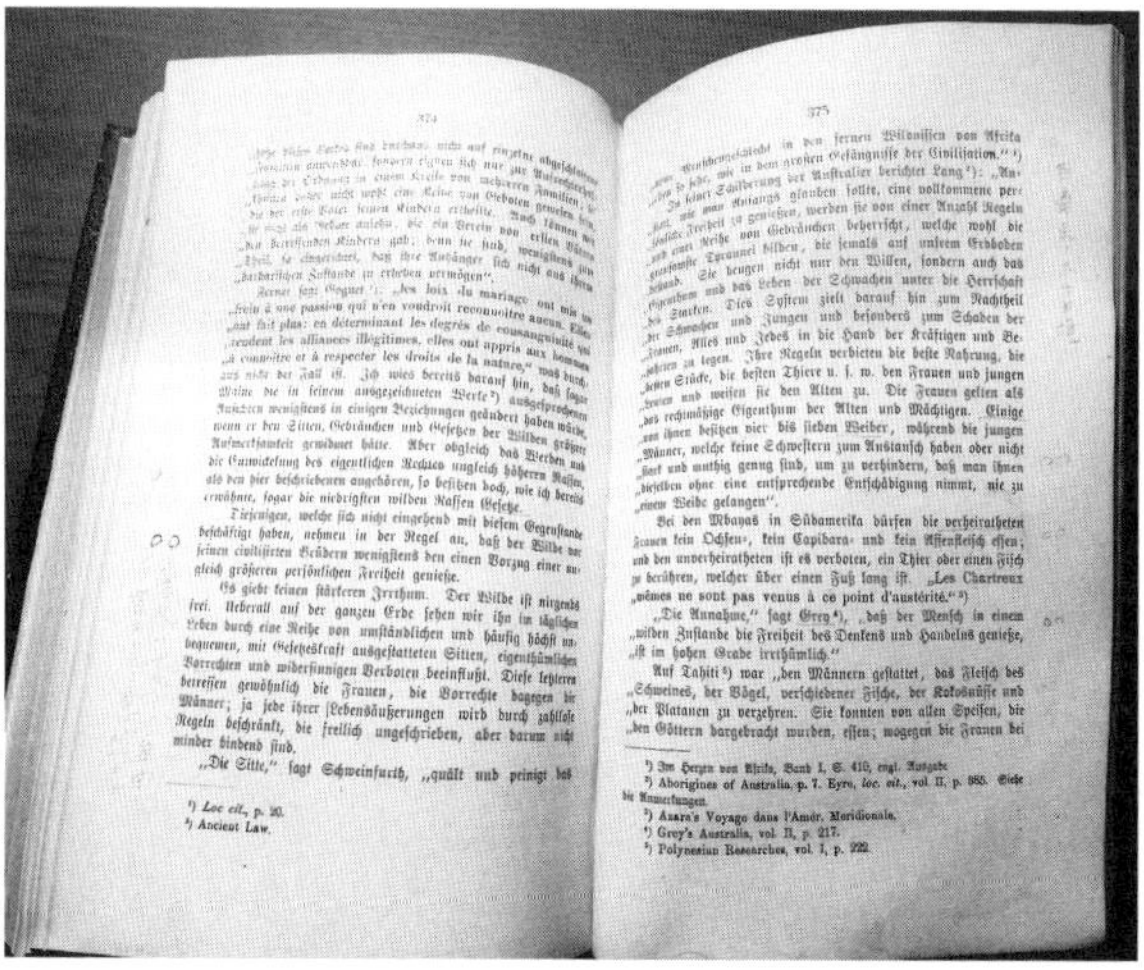

写真3　ジョン・ラボック『文明の起源と人間の未開状態』（独訳）への加藤弘之の書き込み（立教大学図書館所蔵）見開き左下（374頁）に「蛮民八十分ノ自由ヲ有スト云フ甚謬レリ」、右上（375頁）に「野蛮民ノ不自由権」と鉛筆の書き込みがある。

物に関する史料紹介も多い。

こうした書物の来歴は「書物の文化史」として重要である。その一端は大久保を囲む対談記録である小関昌男「大久保利謙先生をかこんで」[8]にみえる。但し、「大久保文庫」は基本的に善本コレクションであり、大久保の文化史研究や稀本コレクターの側面が表れていることには留意する必要がある。大久保利謙の多様な側面のうち、政治史・アーカイブズの関係については国会図書館憲政資料室が重要になる。大久保は自らのもつ史料の一部を憲政資料室に寄贈している。すなわち同室「大久保利謙旧蔵文書」(利通・利武関係)約四六六点である。[9]他にも、父大久保利武宛の朝河貫一書簡を朝河貫一研究会に、[10]利武宛ての床次竹二郎書簡を東京大学百年史史料室に寄託するなど、[11]個々の史料の性格に即して寄贈・寄託先を選択していたようである。この点に関して佐藤能丸は「収まるべき〝資料所蔵の適材適所主義〟とでも称すべき見識のあらわれ」と評している。[12]

このような「資料所蔵の適材適所主義」は、アーキビスト的なものではなく、史料は研究の役に立ってこそ活用されるという研究者としての考え方が根底にある。研究者としての大久保のもつアーカイブズ・資料保存への意識を考えるときに興味深い。

二、大久保利謙の学問形成――学習院大学史料館所蔵「大久保文庫」からみえてくるもの

大久保文庫は大久保利謙の学問体系を表現するものであるが、その学問形成の初期の姿はみえにくい。本書所収今井修論文で強調されるように、立教「大久保文庫」は大久保の旧蔵書の一部にすぎず、生前に大久保自身が選択した善本コレクション・史料としての性格が強いため、大久保自身の歩みを考えることは案外難しい。一方、学習院大学史料館所蔵「大久保文庫」は、「亡くなる直前まで手元に残していた」書籍類約八〇〇冊を遺族が寄贈したものであり、書きこみや付箋が多数挟まれる他、学習院時代の白樺派に関する書物や、若い頃のノートも含まれており、大久保の学問形成を探る重要な手掛かりとなる。[13]

大久保は学習院高等科在学中、河上肇の『貧乏物語』を愛読し、経済学に関心を抱いた。一九二二年に京都帝国大学経済学部に入学したものの、病気のために三年で退学する。立教「大久保文庫」には京都経済学研究会が印刷した河上肇の講義録「経済原論：大正拾弐年度講義」(一九二三年)(登録番号94-73893)がある。これに加えて、学習院「大久保文庫」には、京都帝国大学経済学部の河田嗣郎の講義を受講し

た大久保利謙自筆ノートがある（「社会政策　特殊講義」と題される）（**写真4**）。河田は利謙が慕った河上肇と親交があった。(14) この河田のノートの見開き左側に、利謙自身の明治文化史の構想が書きつがれている。当時の受講ノートの取り方として、見開き右側に授業内容を口述筆記し、左側は受講後の書き込み用に余白として残しておくことが一般的だった。昭和三十二年（一九五七）の写真が挟まっていることから、見開き左側の利謙のノートは、およそこの頃のものだろうか。第一編第一章「西洋近代文化はどのようにして日本に移植されたか」という章立てとともに、「第一学期は大体第一章まで」という書きこみがある。東京大学文学部に非常勤講師として出講していた頃の講義の構想だろうか。

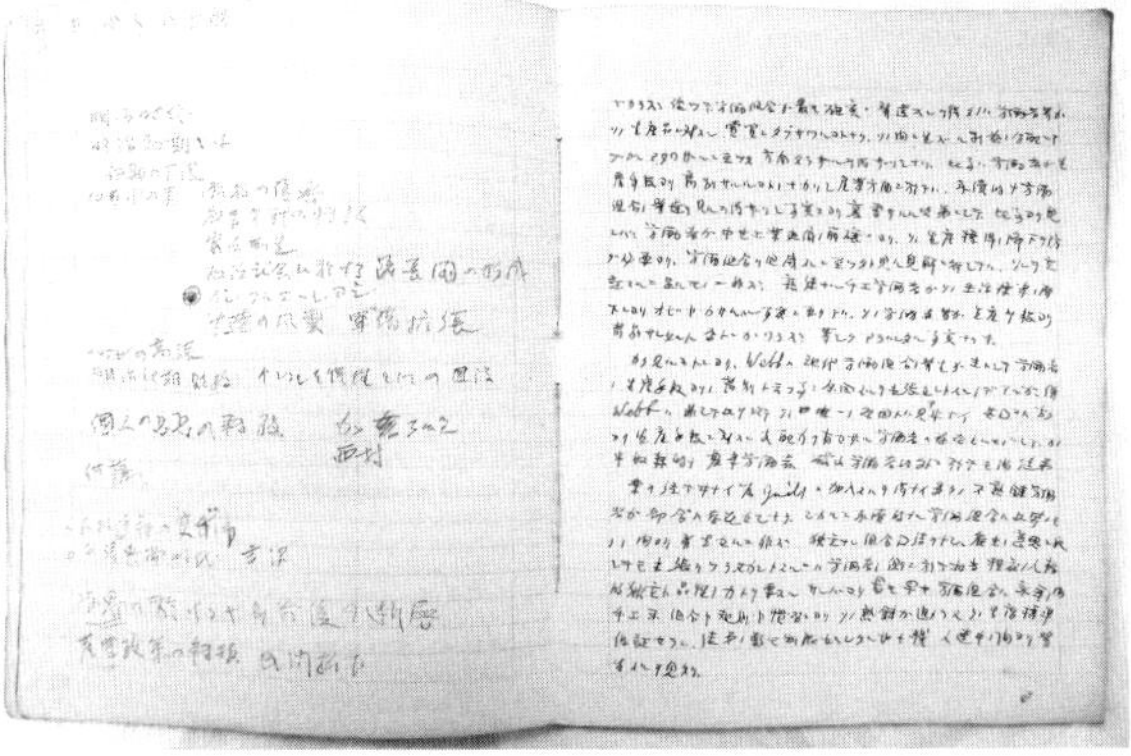

写真4　河田嗣郎「社会政策　特殊講義」受講ノート（学習院大学史料館所蔵）

　京都帝大を中退した大久保は、一九二六年に東京帝国大学文学部国史学科に入学する。近代史に関心はあったものの、近代史を学べる状況ではなかった。但し、一九二七年には中村勝麻呂の「幕末史」講義を受講している（『事始め』六六頁）。一九二五年および二七年に東京帝大の国史学科で初めて「幕末史」を講じた中村勝麻呂は、一九〇一年に東京帝大史学科を卒業し、史料編纂官として『幕末外国関係文書』編纂の業務を通じて幕末史研究を開拓した歴史家だった。一九二五年には維新史料の編纂業務に従事していた藤井甚太郎が京都帝国大学文学部で初めて明治維新史の講義を行っていた。藤井も東京帝大史学科での卒業論文は古代史だった。このように近代史は編纂業務にともなってオン・ザ・ジョブで研究者が育ちつつあったが、講座は未設置で、卒論で選択されることも稀だった。一九三六年に卒業した井上清の卒業論文「近代兵制に関する一研究——特に陸軍を中心として」を皮切りに近代史の卒論も出るようになるが、東京帝大の国史に日本近代史の専任教員が加わるのは一九五六年に下村冨士男が着任してからである。下村は近世史で卒論を書いて卒業したのち、外務省嘱託として『大日本外交文書』の編纂に従事し、近代外交史を専門とした。

在学中、大久保の師となったのは平泉澄だった。大久保は「戦時下には皇国史観に走ってしまいましたが、いまでもわたしは、平泉先生に対しては懐かしい想いをもっている」（『事始め』六五頁）と回想するが、戦中・戦後の平泉については沈黙を守っている。一九三九年に発表した論文「島津家編纂皇朝世鑑と明治初期の修史事業」は平泉の勧めで発表し、この論文執筆が史学史に関心をもつきっかけとなったと回顧している。立教「大久保文庫」の平泉著『中世に於ける精神生活』（登録番号88-80541）をみると足利学校に関する記述などに朱線が引かれていることが確認できるが、大久保の著作『日本の大学』には平泉への言及はない。

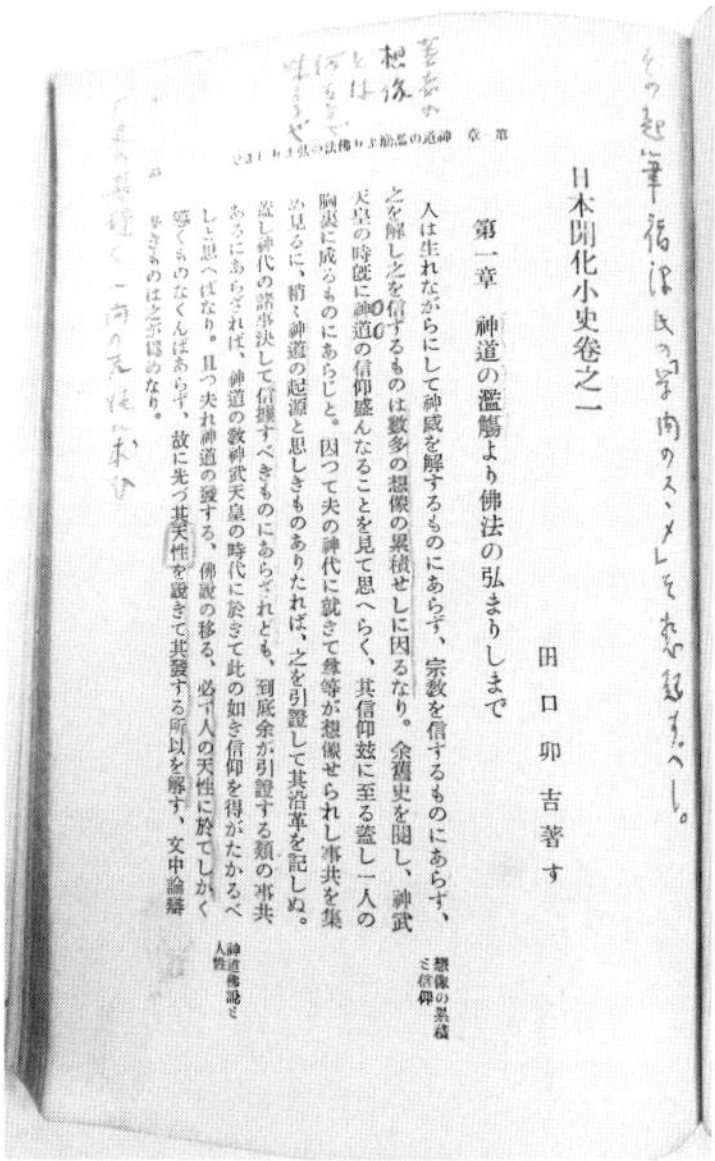
第一章　神道の濫觴より佛法の弘まりしまで
日本開化小史巻之一
田口卯吉著す
第一章　神道の濫觴より佛法の弘まりしまで
人は生れながらにして神威を解するものにあらず、宗教を信ずるものにあらず、之を解し之を信ずるものは數多の想像の累積せしに因るなり。余舊史を閲し、神武天皇の時既に神道の信仰盛んなることを見て思へらく、其信仰茲に至る蓋し一人の胸裏に成るものにあらじと。因つて夫の神代に就きて吾等が想像せられし事共を集め見るに、稍〻神道の起源と思しきものありたれば、之を引證して其沿革を記しぬ。蓋し神代の諸事決して信據すべきものにあらざれども、到底余が引證する類の事共あるにあらざれば、神道の教神武天皇の時代に於きて此の如き信仰を得がたかるべしと思へばなり。且つ夫れ神道の發する、佛説の移る、必ず人の天性に於てしかく導くものなくんばあらず、故に先づ其天性を說きて其發する所以を解す、文中論辯多きものは之が爲めなり。
想像の累積と信仰
神道佛說と人性

写真5　田口卯吉『日本開化小史』（学習院大学史料館所蔵）

学習院「大久保文庫」には、晩年の大久保の手元にあった書籍が多い。そこにはいつ読んだかという日付や、あるいは簡単な感想が書き込まれている。たとえば、赤丸に囲む「謙」字が記された田口卯吉『日本開化小史』（岩波文庫）には凡例の「田口家蔵の和装本には数箇所に原著者の手になると覚しき加筆訂正」という記述に赤線を引き、「現在は田口家になし」と黒鉛筆で注記がなされているほか、「その起筆福沢氏の「学問のスヽメ」を想起すべし。」や「昭和十四年十月十六日再読」「昭和二十一年一月十四日」「昭和五十二年田口鼎軒集」など多数の書き込みが全体にわたって書き込まれている（**写真5**）。

さらに、巻末に「一九八九年四月三日ひる頃長椅子の下で再読した」という書きこみのある『重野博士史学論文集　上巻』には、一九八六年みすず書房の便箋に書かれたメモが挟まっている（**写真6**）。（／は改行）

抹殺論／児島高徳その他／何時頃　何年頃／どのようにして成立したのかが／問題／その辺がこれまで全たく検討されていない／これからの課題／昨日史料編纂所／

「史料編纂始末」を調べて／感じられた／　四月十一日

大久保利謙編『久米邦武の研究』（吉川弘文館、一九九一年）に寄稿する予定であった大久保自身の論考に関わる草稿であったと考えられる（今井修氏のご教示による）。結局論文は完成しなかった。だが、マーガレット・メールの証言（本書所収論文）とあわせると、大久保が晩年、「史料編纂始末」を調査して、明治期史学史に関する自身の研究の刷新を試みていたことが分かる。若い時代から晩年に至るまでの大久保の学問形成の歩みについて、立教「大久保文庫」に加えて、学習院「大久保文庫」をあわせて分析することで、より具体的な様子がみえてくるのである。

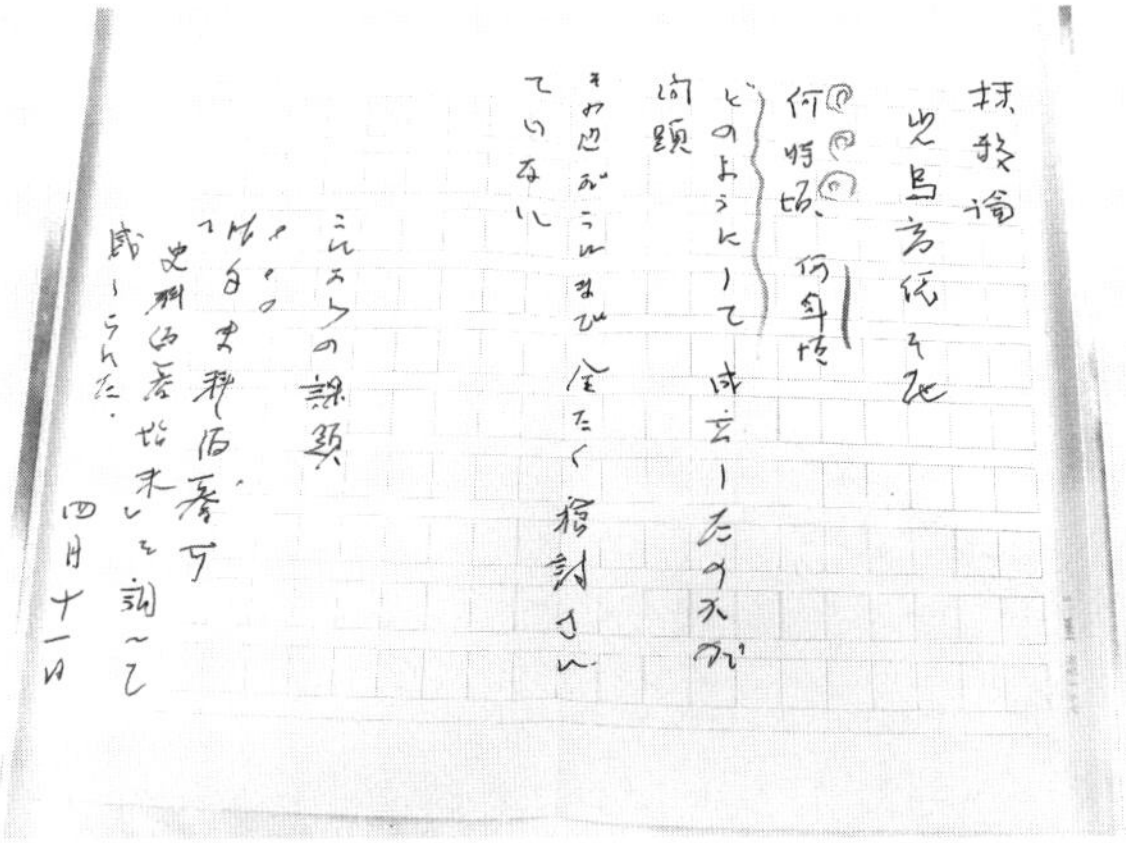

写真6　裏見返しに「一九八九年四月三日ひる頃　長椅子の下にて」とメモされた『重野博士史学論文集　上巻』に挟まれた大久保利謙メモ（学習院大学史料館所蔵）：紙は1986年みすず書房の便箋

三、「大久保文庫」にみる大久保利武の歴史研究

立教「大久保文庫」には、利謙のもとに伝わったと考えられる父大久保利武のコレクションがある。詳しくは『大久保利謙文庫目録』に詳細な目録があり、利謙自身が解題「大久保利武コレクションについての憶い出」を記している。立教大学に寄贈された蔵書群からは、学問形成という観点からは、立教の大久保文庫からは利謙以上に、父利武の姿や諸活動がみえてくる。利武については本書所収の松田好史論文に詳しく論じられている。[15] 利謙の自伝『日本近代史学事始め』にも利武に関して一章が割かれており、内務官僚として活躍した父親について利謙が大きな関心を寄せていたことがかいまみえるが、歴史家の姿は必ずしも知られてこなかった。以下、（1）留学生研究、（2）文化外交、（3）修史事業の三つの論点に注目してみていくことにしたい。

（1）留学生研究

「大久保文庫」には利武のアメリカ・ドイツ留学中の受講ノートや博士論文用の研究ノートがあるほか、当時のイェール大学ロースクールが発行した便覧（*Annual calendar and alumni record*）（登録番号87-80097）（**写真7**）などが含まれる。特にアメリカ留学中の受講ノート（**写真8**）は、一八八〇年代アメリカのロースクールの様子を知る教育史上の史料であり、利武がどのような教育を受けたかを知るだけでなく、同時期にイェール・ローで学んだ留学生たちの研究にも役立つものと思われる（但し、以下の数字は現在の公開分であり、立教大学図書館の未整理・非公開資料の分は含めていない）。

イェール大学（アメリカ）（一八八七〜八九年）[16]

ロースクール時代のノート十七点（教師五人）

スクラップブック一点

ハレ大学（ドイツ）（一八九〇年）　四点（教師二人）

ハイデルベルク大学（ドイツ）（一八九一〜九二年）　ノート五点（教師五人）

ベルリン大学（ドイツ）（一八九二年）　ノート四点（教師二人）

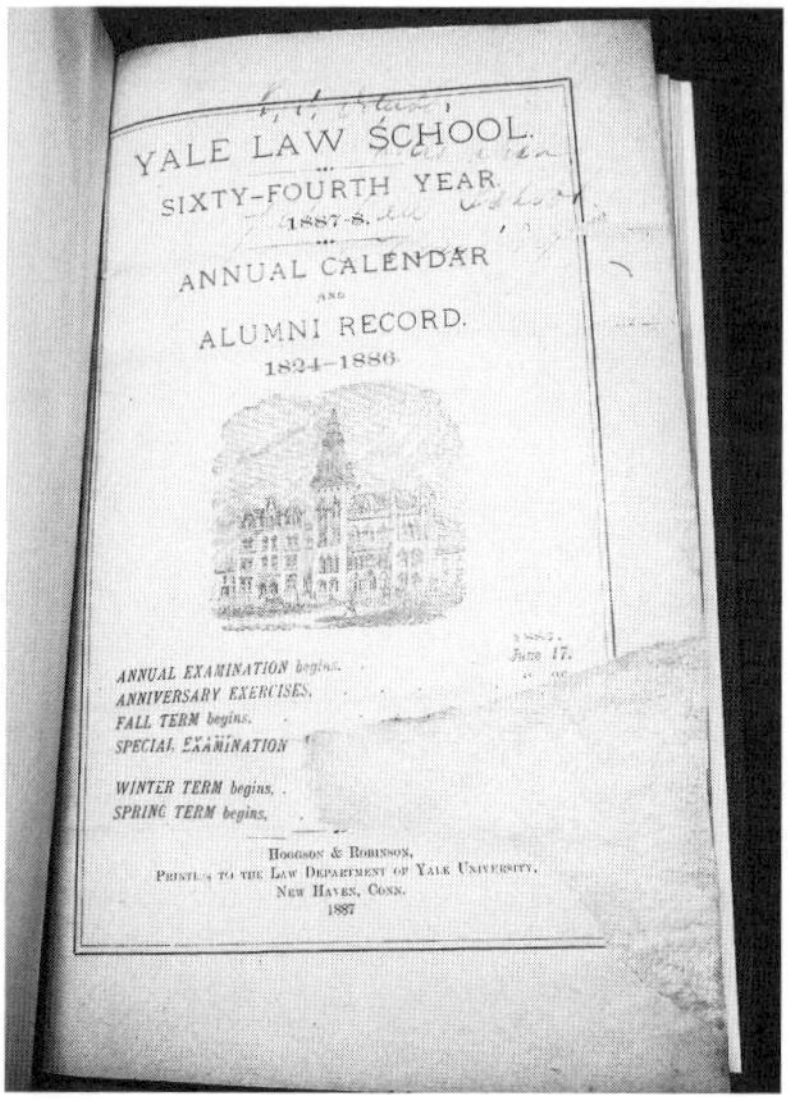

写真7　Annual calendar and alumni record 1887-88：右上に鉛筆にて「T. Okubo /Tokio Japan/Yale Law School/Class '89」という書き込みがみえる（立教大学図書館所蔵）

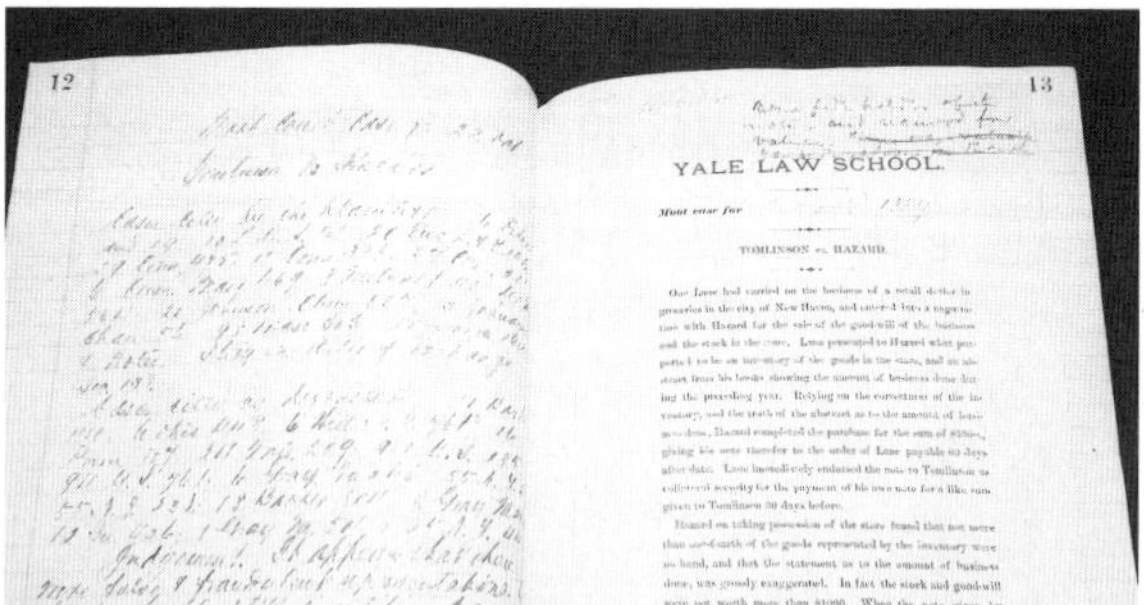

写真8　「Moot court case / Yale Law School」として製本された大久保利武ノート　ロースクールにおけるMoot court（模擬裁判）のノート　写真の頁には鉛筆で1889年10月22日の書込（立教大学図書館所蔵）（登録番号42075989）

このうちイェール時代のノート十七点のうち、「International Law / Woolsey」(登録番号89-73528)はKojiro Matsugataという署名があることから、同じ時期に留学していた松方幸次郎(松方正義の子)のノートであると判明する。当時アメリカ留学が流行っており、利武の兄二人もアメリカに留学しており、イェールには松方幸次郎など政治家の子弟がいた。だが、利武は留学中、ドイツへの転学を志すようになる。米国公使陸奥宗光にスタイン(Stein)への紹介状を書いてもらっている。(17)法律から行政学に関心を移していた。ドイツ滞在中の受講ノートは地方行政に関するものが多い。利謙は「父は学者になりたかったのだと思います」(18)と回想する一方で、「学究になりたかったわけではないようです」とも記している。(19)

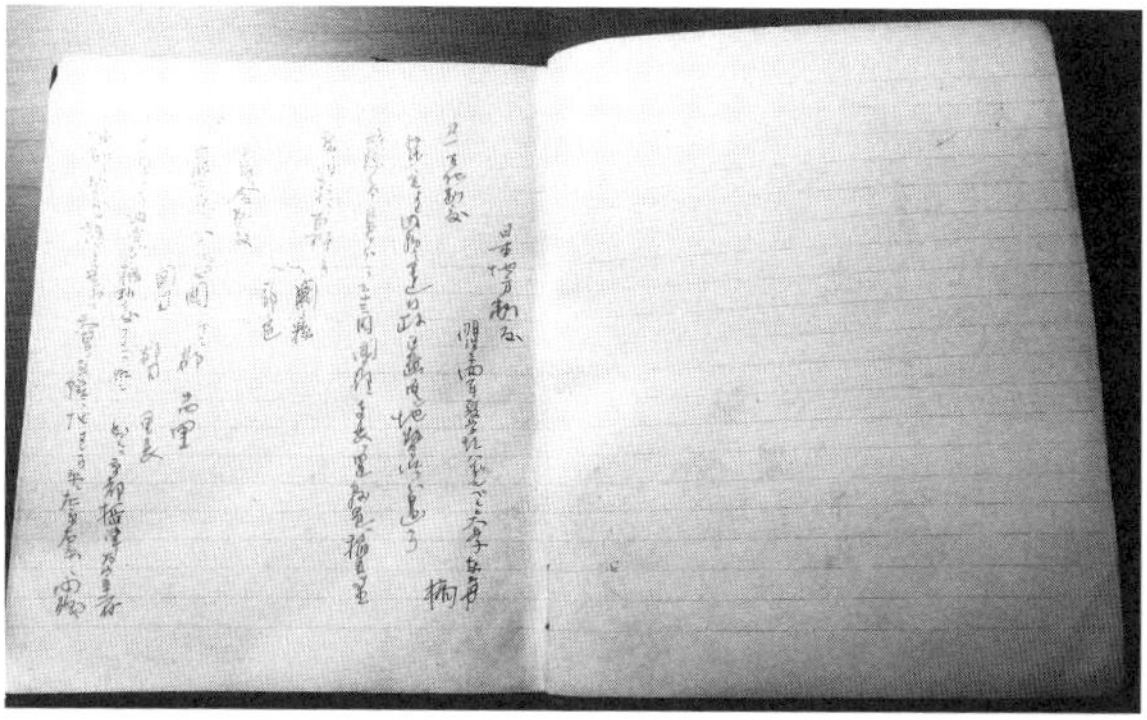

写真9　大久保利武ノート「日本地方制度　明治二十四年夏学期ハイデルベルク大学在学中稿」(立教大学図書館所蔵)

ドイツ留学時代の受講ノートには、国家学(Staatslehre)、国法学(Staatsrechtslehre)、行政学(Verwaltungsrecht)などがならぶ。さらに日本史に関して研究ノートを作っていた。

「Reserch note on Japanese administration」(登録番号89-73547)は日本語で書かれている(写真9)。「日本地方制度　明治二十四年夏学期ハイデルベルク大学在学中稿」(一八九一年)と題され「第一　古代制度」以下「第七　明治ノ制度」まで行政史に関するノートがとられており、明治以降の部分が詳しい。ノートの裏側からは「代議政体」に関するノートがある。「Research note on history of Japanese administration」(登録番号89-73509)は、英文で日本制度史についてまとめている(『大久保利謙文庫目録』には一八九二年十月)。利武は一八九四年にドイツのハレ(Halle)大学に提出した博士論文「政治的・経済的関係からみた日本の領域制度及び自治発達史」(*Die Entwicklungsgeschichte der Territorialverfassung und der Selbstverwaltung Japans in politischer und insbesondere wirtschaftlicher Beziehung*)を提出したが、これらのノートは博士論文の準備過程を探る材料となる。「大久保文庫」には利武の手元に置かれた博士論文の副本もある（登録番号89-73257）。目次は以下の通り。

序文

第一期、古代（西暦六四四年までの先史）

第二期、帝政期（西暦六四五年から一一八六年まで）

第三期、中世（一一八六年から一六〇〇年まで）

1、鎌倉政権（Regime）（一一八六年から一三三三年まで）

2、足利政権と秀吉政権（一三三三年から一六〇〇年まで）

第四期、徳川政権（一六〇〇年から一八六八年まで）

日本における近代ヨーロッパ自治の導入

利武は兄牧野伸顕宛の書簡のなかで「教師之勧」もあったと明かしている（本書所収松田好史論文参照）。日本からの留学生に対して、留学先の大学教授が日本を素材にして論文を書くことを勧めるというのは利武に限った話ではなく、日本人留学生の一般的なパターンであった。欧米での先行研究が厚く、語学の壁のある欧州をフィールドにした研究ではなく、留学で学んだ近代学問の方法論を用いて、日本語が母国語であるというメリットを活かして、祖国日本をフィールドにした日本人留学生の博士論文が多く書かれていた。たとえば、日本の経済学のパイオニアとされる福田徳三（一八七四～一九三〇）が一九〇〇年ミュンヘン大学に提出した学位請求論文『日本における経済活動の発展』[20]は、日本経済史に関する概説であったが、先行研究として大久保利武の博士論文が引用されている。福田の博論は同年出版され、日本経済史の先駆的業績となるとともに、欧米の学界で広く参照され、オットー・ヒンツェの比較封建制論（『封建制の本質と拡大』一九二九年）における日本論の典拠となった。[21]アメリカでは、イェール大学で学んだ朝河貫一（一八七三～一九四八）は日本封建制を研究テーマに選び、一九〇二年に「大化改新」を主題とする博士論文を書いている。[22]日本に帰国した福田とは異なり、朝河はアメリカにとどまり、第二次世界大戦前における英語圏の日本史研究のパイオニアとなる。「大久保文庫」にある朝河の主著『入来文書』（一九二九年）（*The Documents of Iriki, Illustrative of the Development of the Feudal Institutions of Japan*）（登録番号7418400）には、「謹呈　大久保利武殿　朝河貫一」という朝河自筆の献辞がある。

明治期における日本人留学生たちの博士論文は、海外における学術的な日本研究の出発点の一つとなった。外交官として来日した欧米人たちを中心とする所謂ジャパノロジストによる日本旅行記や日本文学・神話の紹介などは明治期にすでに多かったが、大学にはまだ日本研究の講座がないこともあり、社会科学的な観点での日本に関する学術的な文献は当時の西欧言語では少なかった。日本語のできない欧米人の教員側にとっても、留学生が近代学問の概念・枠組みを用いて、西欧の言語によって日本に関する学術的な情報を提供してくれることには、大きなメリットがあったと思われる。

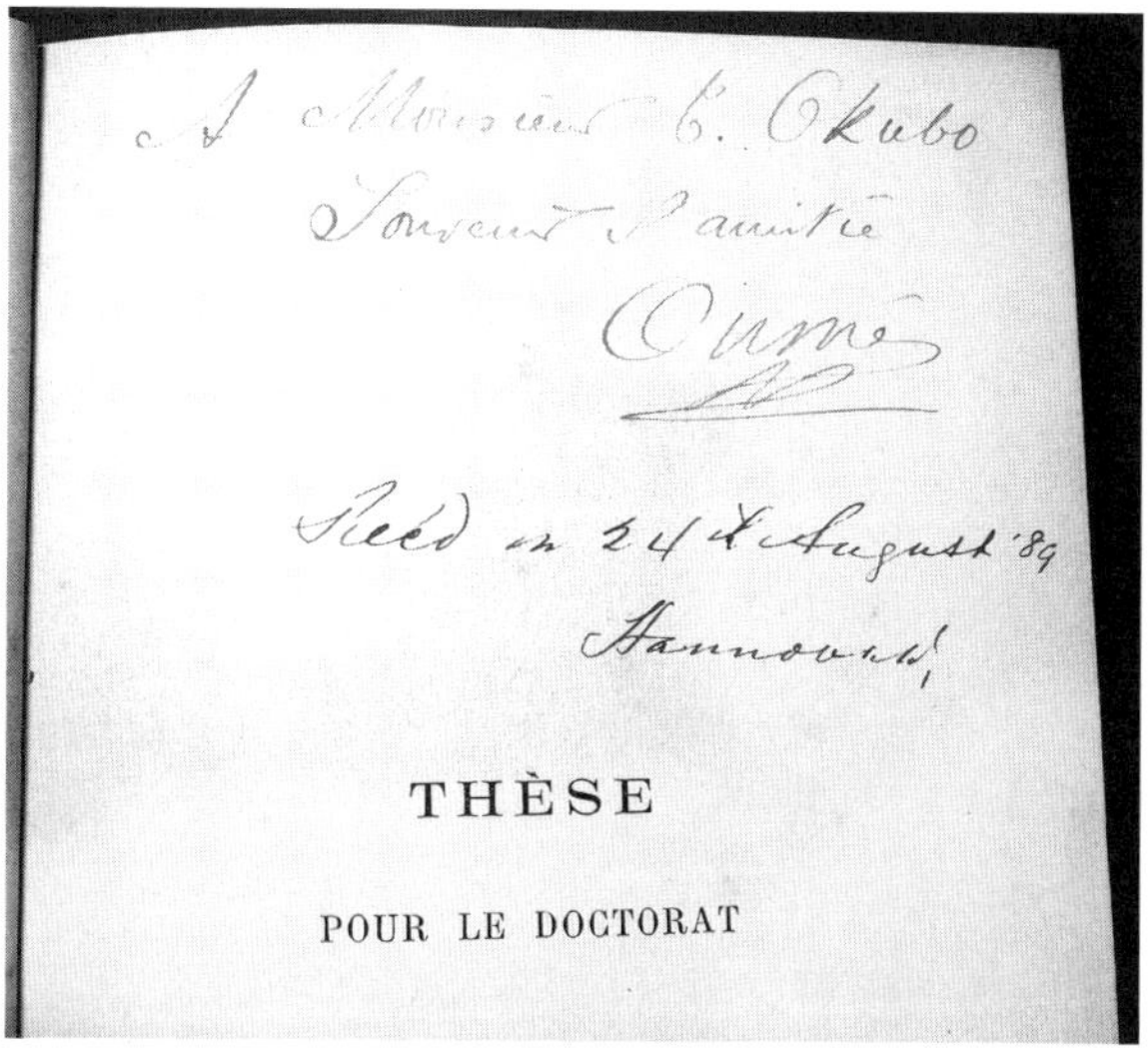

写真10　梅謙次郎博士論文『和解論』（立教大学図書館所蔵）

利武と同時代にフランスに留学していた梅謙次郎（一八六〇～一九一〇）は一八八九年にリヨン大学に博論『和解論』（フランス法における和解：イタリア民法典および日本民法草案と比較して）を提出している。(23)「大久保文庫」の製本済博士論文『和解論』は、とびらに梅の自筆で「A Monsieur T. Okubo / Souvenir l'amitié / Oumé / K」（/は改行）と記され、その下に利武の自筆と思われる加筆「Rec'd on 24th August '89 / Hannover!」（一八八九年八月二十四日に受取った（received））。ハノーヴァーにて）があることからわかるように、梅から利武に謹呈されたものである（登録番号87-74208）（**写真10**）。利武は一八八九年夏にドイツにわたり、梅もまた博論提出後はベルリン大学に留学しているので、ドイツ（ハノーヴァー）で知りあったという蓋然性はある。利謙は「親父とはパリとドイツで友人だったらしいです」と回想しているが、(24) この書物（の書き込み）自体が留学先での留学生同士の交流を示す貴重な史料である。

（2）日米文化交流

利武は帰国後も留学生ネットワークと関わっていた。利武は日本エール協会（イェール大学の日本人同窓会）の第二代会長で、日本とイェール大学の交流に尽力した。イェール大学の朝河貫一の呼びかけに応じて、日本人卒業生によって日本の古典籍・文化財コレクションを寄贈するために、日本エール協会で寄付を募ったところ、四十九名の有志者によって金二万一三〇〇円余が集まり、利武が「兼ねて高誼を得ていた」黒板勝美（東京帝国大学教授、国史学）に委嘱し、蒐集の方針と品物の選択を委ねたという。[25]一九三四年にイェール大学に寄贈された日本の古典籍・文化財コレクション、いわゆるYAJ（Yale Association of Japan）コレクションは調度品・写経・版経・古文書・影像・墨蹟・和歌連歌・絵巻類・写本・版本・中国及朝鮮版本などから成り立っており、その目録全四冊（登録番号89-73362）[26]は、黒板の指示のもとで三成重敬（東京帝国大学史料編纂官補）[27]が作成し、秋元俊吉（ジャーナリスト、『英語の日本』主幹）が英文作成に協力し、利武がカタログに序文を寄せている。

イェール大学では当初、オリエント博物館の構想が生まれていた。その構想は立ち消えたが、イェール大学のエンジェル総長の取り計らいで新設のスターリング記念図書館に一室を用意されることになり、日本文化に関わるコレクションが形成され、日本史や日本文化・東洋文化を学ぶアメリカ人学生の教育研究に資されることになった。

利武はHerbert Brucker, Charles Seymour著「米国エール大学の二大新施設」を翻訳するなど（『啓明會紀要』一九号、一九三六年）（94-74789）、日本とイェールの交流に尽力していた。

一九三四年にＹＡＪコレクションをイェールに送る前、一九三二年一一月に華族会館において重要品一二四点を陳列した。その際に撮影した重要品八十点の写真帳として『日本文化図録』を刊行している（登録番号94-73888）。黒板勝美に題簽を書いてもらい、一九三五年四月付の大久保利武の序がある（刊行は六月）。利武の執筆した序文によれば、日本側には「国民相互の理解親善」「国交上に裨益」という平和文化外交の意図があった。利武は一九三五年には赤十字会議に出席して、「欧米各国で日本研究が盛んになって来た」という認識を示していたが[28]、利武のような留学経験者・華族が文化外交上果たした役割も注目されるところである。「大久保文庫」に残された書物からその一端がみえてくるのである。

（3）修史事業とのかかわり

利謙の回想によれば、利武は「開明官僚の典型」だったが、内務省を退いた後は「表向きにはいわゆる社会事業ばかりしていた」という（本書所収の松田好史論文は、牧野伸顕のブレーンとしての一面を明らかにする）。「薩摩ということをそんなに意識していなかった」という利謙の語る利武像とはうらはらに、父利通への思いと薩摩の歴史への関心は強かった。以下、松田好史の研究に学びながら[29]、長兄利和・次兄牧野伸顕とともに大久保利武による修史事業の様相をみていきたい。立教大学図書館の「大久保利謙文庫」には、大久保利武が様々な媒体に発表した論説・論文の抜刷が入っており、利武の活動の幅を知ることができる。福祉や教育など社会政策の専門家として様々な専門論文を発表していた（詳しくは『目録』を参照）。

利謙の証言によれば、父利武や伯父牧野伸顕にとって、まだ幼少の頃（一八七八年）亡くなった祖父利通は「信仰」の対象であり、二人が利通の書翰を蒐集したのは「もっとも尊敬できる存在だっただけでなく、実際にはほとんど接する機会がなかったことも関係しているんでしょう。」という（『事始め』二八頁）。その書簡蒐集の成果が『大久保利通日記』（一九二七年）・『大久保利通文書』（一九二七〜一九二九年）（ともに日本史籍協會）になった。

また、松原致遠編『大久保利通』（新潮社、一九一二年）（整理番号89-74538）は、利通の没後三十二年の時点で、『報知新聞』記者松原致遠が、生前の大久保利通と親しく交遊をもった人物や大久保に仕えた下僚、それに利通の実妹、子息などに直接面会して聴きとり、大久保についての思い出やエピソード、印象などを語った談話を集めたものである[30]。その「凡例」によれば、利武が「親しく校閲の労を取り、煩瑣なる事実の末までも調査して訂正せられたる好意謝するに辞なきものあり」とされ、牧野伸顕も協力していたという。利武は家族への聞き取りなどにも協力していた。佐々木克は、新聞連載の企画自体に利武が関わっていた可能性を指摘している[31]。

それではこうした利武の活動は、父利通への懐旧の念に基づくだけのものなのであろうか。国立国会図書館憲政資料室所蔵「大久保利謙文書」に含まれる大久保利武編「先考年譜」（整理番号179）の序文（大正十二年（一九二三）八月）には次のようにみえる。すなわち「従来大久保家、牧野家、及利武地方在職中より先考の書翰類蒐集又は謄写したる数は已に千三百六十餘に及ふ」「成るへく多数の資料を集め、片翰零墨と雖とも之を保存し、以て益先考奉公の史実を明にするは、啻に一家の私事に止まらず、亦以て国史を裨益する少なからさるへし」と。父祖の「奉公」の歴史を明らかにすることで、「一家の私事」から「国史」につながっていくという歴史観が見出される。これは当時、広がりをみせていた南朝忠臣顕彰運動につながる論理である。利武が大阪府知事時代、史談会とともに南朝忠臣顕彰活動に関わっていた[32]。郷土史と皇国史観は南朝忠臣顕彰活動などを媒介にして深く結びついており、黒板勝美との接点もこの辺りにあったのかも知れない。

慶應元年薩摩藩からベルギー人モンブランに送った文書の史

料紹介を執筆するなど、自らも鹿児島をめぐる歴史研究に関わっていた。[33]

このような利武にとっての「歴史」の意味について、憲政資料室所蔵「大久保利謙文書」のなかにある鹿児島県の尚古集成館設立時の講演原稿が参考になる。[34]「尚古集成館ニ對スル所感　大久保利武」（大正十二年六月）（整理番号68-2）をみていこう。

まず利武は「薩摩ハ歴史上特殊ノ発達」という認識を示し。薩摩は「非常ニ豊富ナ歴史ノ材料」をもつ。妙円寺詣りなど「歴史教育」が盛んである（利武はボーイスカウトは「我が薩藩郷中制度を多分に取り入れたと聞いて居る」[35]という認識をもっていた）。「一国ノ歴史ハ其ノ始マリハ郷土史デアラネバナラヌ是レカラノ世ノ中ハ世界的ニ進ンデ行クノデアルガ而カモ何人デモ第一ニ市町村ノ地方民デアル先ヅ郷土ノ歴史ヲ知ル必要ガアル」のであり、そのための機関として尚古館を活用する必要を説く。

利武は天孫神話から皇室のはじめを説き、「勤王」「皇室中心主義ヲ発揮スルコトヲ使命トスル日本国民」だから「歴史ノ研究ハ常識ノ修養ニナルノデアル」として歴史の有用性を論じる。「欧米諸国デハ社会教育ガ盛ニ行ハレ国立ヤ市立ノ博物館等ハ陳列ノミデハ効ガナイト云フノデ常任ノ指導講師ヲ置キ一ヶ月何回トカ陳列品ニ就キ館内ニ於テ講演ヲ催シ」ているが、日本では博物館はそのようになっていない。わが国でも「社会教育ノ為メニ学芸官ト云フ官職ヲ設ケル」という噂が事実ならば結構であるが、集成館でも「唯説明書ヲ見タバカリデハ徹底ヲ欠ク」ことに注意を促す。博物館が公益の場となってこそ、人びとから信頼を寄せられ、史料の寄贈も受けられるのではないか、と利武はアーカイブズの問題にも視野を広げている。「従来我ガ薩摩ニ於テハ書画記録文書ノ如キ史料ヲ大切ニスルト云フ観念ガ薄イヤウデアル」が、一昨年山口県にいって史料をみたときに「取扱イノ観念」の違いを感じたという。「一片ノ書簡或ハ一枚ノ日記ノ如キモノデモ先人ノ貴キ精神ガ籠リマタコレニ依リテ其ノ偉大ナル人格ヲ知ルコトガ出来ルノデアル」一見反古紙のようなつまらないものでも「有力ナ考証トナルモノガアルカラ」家伝の紙も大事にせよとし、先年、襖の中張りに書簡が発見された話を進める。「祖先ノ遺風ヲ尊重シマタ祖先ニ対スル子孫ノ義務ト云ツテモ好カラウ」。各地方の郷土史の研究者は尚古館と連絡をとり、尚古館の側でも「篤学者ノ研究」の「印刷」を行うなどして、協力すべきであるとして、尚古館は単なる「史料ヤ遺品ノ保存機関タルニ止マラズ進ンデ時勢ニ相応シタル有力ナル教化機関タルコトヲ期シタイノデアル」と結ぶ。

以上の講演に利武のもつ「歴史」への眼差しがかいまみえる。家の歴史のみならず、アーカイブズ、史料保存への関心をもっており、社会教育の一環であった。利武は「全体薩隅日三州の歴史は、我国建国の歴史である。我国史と最も密接最も重要の関係を有する。而して我薩藩程古い且長く続いた歴史は他には類がない。」[36]と考えており、「近来郷土史の研究が盛んになって、各学校共熱心にやつてゐる。」[37]ことを望ましく考えていた。

日本近代の史学史といえば、明治期の文明史や官学アカデミズムなど中央の歴史叙述の新動向が注目されがちである。だが、そうした中央の影響を受けつつも、家・地域の修史が行われており、職業的なアカデミズムの歴史家ではない人物による歴史研究が史料・史跡の保存・顕彰において重要な役割を果たした。[38]国家によるアーカイブズや資料保存が必ずしも十分に進まなかった近代日本において、家・地域における修史の実践が果たした役割は大きい。利武はアカデミズムの歴史家ではなかったが、こうした家・地域の歴史における歴史家であった。

おわりに

以上、蔵書からみる史学史という視点で、簡単な紹介を試みた。本来は書物の書き込みなどの悉皆調査を行い、その分析結果を示すべきであったが、今後の課題としたい。[39]図書館史・文学研究・思想史研究において蔵書を「史料」として用いる試みは始まっている。[40]史学史においても、歴史家個人の蔵書から歴史家の思想のみならず、歴史研究のインフラやその社会環境を総体的に把握する方法論の構築を目指したい。[41]

現在の日本の図書館では、寄贈された図書への鉛筆での書き込みを消したり、挟み込まれたメモを廃棄する方針をとることが多く、また、スペースの問題などから蔵書コレクションの引き受け自体を拒まれることも一般的にみられる事態となっている。国立国会図書館の近代デジタルライブラリーや電子書籍の発展もあって、一冊デジタルデータが共有されていれば、各地に散在する書物というモノ自体は不要ではないかという考え方も広がりつつある（図書館における重複本の除籍も行われている）。しかしながら、学習院大学史料館「大久保文庫」では、大久保利謙の旧蔵書に挟み込まれたメモの類も含めて、寄贈前の状態が維持されて保管されており、そのおかげで本稿で紹介したような有益な情報が残されていることは重要である。蔵書への書き込みや挟み込まれたメモの類も含めて、一冊一冊のかけがえのない「書物」というモノ自体のもつ情報を多角的に明らかにしていくことこそが、「書物」というモノを残していくことの社会的なコンセンサスをつくっていくためには必要だろう。「歴史家の蔵書からみた史学史」の可能性と課題を確認しつつ、擱筆することにしたい。

注

(1) 生前の大久保の蔵書は、本稿で後述する学習院大学史料館所蔵「大久保文庫」に伝わるものに加えて、友人知人に「形見分け」されたものも多く（今井修氏の教示による）、全体像は不明である。そのため「蔵書の一部」という留保をつけた。

(2) 立教大学図書館サイト http://library.rikkyo.ac.jp/archives/collection/individual/index.html（最終閲覧日二〇一八年五月六日）参照。立教大学図書館サイトの「OPAC蔵書検索」の画面から「Advanced Search」をクリックし、その画面から「配置場所」をクリックして「大久保文庫」を選択し、検索ワードを空欄にした状態で検索すると、「大久保文庫」蔵書の一覧がweb上でも閲覧できる。なお、本章の内容は拙稿「立教大学図書館所蔵大久保利謙文庫とその内覧会――歴史家の蔵書からみる史学史」（『立教大学日本学研究所年報』一七号、二〇一八年）と重複する部分がある。

(3) 林英夫「「大久保利通関係文書」と「大久保利謙文庫」――追悼の言葉に託して」（『史苑』五七巻一号、一九九六年）一一一頁。

(4) 大久保利謙「『大久保利謙文庫目録』刊行によせて」（『大久保利謙文庫目録』一九九〇年）。

(5) なお、大久保文庫には未整理部分があることが二〇一七年の調査で明らかになった。二〇一九年七月現在、立教大学図書館において整理中であり、近いうちの公開と本格的な調査が望まれる。

(6) John Lubbock ; nach der 3. verm. Aufl. aus dem Englischen von A. Passow, *Die Entstehung der Civilisation und der Urzustand des Menschengeschlechtes : erläutert durch das innere und äussere Leben der Wilden*, Jena : Hermann Costenoble, 1875.

(7) 大久保利謙「加藤弘之博士の手沢本」（『大久保利謙歴史著作集　第六巻』吉川弘文館、一九八八年）。なお、同書の加藤弘之の書き込みについては、宮永孝「学者の転向：加藤弘之のばあい」（『社会志林』六四巻二号、二〇一七年）一一三―一一四頁に翻刻がある。

(8) 『史苑』六二巻二号、二〇〇二年。

(9) 概要については憲政資料室のウェブサイトで公開されている。（https://rnavi.ndl.go.jp/kensei/entry/ookubotoshiaki.php）同サイトによれば内容は「(1) 大久保利武関係資料（往来書簡、内務省関係書類等）、(2) 森有礼関係資料（『森有礼全集』編纂に使われた資料）、(3) 牧野伸顕関係資料（交信類・覚書）、(4) 大久保利和宛書簡等、(5) 日本史籍協会発行『大久保利通文書』『大久保利通日記』の編纂時に収集され、立教大学日本史研究室『大久保利通関係文書』の編纂にも利用された、幕末・明治初期の書簡・伝記資料等の写本類、(6) 勝田孫弥『大久保利通傳』編纂時に収集された、幕末・明治初期の書簡・伝記資料等の写本類、(7) 大久保家旧蔵書簡（断簡）」。

(10) 朝河貫一書簡編集委員会編『朝河貫一書簡集』（早稲田大学出版部、一九九〇年）。但し、一八一号書簡は『書簡集』には「早稲田大学社会科学研究所所蔵」と記載されているが、現在は憲政資料室「大久保利謙旧蔵文書」にある。

(11) 大久保利謙「床次竹二郎書翰　明治二十一年一月一日発信──アメリカ留学中の友人に帝国大学法科大学内外の情況を伝えたもの」(『東京大学史紀要』一一号、一九九三年)。
(12) 佐藤能丸・今井修「大久保先生の日本近代史研究とコレクションの意義」(『大久保利謙文庫目録　第2集』)。
(13) 『ミュージアム・レター(学習院大学史料館)』一八号(二〇一二年)の解題参照(https://www.gakushuin.ac.jp/univ/ua/publication/pdf/ml_18_02.pdf) なお、学習院大学史料館での調査にあたって同館の冨田ゆり氏には大変お世話になった。
(14) 河田が岡本一郎との共著で執筆した『日本ノ経済ト仏教：史的研究 完』(京都法学会、一九一二年)は、大久保の指導教官であった平泉澄『日本中世に於ける社寺と社会との関係』(一九二六年)で批判的に取り上げられている。
(15) 大久保洋子「大久保利武」(伊藤隆・季武嘉也編『近現代日本人物史料情報辞典』吉川弘文館、二〇〇四年)。
(16) イェール大学への日本人留学生たちがつくった「エール日本人会」名簿によれば八八~八九年在籍だが、実際には八七~八九年在籍である。この史料の所在は、Box60, Series III, Asakawa Papers (MS 40), Manuscripts and Archives, Yale University Library. なお、拙稿「イェール大学図書館所蔵朝河貫一文書(朝河ペーパーズ)の基礎的研究」(『東京大学日本史学研究室紀要』一三号、二〇〇九年、『朝河貫一資料』二〇一五年に再録)参照。
(17) 大久保利謙「陸奥宗光と留学生」(『日本歴史』四六〇号、一九八八年)。
(18) 前掲注8「大久保利謙先生をかこんで」一二九頁。
(19) 大久保利謙『日本近代史学事始め』(岩波新書、一九九六年)二〇頁。
(20) *Die Entwickelung der Wirtschaftseinheit in Japan* 同年 *Die gesellschaftliche und wirtschaftliche Entwickelung in Japan*(日本における社会的・経済的発展)という書名でシュトゥットガルトのコッタ(Cotta)社から出版された【登録番号89-73108】。
(21) 阿部謹也訳『封建制の本質と拡大』(未来社、一九六六年)「解題」(阿部謹也執筆)参照。
(22) 翌年K. Asakawa, *The early institutional life of Japan : a study in the reform of 645 A.D.*, Waseda University, 1903. として刊行された。
(23) Oumé Kendjiro, *De la transaction en droit français comparé avec le Code civil italien et le projet de Code civil japonais*, Paris, 1889.
(24) 前掲注8「大久保利謙先生をかこんで」一二一頁。
(25) 詳しい経緯は大久保利謙「エール大学寄贈日本文化資料の蒐集」(黒板博士記念会編『古文化の保存と研究』黒板博士記念会、一九五三年)および阿部善雄『最後の「日本人」:朝河貫一の生涯』(岩波現代文庫、二〇〇四年、初発表一九八三年)。黒板に関しては『立教大学日本学研究所年報』(一四・一五号、二〇一六年)に特集「史学史上の黒板勝美:日米における新たな研究動向」。
(26) *Catalogue of books, manuscripts and other articles of literary, artistic and historical interest, illustrative of the culture and civilization of old Japan.*
(27) 日本歴史学会編『日本史研究者辞典』(吉川弘文館、一九九九年)三一六頁などでは触れられていないが、小泉八雲の遠縁で、八雲に協力するほか、八雲の没後はその妻小泉節子の「思い出の記」出版に尽力するなどの一面をもった(『20世紀日本人名事典』日外アソシエーツ、二〇〇四年)。
(28) 大久保利武「赤十字会議の収護:世界的人道の選士に面接して」(『国際知識』一五巻三号、一九三五年)七七頁。

(29) 本論集所収松田論文の他、松田好史「「歴史家」大久保利武」(大久保利恭監修、森重和雄・倉持基・松田好史編『大久保家秘蔵写真　大久保利通とその一族』国書刊行会、二〇一三年)。
(30) 『報知新聞』に一九一〇年十月一日~翌年一月一一日、三月二十六日~四月十七日に掲載され、その記事を底本にして一九一二年に新潮社から発行された。二〇〇四年には佐々木克(立教大における大久保利謙の指導学生で、京都大学名誉教授)の監修で、『報知新聞』掲載記事を漏れなく収録したバージョンが講談社学術文庫から出版されたが、「凡例」が削除されている。なお、佐々木については本書小澤実論文参照。
(31) 佐々木克「解説」(同監修『大久保利通』講談社学術文庫、二〇〇四年)三〇〇頁。
(32) 森田俊雄「大阪府の史蹟調査と府立図書館の皇室関係大阪府郷土資料展示(後編)~大阪府知事大久保利武の事蹟と大阪府立図書館の展示史~」(『大阪城南女子短期大学研究紀要』四五号、二〇一一年)、小林あづみ「高山寺明恵上人七百年遠忌点描:大久保利武・内藤虎次郎(湖南)・堂本印象」(『名古屋文理大学紀要』一七号、二〇一七年)。
(33) 大久保利武「「モンブラン」と薩藩公文書」(『三州』第一〇年第三号、一九二九年)
(34) 寺尾美保「尚古集成館の誕生」(『失われた琉球船復元』尚古集成館、二〇〇五年)。なお、社会教育機関としての博物館への関心は、大久保利武「欧米の博物館を観て」(『博物館研究』二巻二号、一九二九年)にもみえる。
(35) 大久保利武「薩藩史の特色 2」(『三州』第一五年第一〇号、一九三四年)四五頁。
(36) 大久保利武「薩藩史の特色 2」(『三州』第一五年第一〇号、一九三四年)四八頁。
(37) 大久保利武「鹿児島に帰りて——教育に対する感想」(『三州』第一三年第一一号、一九三二年)一〇頁。
(38) 拙稿「朝河貫一と入来文書の邂逅——大正期の地域と歴史をめぐる環境」(河西英通・浪川健治編『グローバル化のなかの日本史像——「長期の19世紀」を生きた地域』岩田書院、二〇一三年)および拙稿「明治期の史料採訪と古文書学の成立」(松沢裕作編『近代日本のヒストリオグラフィー』山川出版社、二〇一五年)参照。
(39) 二〇一八年九月十九日・二十五日に今井修氏とともに学習院史料館で悉皆調査を行ったが、その成果をまとめるに至らなかった。今後の課題としたい。
(40) 図書館については和田敦彦の一連の研究、東京女子大学丸山眞男文庫における手稿類や書き込みのある図書の公開などが注目される。
(41) かつて拙稿「朝河貫一と比較封建制論　序説:個人資料に基づく史学史研究の試み」(『歴史評論』七三二号、二〇一一年)では、「学者の個人資料を利用する方法論」を鍛えていくことで、「資料の保管・整理・公開の意義」を社会に向けてアピールする必要性を論じた。その後、二〇一〇年代には史学史料の活用に向けて、さらに新たな動きが各地・各所で始まった。

国立国会図書館憲政資料室と大久保利謙の構想

葦名ふみ

あしな・ふみ――国立国会図書館司書。専門は日本近代史。主な論文に「明治期の河川政策と技術問題――「低水工事から高水工事へ」図式をめぐって」（『史学雑誌』一一五（一一）、二〇〇六年十一月）、「明治国家は何を撮ったか――「公文附属の図」と「開拓写真」をめぐって」（『日本写真芸術学会誌』二一（二）、二〇一二年）、「「国会会議録」前史――帝国議会 議事録・委員会会議録・速記録・決議録の成立と展開」（『レファレンス』六三（一一）、二〇一三年十一月）などがある。

大久保利謙の後半生は、憲政資料室とともにあった。大久保は、貴族院五十年史編纂に携わった奇縁から、国立国会図書館憲政資料室の憲政資料収集の礎を築いた。その過程は、確固たる構想が先にあったというよりも、時代の変化の中で、様々な助力を受けながら、結実していったものである。

はじめに

大久保利謙先生と国立国会図書館憲政資料室（以下憲政資料室）との関わりについて記すことが、筆者に課せられたテーマである（以下歴史的人物として取り扱う場合、敬称略）。

まず大久保利謙（一九〇〇年一月二十五日～一九九五年十二月三十一日）の履歴を確認しておきたい。大久保は昭和三年（一九二八）三月東京帝国大学文学部卒業後、東京帝国大学五十年史編纂嘱託を経て昭和十三年（一九三八）に帝国学士院（嘱託）となった。父・利武の死去に伴い、襲爵（侯爵）、昭和十八年（一九四三）九月から昭和二十二年（一九四七）五月まで貴族院議員を務めた。

国立国会図書館における正式な勤務は昭和二十四年（一九四九）九月一日に遡る。大久保はこの日「憲政資料編纂事務（委嘱）」の辞令を受け、翌年七月、五十歳のとき、国会分館図書課憲政資料係長に任命された。「憲政資料室に勤めはじめて給料をもらえるようになったときは、家で祝杯をあげました。それは良く覚えています。何しろ、はじめて定職を得たわけですからね」[1]と後年に語っている。

その後、大久保の国立国会図書館への勤務は実に九十歳までの四十年以上の長きに及んだ。昭和二十八年（一九五三）に名古屋大学教授としての赴任に際し、同館においては非常勤に転じた。昭和三十四年（一九五九）に立教大学教授に就任した。昭和五十六年（一九八一）、同館での職名は客員調査員となり、平成二年（一九九〇）に同館を退職した。これは亡くなる五年前にあたり、大久保の後半生はまさに憲政資料室とともにあったといえる。

最初に断っておけば、筆者は憲政資料室に関わる業務を末端で担当する者ではあるが、世代的に面識がなく、ましてや秘聞を持たない。それにもかかわらず、勝手にリケン先生と呼び、先生に親しみを感じる。それは職場の先輩方や憲政資料室に出入りする様々な方々から、先生が当室に在りし日のことを問わず語りに教えてもらうからである。[2]

執務室の片隅に、今でも存在する木製のコートかけは先生も使っていたものやに聞く。執務室の書棚にある尾佐竹猛や鈴木安蔵の著作をふと取り出してみて、戦前に憲政史編纂を志したときの人脈を見る気がする。先生の在勤中は、出版社の編集者や面会希望の研究者が列をなして順番待ちをしていたと聞く。閲覧室で資料を見ながら待つ人と、執務室に交じって並ぶ人の順番が混線することもあったと聞く。先生に若手の職員が唐突に話しかけるということは憚られて、古参の職員を通じるのが礼儀であったことを聞く。

そうした伝聞の中からぼんやりと先生を想像する。それは大抵仕事に悩んでいるときである。現在の悩みは、戦後間もないころにこの仕事を始め、続けられた先生の心境を思えば、ごく小さなもののはずだと思う。

既に大久保利謙と憲政資料室創設の経過やその構想については、重要な文献がある。

第一に、国立国会図書館職員が聞き手となったインタビューがある。大久保の死後、国立国会図書館の刊行物『参考書誌研究』にその文字起こしが掲載された「大久保利謙先生に聞く——近代政治史料収集のあゆみ」[3]（一）（二）がそれである。昭和六十二年（一九八七）、憲政資料室の所蔵史料を含めた近代日本政治史料の収集過程を記録に残したいとの先生の発案により録音されたこのインタビューは、大久保の憲政資料室への思いや当時の課題と感じていることを直接、語ったものである。また、自伝にあたる『日本近代史学事始め——一歴史家の回想』（岩波書店、一九九六年）にも「憲政資料室とともに」の章が設けられ、折々に憲政資料室について語られている。

第二に特筆すべき文献として二宮三郎「憲政資料室前史」[4]（国立国会図書館の刊行誌『参考書誌研究』に分載）がある。大久保も同論を、（戦後の憲政資料室創設の経過について）「いまもっとも信頼できる詳細・精密な研究」[5]と評し、本稿は全体を通じ、同論の基礎的な経緯の解明に多くを負っている。

この小稿は、こうした文献の落穂拾いにとどまる。[6]しかし、その時点では知られていなかったエピソードや史料をわずかに付け加え、大久保の死後、四半世紀が過ぎた今、大久保利謙と憲政資料室の歩みを捉え返す機会としたい。

一、憲政資料室の創設者としての大久保利謙

（1）創設者としての大久保利謙

大久保利謙は、憲政資料室を創設したといわれる。また、憲政資料室は、国立国会図書館創設の翌年――昭和二十四年（一九四九）――に誕生したといわれる。前提として、その意味を説明しておきたい。

現在、国立国会図書館憲政資料室は、現代政治史資料室との合併を経て、憲政資料（一九四九年度収集開始）、日本占領関係資料（一九七八年度収集開始）、日系移民関係資料（一九八四年度収集開始）の三つのコレクションからなる近現代の文書資料を扱う資料室に成長している（**表1**参照）。コレクションの来歴やその収集開始の経緯は様々である。そのうち、全てが大久保に行き着くわけではむろんなく、国立国会図書館創設直後から存在し、憲政資料の業務を担当し、開始したのが大久保であったという点に注意を払っておきたい。

今日憲政資料の総点数は、四十二万点近くに及ぶ。遡ること七十年前、大久保が国会分館（議事堂内）の参議院側の部屋に机を置いて、執務を始めたのは昭和二十四年（一九四九）九月のことであった。[7]「資料はまだ何もなく机と本棚がありました」[8]「伊藤家、伊東家、岩倉家、牧野家、三条家等々資料が次々と到着するようになりましたが、膨大な資料の山が書庫にはいるたびに、先生は大変嬉しそうでした」[9]というのが、当初より大久保とともに勤務した伊藤明子氏の回想である。その後、職員に、神島二郎（政治学）、そののち、原口敬明（日本近代史）が加わった。

昭和二十三年（一九四八）当時、新設なった国立国会図書館は（現在の千代田区永田町ではなく）（旧）赤坂離宮に置かれた。

一方、憲政資料蒐集係は、国会議事堂内の国会分館（国立国会図書館の一部）に置かれ、組織上も国会分館に属した。大久保は廊下の片隅を衝立で区切った一角や議員閲覧室の隣室

表1　憲政資料室の資料の変遷

<table>
<tr><td>憲政資料</td><td>1949.9*～</td><td colspan="2">憲政資料蒐集係設置（国会分館図書課（国会議事堂内）→1961本館（当時）移転）</td><td rowspan="3">1986.6 憲政資料室と現代政治史資料室が合併</td><td rowspan="4">2002.4 日系移民関係資料が移管</td><td rowspan="4">憲政資料室</td></tr>
<tr><td>幣原平和文庫</td><td>1957.12*～</td><td>幣原平和文庫</td><td rowspan="2">1979.4現代政治史資料室開室</td></tr>
<tr><td>日本占領関係資料</td><td>1979.4*～</td><td></td></tr>
<tr><td>日系移民関係資料</td><td>1984（年度）*～</td><td colspan="3">特別資料室</td></tr>
</table>

＊は収集開始年または開室年

等を転々としながら勤務し、収集された資料は議事堂内の書庫に置かれた。

　内規の改正により、国会分館に憲政資料蒐集係が置かれたものの、同係の設置当初は収集資料もなく、「憲政資料室」の名称もなかった。国会分館内において、資料収集・整理ないし特別な場合の閲覧にあたっていたのが昭和三十六年（一九六一）までであり、その後永田町に新館（現本館）が移転した折に、憲政資料もまた新館（現本館）に運ばれた。そうした国会分館における憲政資料等の収集・閲覧等の活動とともに、憲政資料室という呼称が定着していったという。この経緯についても詳述した二宮の論文によれば、大久保自身は「憲政史料室」の案を出した。当時の内田明（国会分館長）が、文書以外の資料もあると指摘し、「憲政資料室」になったという。[10] 昭和三十六年（一九六一）に、新館（現在の国立国会図書館東京本館）に移転し、本格的に公開の体制をとることになった。

（2）憲法発布五十年記念事業——各院における憲政史編纂の構想

　さらに、憲政資料室の前史は、明治憲法発布五十年の記念事業に遡る。[11] 大久保の立場に引き付けて略記すると、次のような転換点が見出せる。

①憲法発布五十周年の記念事業の一環として、衆議院において憲政史編纂が企図された。このプランは、昭和十二年（一九三七）の二月の祝典委員会（小委員会）において、銅像の院内設置等と並んで、憲政史編纂事業が決定された。[12] この際は、五か年計画として決定された（のち十か年計画に変更）。

②①を受け、昭和十二年（一九三七）五月、衆議院内に「憲政史編纂会」が設置され、当時、在野で憲政史を研究していた尾佐竹猛（大審院判事）がその委員長でもあった。同編纂会の事務に鈴木安蔵（憲法学者）らもあたった。

③昭和十三年（一九三八）十月に貴族院に貴族院五十年史編

纂掛が設置された。尾佐竹猛がまた編纂長として率いた。嘱託職員として、深谷博治（同編纂掛主任、のち早稲田大学教授）、大久保利謙らが選任された。大久保の人選には尾佐竹がかかわった。

④大久保は、昭和十三年（一九三八）十一月十四日から昭和十八年（一九四三）九月十七日まで、勤務した。大久保は、父・利武の死去に伴い、九月、侯爵（襲爵）、貴族院議員となった。

⑤貴族院五十年史編纂掛と憲政史編纂会においては、編纂ではなく、史料収集に重点が置かれた。収集といっても、原本ではなく、借用・写本作成（当時主流であった写字による写本作成による写本の収集）が行われた。両組織の目的の柱であった編纂には殆ど着手できなかった。

⑥この過程で、明治憲法の各種の草案など、貴重な秘蔵資料の調査が相次いで実現した。

⑦戦時下、衆議院憲政史編纂会は事務停止となった。尾佐竹は昭和二十一年（一九四六）に没した。貴族院五十年史編纂掛においては、小沢三郎のみが戦後も貴族院事務局調査課において勤務、昭和二十一年（一九四六）頃からは写本作成が再開された。

⑧戦後、芝の慈恵医大病院入院中の大久保は、その小沢から、衆議院憲政史編纂会と貴族院五十年史編纂掛の再興の話があり、一役買え、との話を聞かされた。退院後に、大久保は貴族院を訪問したが、事務局関係者（小林次郎事務総長や市川正義資料課長）の認識の齟齬もあり、大久保は再開が難しいと受け取った。

⑨衆議院では、調査部門の国立国会図書館移管に伴い、憲政史編纂に関する写本等は、国立国会図書館（旧赤坂離宮）に移管された。一方参議院では、貴族院史編纂の事業は資料課に移される運びとなった。

⑩大久保は、旧知の徳川頼貞議員（貴族院→参議院）や前田茂三郎（貴族院事務局を経て戦後国立国会図書館職員）といった関係者の協力で昭和二十三年（一九四八）、第三回国会において請願の方法を取った。衆議院、参議院にそれぞれ「日本国会史編さん所設置に関する請願」を提出した。各院において、大久保の請願は採択された。請願は民主政治の確立のため憲政発達の歴史を学ぶ必要性を説き、史料の散逸防止と国会史編纂を両輪とした体系的なものであった。大久保や周囲の関係者は本館（赤坂離宮）にいた金森徳次郎（国立国会図書館長）に依頼も行った。

⑪結果として、昭和二十四年（一九四九）国立国会図書館において「憲政資料蒐集係」が国会分館内（国会議事堂内）

に設置された。大久保は翌年国会分館図書課憲政資料係長に任じられた。

⑫昭和二十四年（一九四九）には、三か年度で九〇〇万円という当時としては破格の史料の購入予算が付いた。

⑬⑫により史料収集が活発になった。戦前に未着手であった、国会史（議会史）編纂の業務は、（請願にはその願望が記されていたにもかかわらず）行われず、原本収集への方向の転換がされた。憲政資料室はその後も（編纂ではなく）資料収集・提供を本務とするに至った。

二、貴族院五十年史編纂掛と大久保利謙

（1）尾佐竹猛と大久保利謙

今日、憲政資料室は、（衆議院の）「憲政史編纂会」の収集文書一一〇二点、（貴族院の）「貴族院五十年史編纂掛」の収集文書二一八点を収蔵している。

このいわば対になった組織のうち、大久保が貴族院五十年史編纂掛において嘱託として尾佐竹猛《たけき》（大審院判事、法学博士）のもとで勤務していたことが、憲政資料室が誕生する奇縁をのちにもたらすこととなった。大久保自身も、「わたしがこの新事業に関与したのは、曾て尾佐竹先生の下で貴族院五十年史編纂に嘱託として御手伝していた因縁から」であり、「同先生に深く感謝」していると後年に記している。[13]

大久保が貴族院五十年史編纂掛に関わるようになったのは、尾佐竹の勧誘によるものであった。尾佐竹に帝国大学五十年史編纂に際し、柳川春三の写真を借用に行ったり、大久保利武が会長をしていた日独文化協会での講演依頼を行ったりした縁があり、尾佐竹猛を通じて、明治文化研究会とのつながりも生まれた。大久保は初めて昭和十年（一九三五）に例会に出て、鈴木安蔵（当時の著書に『憲法の歴史的研究』等）や渡辺幾治郎など、衆議院憲政史編纂会に入ることになるメンバーとも知己を得たという。[14]「それからちょいちょい行っているうちに、尾佐竹さんのとりこになっちゃったのです」[15]というのが大久保の言である。大久保は、尾佐竹の史料解釈について疑義をはさむこともあるが、[16]尾佐竹への感謝を折々に語っている。[17]

（2）貴族院五十年史編纂掛への参加

大久保は、尾佐竹猛編纂長らのもとで、主任の深谷博治[18]（のち早稲田大学に転ず）をはじめ、林茂（のち東京大学教授）、宗京奨三（のち明治大学教授）とともに貴族院五十年史編纂掛のメンバーとなった。場所は、貴族院事務局、のち旧貴族院書記官長官舎（虎の門）に移った。

大久保自身の回想によれば、次のとおりである。

さて、貴族院史編纂でわたしが集めたのは、大木喬任と黒田清隆の文書です。大木家の場合は、当主の大木喜福さんが学習院の先輩だったので、お願いして借りてきた。黒田家の場合は、国際文化振興会の理事だった黒田清氏を訪ねて交渉しました。この二家の文書の内容を深谷さんが調査して、必要なところを写字生にうつさせる。さっき述べたように、校正が終わると原本は返すわけです。しかし、結局、貴族院史の仕事はその二家の文書の調査で終わってしまいました。執筆方針の指示とか相談とかにいたっては、文字通り、何もありません。そのうちに深谷さんは母校の早大に行ってしまい、開店休業状態になりました。[19]

別の回想にも、「たしかこの二家文書の写字で終った。執筆はまだしていません。（中略）そのうちに戦争が苛烈となり、深谷君は母校の早稲田大学の方へ行ってしまったから、「五十年史」は何もしないうちに開店休業に終ってしまったといっていい」[20]とある。これらの回想からは、あたかも二家のみの調査であるかのような印象を受ける。しかし、回想はあくまで大久保の仕事に引き付けたものであり、大久保はこの時期、貴族院の仕事を本務としていたわけではなく、帝国学士院六十年史の編纂にむしろ注力していた時期であった。

実際の貴族院五十年史編纂掛の収集・調査には、この回想を超えた広がりがあったことに、十分な注意が必要である。

貴族院五十年史編纂掛の成果は、参議院から憲政資料室に移管された二一八点を見ると、井上馨、伊東巳代治、岩倉公旧蹟保存会、大木喬任、桂太郎、黒田清隆、末松謙澄、寺島宗則、春畝公追頌会、森有礼、宮内省、早稲田大学図書館、貴族院事務局庶務課等の関係文書から筆写が確認される。移管分以外では、憲政史編纂会筆写との関連もうかがわれ、伊東巳代治、大森鐘一、岡崎邦輔、西周、望月小太郎、渡辺廉吉、三井文庫などに関する文書の筆写も行ったとみられる。[21]また、一部にはいわば議員からのレファレンスに対して、尾佐竹が調査したものが含まれる。「勅語奉答文議事と議事日程」（尾佐竹博士調査研究し、書記官長に提出せしものの副本、議員中ヨリ議事課ニ問合セアリタル問題、「貴族院五十年史編纂掛収集文書」六五）、「貴族院議員の議席問題の経過（未定稿）」（法学博士尾佐竹猛氏が貴族院議員及び貴族院書記官長の依頼により、研究し執筆せしもの、「貴族院五十年史編纂掛収集文書」三一）といったものがそれである。

（3）「探訪者」としての大久保利謙——森有礼の文書

貴族院五十年史編纂掛でも、衆議院憲政史編纂会でも、原本の収集ではなく、写本の収集という方法が採られた。各家

表2　貴族院五十年史編纂掛における探訪者（1938～1944年）

探訪者	1938年	1939年	1940年	1941年	1942年	1943年	1944年	年不明
深谷　博治	2	38	15	33	21	3	2	4
小沢　三郎						49	9	
尾佐竹　猛		2		2	5	5	2	4
建部　和義						4		
大久保　利謙		2						
探訪者不明（未記載）			4					13

（注）採録対象は、貴族院五十年史編纂掛収集文書（国立国会図書館憲政資料室移管分のみ）

の秘蔵資料の筆写には、写字生が使われたという。再び大久保の言葉を借りよう。

東大にある維新史料の稿本〔『大日本維新史料稿本』〕ですが、いい史料があるんですけれども、必要ないところは捨てちゃっているんです。だから原本を全部マイクロにでもできればよかったのですが、あの頃はそんな技術はなく、どこでも写字生を使ったんです。あの憲政史〔編纂会〕にもいました。大体十人くらいいて一枚いくらで写すんです。東大史料編纂所でもそうですからね。

そういうふうな形で明治二十年代、史談会を中心に維新関係の史料が集められ始め、それを受継いだのが維新史料〔編纂会〕でしょう。それが憲政史編纂会以降に伝わってきたんです。そういう意味で、史談会というのは、われわれが今やっている仕事にも重要な意味をもっているんです。ただ、やっぱり家中心で史料の選択が家中心になっており、今日のように全てのものを集めるというアーカイブ的な収集という考え方とは違っております(22)

その写字の対象の選定や箇所にかかわったのが「探訪者」という役割である。この探訪者については、通例、各写本の冒頭に、資料の概要とともにその名が記されている。

今日憲政資料室に既に移管されている「貴族院五十年史編纂掛収集文書」からは、おおむねの分担がわかる（**表2**参照）。この分担は、憲政資料室移管分のみが対象であるから、実際の分担とは偏差があるが、傾向を把握するには役立つだろう。

探訪者としては、深谷の冊数が最も多く、大久保の冊数が最も少ない。このうち、大久保氏の名前が探訪者として挙がるのは昭和十四年（一九三九）十月に探訪された森有礼の貴重な旅行記である「航魯紀行」（子爵森有剛家　森子爵家文書第二）及び「意見書・書翰類」（子爵森有剛家　森子爵家文書第二）にとどまる。今日の「貴族院五十年史編纂掛収集文書」一三七・一三八番がそれである。

森有礼の文書は、貴族院五十年史編纂掛の調査というよりも、大久保の個人の研究に端を発していたといえるだろう。昭和九年（一九三四）に薩藩史研究会が設立され、『南国史叢』誌上を通じ、薩摩藩出身の偉人――重野安繹や森有礼の顕彰を行った。大久保は森有礼の特集のときは、「森家にわたしが行き、史料をもらってきました」[23]と語っており、その際に「航魯紀行」も見つけたという（現在国立国会図書館憲政資料室「森有礼関係文書」四〇番に収蔵）。大木喬任の文書や黒田清隆の文書において、探訪者としては深谷の名前が記されている。所蔵者とのコネクションは大久保が持ち、探訪者としては主任の深谷の名前を残したものがあったと思われる。

（4）深谷博治の組織改革私案

貴族院五十年史編纂掛は貴族院の調査課に置かれたごく小規模な組織であったが、組織の内情をうかがわせる記録に「貴族院五十年史編纂用紙」の罫紙に記され、尾佐竹編纂長に提出された「貴族院五十年史編纂掛組織改革に関する私案」という深谷博治（主任）の昭和十五年（一九四〇）三月付の意見書がある。深谷は、昭和十三年（一九三八）十月三十一日に宮内省を辞し、翌日から貴族院五十年史編纂掛に入った。尾佐竹のもとで主任として同掛の中心となっていたが、のちに母校の早稲田大学に移った。

その主張の骨子は次の四点である。[24]

①調査課所属を止め、書記官長直接所管の独立機関とすること

・調査課を通ずると「繁文縟礼」「事務渋滞」の憾みがあり、「当掛職員を臨時同課の業務手伝につれ行かるる」も業務の侵害となるからである。

②掛名称を貴族院史編纂会（或は貴族院史編纂委員会・貴族院史編纂所）と改称すること

・眼目は掛の名称から「五十年」を削除することにある。（調査課を離れない場合は、「貴族院史編纂掛」とすることを深谷は主張した）。

・史料探訪に際して「五十年史」編纂の目的で交渉すると所蔵者が「明治二十三年以降五十年間の貴族院史を編纂するものならん」と早合点し、それ以前の史料を「史料なし」と答ふることが多いことで、幕末、明治初年時代の史料を収集できない。

・「社会通念上「〇〇年史」と称するが如きは一般に通俗なる事務的編纂物と見なさるるものにして、「〇〇年」を冠

せざる編纂物が一般に学術的なる、眞摯なる研究的編纂物と見なさるる」からである。

③書記官長を理事長とし、庶務課長（近藤）議事課長（小林）調査課長（佐藤）を理事とすること

・「事務局首脳部と緊密なる連絡をとるの必要」から出た提案である。

④庶務担当者として属一名を所属せしむること

・組織改革に伴う、いわゆる庶務担当者の増員である。

深谷の「貴族院五十年史編纂掛」の組織改革案の位置づけを見るには、衆議院「憲政史編纂会」の組織構成を念頭に置く必要があろう。憲政史編纂会も同じく小規模な組織ではあるが、委員会制をとり、田口弼一（理事長）、大木操（理事）、大池眞（理事）、委員長（尾佐竹猛）が名を連ねていた（**図1**参照）。意見書から見る限り、深谷はどちらかといえば衆議院のタイプの体制を望んでいたと思われる。

意見書には「愚案採るあらば、適宜御取捨の上書記官長と御熟談賜はり度く伏而奉願上候」とある。そうであるならば、人事にまで直接踏み込んだこの意見書は、直截に過ぎる印象を受ける。結果として深谷の意見は実現に至らなかったが、ときの貴族院事務局庶務課長、のちの参議院事務総長となる近藤英明の旧蔵文書に残っているところからして、尾佐竹を通じて、某か書記官の目には触れたものであろう。

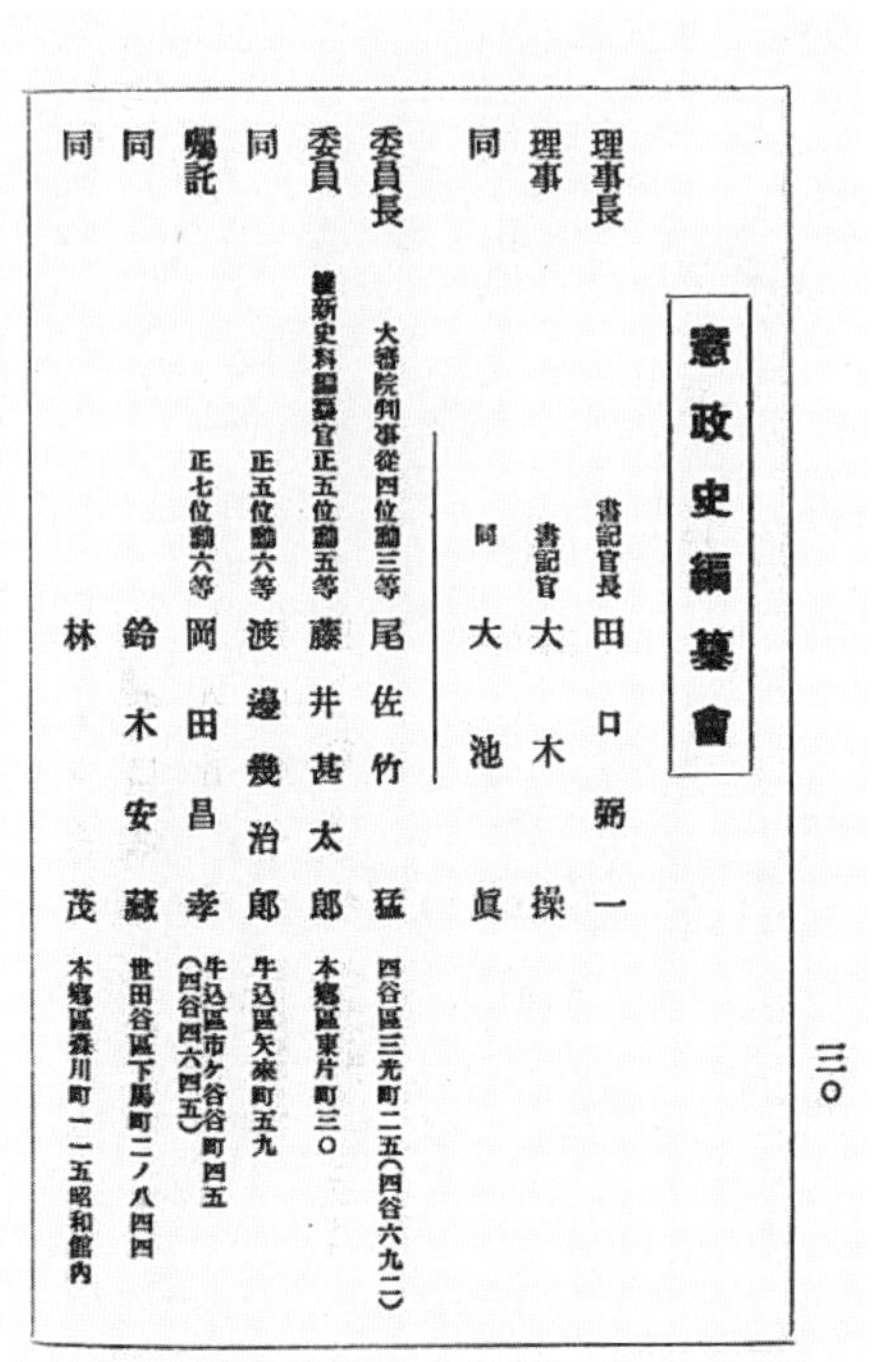

憲政史編纂會

三〇

理事長	書記官長	田口弼一	
理事	書記官	大木操	
同	同	大池眞	
委員長	大審院判事従四位勲三等	尾佐竹猛	四谷區三光町二五（四谷六九二）
委員	維新史料編纂官正五位勲五等	藤井甚太郎	本鄕區東片町三〇
同	正五位勲六等	渡邊幾治郎	牛込區矢來町五九
囑託	正七位勲六等	岡田昌孝	牛込區市ケ谷谷町四五（四谷四六四五）
同		鈴木安藏	世田谷區下馬町二ノ八四四
同		林茂	本鄕區森川町一一五昭和館内

図1　衆議院憲政史編纂会の構成（昭和12年7月段階）
（出典）『衆議院事務局職員名簿』昭和12年7月28日現在（衆議院事務局、1937）国立国会図書館デジタルコレクション

（5）議会開設五十年記念の展覧会

修史事業であることを目しながら、結果的に編纂物を残せなかった衆議院憲政史編纂会と貴族院五十年史編纂掛であるが、調査の成果を目に見える形で示せた稀有な機会があった。それが、昭和十五年（一九四〇）十一月に開かれた、議会開設五十年記念の展覧会（史料供覧会）である。[25] 両院で予算一万九〇〇〇円を両院で折半支出する予算が想定された。記念

行事において直近の前例として参照された憲法発布五十年記念式典では、展覧会は行われなかったため、議会政治五十年記念の新しいイベントであった。(26)

この展覧会の役割分担において、大久保は室内係なる役割を割り当てられていた。この役割の詳細や大久保の実際の関与の度合いは不明であるが、室内係は深谷博治、林茂、宗京奨三、大久保利謙である。このメンバーは貴族院五十年史編纂掛のメンバーと完全に重なる。この展覧会は、貴族院五十年史編纂掛と衆議院憲政史編纂会が調査対象とした一次史料捜索の成果を示すものであり、両組織、特に貴族院五十年史編纂掛にとって晴れ舞台になったと思われる。

当初の深谷のプランによれば、当初は、写本を全て配置するプランも出ている。また、憲政史編纂会のものも、共同として並べるというプランも現れている。

図2　帝国議会開設ニ関スル史料供覧会　昭和15年11月29日　貴族院予算委員会室
（出典）「近藤英明関係文書」17-2（国立国会図書館憲政資料室所蔵）

この展覧会「帝国議会開設ニ関スル史料供覧会」は、開設五十年記念式典の一環として開催された。観覧できるのは、昭和天皇や帝国議会の議員など、約二千名の式典参加者であった。出展資料数は約一三〇点、参議大隈重信の国会開設の意見書（伊藤博文による筆写）、憲法説明（明治憲法の制定にかかわった伊東巳代治の所持本）などの明治維新から帝国議会開設までの、議会制の歩みにかかわる記録が並べられた。

冒頭に観覧した昭和天皇の観覧の際には、尾佐竹猛が説明員を務めた（**図2**参照）。尾佐竹については学者として取り扱うとされており、衆議院憲政史編纂会・貴族院五十年史編纂掛のスタッフという意味ではなく、博士（学識経験者）として取り扱うという意味であろうか。展示の手法は、比較的シンプルで、史料が所せましと並べられているように見える。

この写真（**図2**）は、当時のメディアに公開されたものではなく、貴族院の記録として撮られた写真である。そのため、被写体としても珍しいが、尾佐竹と原本史料たちが一同に映っている。史料の中には散逸したものもあれば、後年に憲政資料室の収集に帰したものもある。戦前の調査結果が戦後の原本収集の系譜につながっていることを考えると、憲政資料室にとっては象徴的なショットといえる。

(6) 衆議院憲政史編纂会の終期

先述のように、編纂という名を含む両組織は、多数の写本を残しながら、目的の記念誌的な刊行物を作成するに至らず、戦況もあり、開店休業状態となった。

貴族院五十年史編纂掛の主任であった深谷博治も昭和十六年(一九四一)より早稲田大学に転じた。衆議院憲政史編纂会も、事務を停止した。昭和十九年(一九四四)二月九日付の衆議院書記官長室(書記官長は大木操)の日誌には、「憲政史編纂会報告書(自昭和一三年五月二十五日創設、至昭和十八年十二月十五日事務停止大要)、第八十三・四議会事務報告書(秘書課、庶務課、議事課、警務課、委員課、速記課、調査課)右ヲ本日庶務課横倉属に渡セリ」[27]とある。憲政史編纂会の事務停止は昭和十八年(一九四三)十二月と考えられそうだ。[28]

(7) 貴族院議員としての発言

大久保の貴族院五十年史編纂掛嘱託の任期は、昭和十三年(一九三八)十一月十四日から昭和十八年(一九四三)九月十七日までであった。[29]大久保は、父・利武の死去に伴い、昭和十八年(一九四三)九月から昭和二十二年(一九四七)五月まで貴族院議員(侯爵議員)を務めた。寄り道ながら、その発言の中のうちから、二つの質疑を取り上げておこう。

一つ目は昭和二十年(一九四五)十二月十五日の貴族院「農業団体法中改正法律案特別委員会」における農業団体法の改正にかかわる発言である。戦時下、農会や産業組合などを官彩的な役割に改組した農業団体法を、合理的な運営のために改正する法律案の審議においてである。

上意下達になりがちな農村において農民の声を上に伝えるという点での状況認識を問う質問に関連し、大久保は次のような質問を投げかけた。

其の問題に關聯致しまして、殊に只今の農地法の問題がやかましい爲に、新聞あたりを見ますと、農民の投書とか聲と云ふものが盛に出て居ります、色々な聲が出て居りますが、中には隨分新聞紙の編輯方針に依りまして、偏つたものばかりの聲が其處へ出て居ると云ふやうな感じもしない譯でもないやうな感じが致しますのでありますが、御當局から御覧になりまして、新聞の紙面に出て居りまする所謂農民の聲と云ふものが、實際に能く反映して居るものか、あれを讀みます參考に當局から御覽になつて農民の聲をどう御感じになつて居るか、どの程度迄どうかと、御當局から御批判を伺つて置くと、又私共があれを讀むのに非常に參考になると存じますが、特に今日其の點をちよつと伺ひたいと思ひます(30)

大久保の質問は、史料の読解に通ずる発想にも見えるが、政府委員（楠見義男）は、投書には「イデオロギー的」なものも中にはあろうが、大体の傾向を反映していると簡単に回答している。なお、この楠見義男（農林次官、のち参議院議員）は、のち大久保が昭和二十三年（一九四八）に参議院に提出した「日本国会史編さん所設置に関する請願」の紹介者にも名を連ねることになった。

もう一つ、大久保の帝国議会における発言を長文ながら紹介しよう。教育基本法における「教育基本法案特別委員会」の審議にかかわるものである。教育基本法（昭和二十二年三月三十一日法律第二十五号）の法律案の前文、一条（教育の目的）、二条（教育の方針）には、「自他の敬愛と協力によつて、文化の創造と発展に貢献するように努めなければならない」といったやや抽象的な言い回しが含まれていた。佐々木惣一（議員）や、羽田亨（議員）の先立つ質疑を受けて、大久保は、高橋誠一郎（文部大臣）に対し、次のような質問を行った。

一寸伺ひたい、昨日佐々木先生から本會議で御質問になりましたこと、或は今日羽田先生が御質問になりましたことは、私も御同感で實は伺ひたいと思つたのでありますが、それに付きまして大臣からの御答辯、是も私能く了解致しました、それに付て「自他の敬愛」、或は「個性ゆたか」、それから「社會の形成者」と云ふやうな條項に、色々な意味があると云ふことは十分了解致しましたのでございますけれども、併し斯う云ふ風に法令として出まして、果して一般の人が此の條項から、只今御質疑になりましたやうな問題が直ぐ出て來るか、若しさう云ふことがはつきり文部省の方で御意見でもございましたら、もつと具體的に、例へば生徒の、師弟の關係とか、學校の經營に參加するとか、しないとか、さう云ふやうな具體的なことをはつきり矢張り御書きになつて、讀んで直ぐ分るやうにして戴いた方が宜くはないか、なかなか此の敬愛と協力と云ふ言葉から色々な問題を解釋することが、解釋は出來ますけれども、ちよつと普通の人が讀んでも、直ぐぴんと來ないと思ふのです、さう云ふ重要な問題は、若し必要ならば具體的に書いて戴く、又さう云ふことを擧げる必要がないと云ふならば、それでも宜しうございますけれども、殊に師弟の關係とか、學校の經營に關する生徒の參加して宜いか惡いか、可なり重要な現代の問題と思ひますが、斯う云ふ風に草案が出來て居りますから、修正と云ふことになると大變でございませうけれども、私としては斯う云ふ重要な問題は、もつと具體的な言葉ではつきり書いて戴いた方が、一般の人が直ぐに能く分るのぢやないか、なかなか之を解釋する、解釋に依つて普及すると云ふやうな方法もありませうが、非常な手間が掛るし、分りませぬから、もう少しさう云ふ點も、必要なことは書いて戴いた方が宜かつたのぢやないかと云ふやうな感が致しますのですが、佐々木先生、羽田先生の御質疑に關聯して、御答辯は能く分りましたが、さう云ふやうな感を懐きますのですが、どうでございませうか(31)

大久保の発言は、(解釈によって普及するという方法もあろうが)重要な方向性をより具体的な規定とせずに良いのか、一般に分かりにくいままでよいのか、という点を問うたものである。当時の答弁は、大本を定める基本法という点ではこの程度としておくが、解釈其の他に依り、御話のような点を徹底させたいという回答がなされた。教育基本法の大改正を迎えた平成十八年(二〇〇六)には、松本大委員の質問において、普及は実現してきたかという観点から「大久保利通公のお孫さん」の発言としても紹介されつつ(32)、大久保の論点提起は再び参照され、質疑に用いられている。

(8)『議会制度七十年史』(憲政史概観)の刊行

議会開設七十年を記念して衆議院・参議院から刊行された『議会制度七十年史』全十二巻・総計九二〇〇頁にのぼるシリーズのうちの一巻として、昭和三十八年(一九六三)に王政復古から池田内閣までと幅広い時期を取り扱った「憲政史概観」が刊行された。同巻の凡例には「本書は、立教大学教授大久保利謙が執筆したものである」とあるが、大久保によると、大島太郎や原口敬明に一部、分担執筆してもらうなど、複数の手にかかるものという。

当時、衆議院事務局に勤務しており、鈴木隆夫衆議院事務総長の秘書経験もある今野彧男氏の回想によると、この七十年史のプロジェクトは事務総長時代の鈴木隆夫の肝いりで発案されたものであったという。刊行前において、鈴木の後任にあたる山﨑高事務総長と久保田義麿事務次長が、公史としての節度や気になる箇所があり、二人で修正の朱書きを大量に入れた。今野氏によると、大久保が、でき上がったものを見て、「自分の名前で書いたものだと思われると困る」といった感想を示していたことを今野氏は後年、人づてに知ったという。(33)

大久保は、この仕事をいわゆる戦前の憲政史編纂事業の遅ればせながらの総決算として見たように思われる。先述のとおり、憲法発布五十年記念を期した「憲政史編纂会」「貴族院五十年史編纂掛」は、写本の収集や談話速記の作成を行ったものの、当初の設置の意図に反し、編纂には着手できなかった。両組織の中心人物であった尾佐竹猛も、昭和二十一年（一九四六）十月一日に死去した。議会開設六十年（一九五〇年）は占領下で編纂どころではなかった。大久保は、「日本国会史編さん所の設置に関する請願」の他ならぬ提出者である。当然に、憲政史編纂の頓挫についての流れを知悉していたに違いない。大久保は「憲政史概観」の刊行を「いってみれば、昭和一三（一九三八）年に始まった憲政史編纂はやっとここでひとつ格好がつけられたといえましょうか」[34]とも回想している。

三、資料の収集と大久保利謙

(1) 草創期の収集

大久保が提出した「日本国会史編さん所の設置に関する請願」においては、調査すべき資料として官庁側（議会の速記録、内閣文庫等）と、民間側（伊東家、井上家等の憲法制定関係者等の史料）を挙げていたが、憲政資料蒐集係設置後、昭和二十四年以降、伊藤博文の文書、岩倉具視の文書，伊東巳代治の文書等々が次々と入っていく。[35]そのうち、受け入れ一号となった「伊藤博文関係文書」の到着について、二宮三郎「憲政資料室前史（下）」からその状況を記してみよう。

伊藤家文書出来の経緯は、当時の受入整理部長であった岡田温氏の回顧によると、同氏が昭和二四年に関西に出張した際、その出発前に「金森館長から帰りに大磯［興津の記憶違いか］に寄って伊藤博精さんにお会いするようにとの命を受けた」。そこで帰路伊藤家に寄り、「買うものか寄贈のものか現物を見せて貰った」という。これが岡田部長が憲政資料室と関係を持った最初であった。大久保も、岡田部長も、伊藤文書に関する事情を関知していなかった。二宮はこれを謎とし、金森館長のところに持ち込まれたか、金森館長が話を付けたと推定した。

「日本国会史編さん所設置の請願」の紹介議員でもあり、のちに参議院議長となる河井弥八の昭和二十四年（一九四九）七月二十三日の日記を見ると、伊藤家と国立国会図書館をつないだのは、河井弥八であったようだ。

一時半　金森国会図書館長を訪問し、伊藤公文書を国会図書館へ収容せられんことを求む。館長は之を諾し、受入整理部長岡田温氏を紹介せらる。凡て内田［明］分館

長の配慮に依ること多し。右のことを伊藤博精氏へ通報す。(36)

その後十一月十四日には静岡県庵原郡興津町から資料四箱（トランク、茶箱）などが、第一便として国立国会図書館に到着した。

伊藤博文の旧蔵文書は、貴族院五十年史編纂掛の深谷博治もかかわった『伊藤博文伝』（春畝公追頌会編刊、一九四〇）などにも用いられ、その存在を知られているものであったが、九月一日に勤務を始めた大久保が伊藤文書をいわば他律的な形で受け入れることになったのは、伊藤家―河井弥八―内田明―金森館長―岡田温（部長）のラインの成せる業だったようだ。

井上毅の旧蔵文書（国学院大学図書館の寄託［のち寄贈］に帰する前に、国立国会図書館に寄託）の場合も、河井弥八の協力は光る。昭和二十四年（一九四九）十一月二十一日の河井の日記には、「院内図書館にて偶然井上匡四郎氏と会見し、梧蔭先生文書を国会図書館にて保管するの件に付申入をなし同意を得たり。」とあり、翌日（十一月二十二日）には、「朝、図書館に内田分館長を訪ひ、昨日井上匡四郎氏より梧蔭先生文書を国会図書館に受入るることに付、快諾を得たるに付、金森館長は成るべく速なる機会に井上氏を訪問せられたきこと、其余の事項は適宜協定せられたきことを伝言せらるるやう依頼す」(37)と金森が井上に速やかに挨拶に行くよう河井が促したことが分かる。

大久保はその後、議員会館にて同年十一月二十四日に河井も交えて昼食会も行っていた。伊藤家文書の最初の到着から十日後のこと、井上毅の文書の仲介から三日後のこととなる。この日どりからすると、伊藤博文の文書についても、井上毅の文書についても、話題に出た可能性はあろう

正午、大久保利謙氏より議院《ママ》会館に招かれ、午餐を饗せらる。議会史編纂に熱心なる人々を集められしなり。大村清一氏、徳川頼貞氏、徳川宗敬氏、岩本月洲氏、内田明氏なり。貴重史料の蒐集、保管、編纂等に付意見を交換す。(38)

このうち、徳川頼貞、徳川宗敬、岩本月洲は、「日本国会史編さん所設置に関する請願」に名を連ねていた参議院議員であり、参議院の図書館運営委員でもあった。大村は、第一次吉田内閣の内務大臣を経て、衆議院議員となった人物であった。

(2) 新館（当時）への移転

憲政資料室は、議事堂本館四階北側の一室から昭和三十六年（一九六一）八月二十五日に（当時の）新館に移転した。当

時の職員の回想によると、十万点に及ぶ史料が議事堂四階西側突き当りの五号書庫から、一日で専門業者の手によって運ばれた（コンテナ二二六個、大型文庫四個、トランク六個、行李十一個、箱・本箱・包四十四個、額七個）。衆議院側中庭においてトラックへ積み込まれ、移転後の整備には一か月半ほどかかったという。(39)

移転後間もない時期の、大久保の手になる憲政資料室の紹介記事において、大久保は「欲しい史料はまだ沢山ある。どうか学界をはじめ、近代日本史に関心ある識者のご支援によつて今後の発展を期したい」(40)と呼びかけた。史料収集への強い決意を感じさせる。**図3**はその頃の書庫での大久保の姿である。

図3　新館（現本館）移転後の大久保利謙　憲政資料室の書庫にて　昭和38（1963）年
（出典）大久保利謙「憲政資料室」『日本古書通信』28巻12号（413、復刊236号）、1963年12月15日

（3）収集・公開の観点から

前述した憲政史編纂事業との連続と断絶という面で見ると、大久保の中には、尾佐竹から引き込まれ、影響を受けたという連続面の一方、憲政史編纂と憲政資料室の存在を明瞭に区別する発想がある。

史料主義の点は、尾佐竹からの影響が如実に感じられる。大久保は、「昭和十三年に憲政史編纂会が出来た時、大木〔操〕さんあたりの考えでは三年か四年で本を一冊つくる予定だったんです。ところが尾佐竹さんは史料を集めようと、史料収集に力を入れたんですね。そのギャップがあったんですが、尾佐竹さんは毅然として史料主義を貫き通したんです。憲政資料室ができたのは、尾佐竹さんのおかげなんです」(41)と明言している。その一方、憲政資料室の活動について「憲政史編纂会の公的編纂目的の史料あさりとは基本的に別途であって、非公開・閉鎖主義から文書公開への質的転換であった」(42)とも述べていて、戦前戦後の相違を指標としての公開に求めた。

大久保は、公文書の保存・公開にも力を注ぎ、国立公文書館の設立に尽力した。昭和三十四（一九五九）年十月の日本学術会議第二十九回総会は、「公文書散逸防止について」の政府への勧告案を採択した。その後、大久保は、研究者側の日本歴史学協会国立公文書館特別委員会特別委員長として、昭和四十六年（一九七一）七月一日に国立公文書館設置をみるまで、その具体化のために奔走したことも特筆すべきことである。[43] さらに昭和四十七年（一九七二）の開館以来、長期にわたり衆議院憲政記念館の顧問を務め、常設、特別の展示会が呼びものとして観衆を集めていることを、憲政の意義を広く国民に啓蒙する役割として重視した。憲政記念館がひろく国民への憲政知識への啓蒙であるのに対して憲政資料室は憲政史料のアーカイブスであるという対照関係にある、[44] と述べたこともある。こうした諸機関の創設にあたっても、具体的に現実を切り開いていったのも大久保の重要な側面であろう。

（4）大久保利謙と史料収集

近現代の史料を収集するにあたり、新設の国立機関であり、草創期に予算が付いたこと、初代館長の金森徳次郎の理解があったという点以外にも、史料収集上、大久保には、個人として稀有な条件が重なっていたかもしれない。

第一に、——そもそも大久保が貴族院五十年史編纂掛にスカウトされた理由でもあるが——史料集め（秘蔵資料の交渉等）に便利だという出自があった。憲政資料室草創期に大久保と勤務をともにした原口敬明は、（公家や大名は別として）特に新華族同士お互いの系譜を良く知っていることが非常に便利で、交渉上も、図書館館長や役人などとは違った有利さがあったとの感想を述べている。[45]

第二に、大久保は歴史研究者としての人脈を通じて、仲介を受けることもあった。大久保は、渡辺世祐（史料編纂官、室町・戦国時代研究の研究者）のことを回想して、「戦後、維新関係の家柄で没落して史料を処分したいという人は渡辺先生のところに相談に行くものですから、「大久保、ちょっと来い。こういう史料があるから図書館で買ったらどうか」といってくれるんです。

のちにわたしがつとめた国会図書館の憲政資料室でも、史料収集でずいぶんお世話になっています」[46] と語ったこともあり、こうした歴史研究者としての素地が当然に収集にも寄与したことであろう。

第三に、戦前の調査の成果について、把握が出来ていたことも創設直後に有利に働いた。一例として述べれば、大久保は、伊東治正（明治憲法制定に関わった法制官僚・政治家である伊東巳代治の嫡孫。伯爵）が秘蔵の明治憲法制定関係文書を学界に提供した「憲法史研究会」へ参加していた。[47] 戦後、憲政資料室ができたときに大久保はすぐに伊東治正に「君のところの史料を全部、憲政資料室にもらいたい」と提供を依頼できた背景になっている。[48]

第四に、必ずしも大久保は憲政史を出発点にしていたわけではなかった。昭和三年(一九二八)、東京帝国大学文学部国史学科の卒業論文は「戦国諸侯の政策に於ける近世的傾向」であった。貴族院五十年史編纂掛に入る際に、「そのころ私は憲政史の勉強はしていないので、私は一応は辞退したのだけれども、尾佐竹さんとすれば、変な話だけれども、私がいたほうが史料集めに便利だということで、私も掻き集められたのですよ」[49]と述べており、あるいは、伊東巳代治資料を研究する憲法史研究会に誘われた折にも、専門外として辞退を試みながら、五十年史編纂の絡みで参加したと述べている。大久保の関心が狭義の憲政史を出発点にしていたわけではなかったことは資料収集上の強みでもあり、関心の広がりの中で収集を行うという点は、大久保が尾佐竹から影響を受けたともいえるかもしれない。(憲政史編纂会が)官の側だけではなく民権史料などの捜索にも力を注いだことに対し、「随分評判悪かったんですけど、尾佐竹さんは自分の信念を通して民権史料やなんか集めたでしょう。これはやっぱり偉いと思いますね。だからそれを憲政資料室は尊重して、この精神で史料を集めていくということが、ことにこういう時代になりますと大事だと思います」[50]との大久保の言がある。

おわりに

先学や大久保自身の発言に拠りながら、大久保と憲政資料室との関わりを追ってきたが、大久保利謙の後半生は、憲政資料室とともにあった。憲政資料室について、大久保は、「近代日本の憲政の成立発達を中心とした近代日本の政治・外交・経済・学術文化に関する公私文書記録を収集調査してその保存をはかるとともにこれを研究者の研究資料として公開を目的とした近代史料のアーカイブズ(archives)というべきもので、ライブラリー内の施設としては別格である」[51]と相当に——考え方によっては実態よりも——広い定義を述べたことがある。

大久保は、尾佐竹に誘われ貴族院五十年史編纂掛に携わった奇縁から、憲政資料室の憲政資料収集の礎を築いた。大久保自身の動きもあれば、勧誘され、支援されることの重なりでもあった。大久保自身の確固たる構想が先にあってそれを念頭に置きながら進められたというよりも、関係者の様々な思惑の交錯の中で、時代の変化の中で、タイミングを逃さず進んでいったことの産物であったようにも思われる。

大久保は、帝国議会期・天皇主権の時期に比して、「国民主権の新国会では、本務とする国政の議事、立法のほかにさらに国民に対する議会制民主主義の啓蒙を行」うことは、「国民のための政治、政治の国民化のために決して余事ではなく」「必要欠くべからざる業務であり、施設である」[52]と述べて、研究の自由化と促進をはかる施設（憲政資料室・憲政記念館）の役割を力強く説いたことがある。この若々しくも強い筆致が齢九十二のそれであることに、率直にいって驚かされる。それは、戦後の混沌とした状況の中から史料の保存・公開の推進に携わってきたことから来る説得力であろう。

注

（1）大久保利謙『日本近代史学事始め――一歴史家の回想』（岩波書店、一九九六年）一四六頁。

（2）諸先生方や職場の先輩方が様々なお話を聞かせてくださったことに御礼を述べるとともに、本稿で意見に渡る部分は組織の見解ではなく私見であることをお断りしておく。

（3）国立国会図書館政治史料課・大久保利謙・二宮三郎他「大久保利謙先生に聞く――近代政治史料収集のあゆみ（一）」（『参考書誌研究』七三号、二〇一〇年十一月）一―二八頁。同「大久保利謙先生に聞く――近代政治史料収集のあゆみ（二）」（『参考書誌研究』七四号、二〇一一年三月）一―三五頁（校訂・注解：政治史料課　堀内寛雄・鈴木宏宗）。

（4）二宮三郎「憲政資料室前史（上）」（『参考書誌研究』四三号、一九九三年九月）五〇―七三頁。同「憲政資料室前史（中）」（『参考書誌研究』四四号、一九九四年八月）二二―四六頁。同「憲政資料室前史（下）」（『参考書誌研究』四五号、一九九五年一月）一八―四七頁。

（5）前掲、大久保、『日本近代史学事始め――一歴史家の回想』一六七頁。

（6）他にも次の文献を参照されたい。「特集 憲政資料室の35年」（『みすず』二五（八）通号二七六号、一九八三年八・九月）四七―一一八頁。大久保利謙、（聞き手）伊藤隆・土田直鎮「私の近代史研究（続）」（『日本歴史』四〇五号、一九八二年二月）六四―八八頁。大久保利謙「憲政史編纂会の憶い出――戦後近代史研究の先駆として（日本史上の人物と史料〈特集〉）思い出を語る）」（『日本歴史』五〇〇号、一九九〇年一月）九―十一頁。藤本守「この人を知る 大久保利謙」（『国立国会図書館月報』六〇六号、二〇一一年九月）一七―一九頁。

憲政資料室の歴史にかかわる関係文献については、「憲政資料室の歴史」（国立国会図書館ウェブサイト「憲政資料室の所蔵資料」の一部、最終アクセス、二〇一九年八月一日）を参照。

（7）大久保利謙「憲政資料室」（『日本古書通信』二八巻一二号（四一三、復刊一三六号）、一九六三年十二月十五日）一頁。

（8）伊藤明子「憲政資料室開設の頃」（『みすず』（「追悼　大久保利謙」特集）三八（三）（通号四二〇）号、一九九六年三月）六一頁。

（9）同右、六〇頁。

（10）前掲、二宮、「憲政資料室前史（中）」、四二頁。

（11）前掲、二宮、「憲政資料室前史（上）」同（中）同（下）。

（12）同右、二宮、「憲政資料室前史（上）」、五四―五五頁。なお、大木操（当時衆議院書記官長）の旧蔵文書にある次のメモも憲法発布五十年記念祝典委員会に関係しよう。

一　憲政功労章
一　特旨叙位

一、議長以下位列向上
一、定期叙勲年限短縮
一、現議員前議員ノ団体組織　議員会館
一、故人功労者表彰
一、議会五十年史編纂　憲政史
一、紀元節宮中祝宴ニ議員代表ヲ呼ブコト
　将来モ取扱フ
一、議長副議長ノ御陪食
一、紀念祝典
　行幸、賀表、現議員　来賓整列議長
一、専用庁舎ニ議員会館ヲ包含
（以上「大木操関係文書」三九、国立国会図書館憲政資料室所蔵）

(13) 大久保利謙「憲政資料室」（『日本古書通信』二八巻一二号（四一三、復刊二三六号）、一九六三年十二月十五日）一頁。

(14) 前掲、大久保、『日本近代史学事始め――一歴史家の回想』八三頁、八五―八六頁、八八頁。

(15) 大久保利謙「私の近代史研究」（『日本歴史』四〇三号、一九八一年十二月）八四頁。

(16) 「維新史研究の歩み　第六回　明治憲政史を中心として」（『日本歴史』二五一号、一九六九年四月）八四頁。

(17) 同右、八六頁。

(18) 深谷の事績をその旧蔵文書の目録とともに示し、深谷の関わった歴史編纂についても、詳細に記した貴重な文献として、荒船俊太郎「深谷博治旧蔵文書の研究」（『国文学研究資料館紀要アーカイブズ研究篇』二号、二〇〇六年）二七―六五頁。

(19) 前掲、大久保、『日本近代史学事始め――一歴史家の回想』一三〇―一三一頁。

(20) 「私の近代史研究（続）」（『日本歴史』四〇五号、一九八二年二月）六八頁。

(21) 「控簿」国立国会図書館保管（なお、同資料につき、二宮、前掲「憲政資料室前史（上）」七二頁を参照）。

(22) 前掲、「大久保利謙先生に聞く――近代日本政治史料収集の歩み（二）」（『参考書誌研究』七四号、二〇一一年三月）。

(23) 前掲、大久保、『日本近代史学事始め――一歴史家の回想』、九七―九八頁。

(24) 「近藤英明関係文書」二四（国立国会図書館憲政資料室所蔵）。

(25) 拙稿「帝国議会開設五十年記念の展覧会――昭和天皇の視線の先に」（『国立国会図書館月報』六二二号、二〇一三年一月）四―五頁。

(26) 「帝国議会開設五十年記念式典記録」（甲）（乙）「近藤英明関係文書」一七―一、一七―二（国立国会図書館憲政資料室所蔵）。以下本展覧会の内容、経緯については、同記録による。

(27) 「大木操関係文書」二〇六―四（国立国会図書館憲政資料室所蔵）。

(28) 「両組織の終末は、筆者は一応予算終了時の昭和18年度末と考えているが、廃止の正確な時期や具体的な手続については、なお不明である。」と推定されている（前掲、二宮、「憲政資料室前史（上）」、五四頁）。

(29) 前掲、二宮、「憲政資料室前史（上）」七〇頁。

(30) 「第八十九回帝国議会貴族院農業団体法中改正法律案特別委員会議事速記録」第一号、一九四五年十二月十五日、一一頁。翻字に際し平仮名に改めた。

(31) 「第九十二回帝国議会貴族院教育基本法案特別委員会議事速記録」（第二号、一九四七年三月二十日）六頁。

(32)「第一六四回国会教育基本法に関する特別委員会議録」(第四号、二〇〇六年五月二十六日) 三二頁。
(33) 今野彧男著、赤坂幸一・奈良岡聰智編著『国会運営の裏方たち――衆議院事務局の戦後史 今野彧男オーラル・ヒストリー』(信山社出版、二〇一一年) 一五一―一五三頁。
(34) 前掲、大久保、『日本近代史学事始め――一歴史家の回想』、一六六頁。
(35) 前掲、二宮、「憲政資料室前史(中)」、三五頁。請願書とその参考書の本文は「鈴木隆夫関係文書」一六七(国立国会図書館憲政資料室所蔵)。
(36) 河井弥八著、尚友倶楽部・中園裕・内藤一成・村井良太・奈良岡聰智・小宮京編『河井弥八日記 戦後篇二』(信山社出版、二〇一六年) 二五一頁。
(37) 同右、三〇二頁。
(38) 同右、三〇三―三〇四頁。
(39) 伊藤明子「憲政資料室の移転記録」(『図書館研究シリーズ』六号、一九六二年八月) 二六九―二七〇頁。
(40) 大久保利謙「憲政資料室」(『日本古書通信』二八巻一二号[四一三、復刊二三六号]、一九六三年十二月十五日) 一頁。
(41) 前掲、「大久保利謙先生に聞く――近代日本政治史料収集の歩み(一)」(『参考書誌研究』七三号、二〇一〇年十一月) 二四頁。
(42) 大久保利謙「憲政記念館と憲政資料室・国立公文書館――大正以降のわが国憲政史研究の回顧」(『憲政記念館の二十年』衆議院憲政記念館、一九九二年) 一九頁。
(43) 大久保利謙「総理府における国立公文書館設立計画の由来と現況」(岩倉規夫・大久保利謙編『近代文書学への展開』柏書房、一九八二年) 八―二七頁。
(44) 前掲、大久保、「憲政記念館と憲政資料室・国立公文書館――大正以降のわが国憲政史研究の回顧」二二頁。
(45)「鼎談 萩原延寿 原口敬明 今井庄次 政治・外交資料の話」『現代日本記録全集』第七(筑摩書房、一九七一年) 一三頁。原口は「大久保さんでも歯が立たなかったのは旧大名」とも述べている。
(46) 前掲、大久保、『日本近代史学事始め――一歴史家の回想』、六七―六八頁。
(47) 伊東治正主宰の「憲法史研究会」は、伊東巳代治の旧蔵文書の学会提供の決意で、私財を投じて始められた事業であり、その参加者には美濃部達吉、佐々木惣一、宮沢俊義、田畑忍、清宮四郎、岡義武、稲田正次ら錚々たる学者が揃っていた。鈴木安蔵や尾佐竹猛も参加した。この憲法史研究会については三浦裕史『『大日本帝国憲法衍義』解題――伊東巳代治遺稿』(信山社出版、一九九四年) や大石眞「憲法史研究会について――リベラリストの梁山泊」『憲法史と憲法解釈』(信山社出版、二〇〇〇年、八九―一〇〇頁) に詳しい。
(48) 前掲、大久保、『日本近代史学事始め――一歴史家の回想』、一三八頁。
(49) 前掲、大久保、「私の近代史研究(続)」、六六―六八頁。
(50) 前掲、「大久保利謙先生に聞く――近代日本政治史料収集の歩み(一)」(『参考書誌研究』七三号、二〇一〇年十一月) 一六頁。
(51) 前掲、大久保「憲政記念館と憲政資料室・国立公文書館――大正以降のわが国憲政史研究の回顧」、二二頁。
(52) 同右、二二頁。

大久保利謙と蘭学資料研究会・蘭学書

大島明秀

おおしま・あきひで——熊本県立大学文学部准教授。専門は蘭学・洋学史。主な著書・論文に『「鎖国」という言説——ケンペル著・志筑忠雄訳『鎖国論』の受容史』(ミネルヴァ書房、二〇〇九年)、『天然痘との闘い 九州の種痘』(岩田書院、共編、二〇一八年)、「蘭文和訳論の誕生——志筑忠雄「蘭学生前父」と徂徠・宣長学」(『雅俗』第一八号、二〇一九年)などがある。

大久保利謙の蘭学研究において評価すべきは、狭義の専門領域を越えて蘭学研究界の発展に貢献したり、蘭書・洋書やその和訳書、版本、写本などを基礎的文献から稀覯書まで熱心に蒐集したりした営為にある。ある歴史的事項の究明のためには、狭義の枠組みに閉じこもらず同時代とその前後のあらゆる事にまで理解を志す総合的な視野からの大久保のアプローチに、細分化の一途を辿る今日の日本史学が学ぶところは少なくない。

はじめに

日本近代史の父・大久保利謙が蘭学研究に取り組んでいた事実は存外周知されていない。大久保が成した近代洋学研究についてはこれまで少なからず論じられてきたものの、その近世蘭学研究については、明治の近代化と直接には関係しないためか、管見の限り看過されてきた状況にある。それにしても、一体どのような見識から近代史には無縁に見える蘭学に取り組んだのだろうか。この問いを踏まえつつ、本稿では大久保の蘭学資料研究会との関係や旧蔵書を手掛かりに、大久保の蘭学観と蘭学研究がどのようなものであったかに迫る。

一、大久保利謙と蘭学資料研究会

(1)洋学史研究への接近

日本近代史研究を志した大久保は、昭和九年(一九三四)に転機を迎える。この年結成された薩藩史研究会への参加は、大久保をして史学史に関心を抱かしめる契機となったが、同会への加入直後に務めることとなった日独文化協会のシーボルト文献調査嘱託の経験は、後の洋学史研究に接近する糸口となる。以下、長くなるがその経緯を自伝に見てみよう。

> 薩藩史研究会に参加した直後、わたしは日独文化協会のシーボルト文献調査嘱託になりました。
>
> 当時、日独文化協会というのがあり、父が会長をしていました。前任の会長は後藤新平で、父が推されたのは内務官僚だったこと、ドイツに留学していたこと、そして貴族院議員だったからでしょう。主事という事務局長の役目が友枝高彦さんで、この人は東京文理科大学の教授で、倫理学者です。その友枝さんから、「あなた、暇ならシーボルトの文献調査を手伝ってくれ」と頼まれ、手がけることになりました。
>
> そのときはまったく知らなかったのですが、日独文化協会がドイツのベルリンにあるシーボルトの史料を一年間借りうけて、日本で学者が共同研究をするというプランで、わたしが友枝さんから話を聞いたときには、もう明日にもその史料が横浜につくといった状況だったのです。計画を立てたのは、日独文化協会の委嘱でベルリンの日本学会の名誉主事になっていた満州医科大学教授の黒田源次さんという人。この人は美術史の方で有名な人です。友枝さんが文書保管所として東大の図書館内に「シーボルト文献調査室」というのを設け、スタッフを集めました。この研究に大学は関係ありません。部屋を借りただけです。委員長は入沢達吉先生です。わたしが事務局長格で、あと箭内健次さんと大鳥蘭三郎さん。この三人が嘱託です。研究調査の方は、各分野の専門学者に依頼した。動物学の分野は谷津直彦先生、植物学は柴田桂太先生に適任者を推薦してもらい、アイヌ語は金田一京助先生、歴史は蘭学史の板沢武雄先生にお願いした。緒方富雄さんも嘱託の一員に参加しました。そういう人たちが、ときどき研究室に来られては、関係資料を調べて、重要文献を選んでくれたわけです。
>
> 借り受ける約束期限は一年間だったんですが、半年くらいのばしてもらいましたか。研究室は昭和十一年（一九三六）まで存続しました。[1]

右のような経緯で洋学史研究に足を踏み入れることとなった大久保は、昭和二十九年（一九五四）に誕生した蘭学資料研究会にも深く関与することになる。同会では蘭書やその和訳書の所在目録の作成、あるいは各種蘭学者の生涯や活動などが幅広く研究され、逐次刊行された年報『蘭学資料研究会報

告』は三五一号（一九八〇年四月）を数えた。(2)

（2）蘭学資料研究会の発足

さて、蘭学資料研究会の発足は、上野図書館で蘭書三、六三十冊が発見されたことを契機とする。(3)ここでその事情について触れておこう。昭和二十八年の暮れに、上野図書館員が外庫と称する書庫の二階の隅で蘭書が発見された。閲覧可能図書である甲部図書に対し、この蘭書は閲覧不能の乙部図書に分類され、目録も存在せず、いつしか図書館員にも忘却された書物群であった。同館職員であった石山洋は、自身が関与した蘭書整理について次のように証言している。

私が上野図書館に入りましたのは昭和27年の7月ぐらいだったと思います。ひと月だけ参考課におりまして、そのときに、桑原［伸介］さんとか吉田邦輔さんとかおられて、朝倉［治彦］さんともそこで知り合ったわけですけれども、ひと月ぐらいで整理課に移りまして、ちょうど芝盛雄さんという方がおられて、芝さんが整理課から参考課の係長になられるので、代わりに整理課に行けということで、行きました。そのころ朝倉さんと食事に行って、調査対象が洋書なので、参考課にいたとき、洋雑誌を読んでいた私に一緒にやらないかと誘ったのです。［…］洋書係が蕃書調所の印のある本を知っていたということなんですけれども、実はその場合の洋書というのは、その当時洋書を買うお金が大変少なかったもんですから、古い本で未整理の洋書を少しずつ整理したらどうかということになって乙部の図書を整理していた。その当時、整理課長に弥吉光長さんという方がおられまして、弥吉さんが外庫の中の蘭書を見つけて、こういうのをやったらいいんだろうといわれて、洋書係に少しずつ出してきては整理させておられたようです。ただ洋書係の人は、蕃書調所の本というものが、非常に重要であるというふうにはみていなかったように思います。［…］私が上野図書館で外庫の調査をやるにつきましては、外庫は鍵がかかっておりまして、普段、普通の人は入れないわけでして、私と朝倉君とでそれをやりたいと思ったとき、一応上司にお願いを出した訳ですけれども、あんまり良い顔はされなかったのですが、まあ若い者が勉強するなら良いだろうということで許可して頂きました。ただ書庫管理部門のほうの人たちは、どうもそういった書庫をいじり回すということについては歓迎する様子はしなかったんですけれども、まあとにかく鍵を借りて土曜日の午後と日曜日を使ってやっておりました［…］、たとえばシーボルトが高橋景保へ贈った献辞のついたチュケーの新地理学書なんかを見つけたときは、本当にびっくりしたものです。とにかく青地林宗や箕作阮甫なんて蘭学者の書き込みやら付箋やらがあるものですから、これには非常に感激をしてやっておりました［…］蕃書調所とか、開成所とか、福山誠之館とか、いろいろな蔵書印があるわけですね。蔵書印べつに一応整理して、配列をして、それぞれに一度使用済みの目録カードの裏カードをつかってメモをつけて大体の分類をしておいたつもりであります。それが出来たころに、これをなんとか表沙汰にしようというんで、またこんど上司に無理をお願いしてですね、『上野図書館紀要』というのを作っていただいたわけで、これも若気のいたりで皆さんにひどくいろんなことをいわれながら、上司のかたのご尽力を得て、印刷費も何もなかったものを無理してやっていただいたわけです。その紀要を配布する段階になって、これは一般に配布しても意味が無いんで、このさい内覧会をしようというお話になったと伺っております(4)

昭和二十九年七月に行われた蘭書内見会には様々な学者に声を掛けることとなったが、大久保利謙はその招待を受けた一人であった。大久保はそれより前の昭和二十四年に、同年誕生した県政資料室の調査を国会図書館から嘱託されており、翌年司書となる。後、昭和二十七年から名古屋大学に勤務することとなったものの、その縁で内見会にも「図書館のバッジ」を付けて参加した。会の終了後、大量の蘭書を目にした感激の余韻で、関係職員および大久保ほか、板沢武雄、緒方富雄、大鳥蘭三郎、有馬成甫、矢島祐利ら数人が館長室に集まり、その面々で研究会の立ち上げが呼び掛けられ、ここに蘭学資料研究会が誕生した。会長には蘭学史家である板沢武雄が推されたが、「パージ」を理由に固辞し、代わって緒方富雄が、さらに図書館との関係の深さから大久保が同会幹事長（のち副会長）を務める運びとなった。

（3）大久保利謙の蘭学研究

ところで、私見では蘭学研究には大きく三通り存在する。第一に、近世日本に輸入された蘭書、もしくは和訳書およびその原本となった蘭書の追究、さらには原典と翻訳書の差異の検討といった書誌学的な方法で、第二に、蘭学者の思想分析や和訳書の歴史的評価や位置づけを行う思想史的な手法、第三に、いわゆる一次史料に基づいて、幕府や藩の蘭学政策や制度、または蘭学者や和訳書を追究するための基礎史料の整理で、いわば日本史学的なアプローチである。

蘭学資料研究会における大久保の研究活動は、「幕末の蘭学と開成所」（一九五八年十二月）、「明治初期文化史上における静岡――静岡の明治文化」（一九六九年一月）、「津田真道の『泰西国法論』について」（一九六九年十一月）、「八王子の蘭学者秋山義方父子について」（一九七二年四月）といった年報所収の論題から分かるように、前述の第三の方法で行われたものであった。

　いまから思うと、このとき［＝シーボルトの文献調査］の先生方にはオランダ語に堪能な方が多かったのですから、この機会にオランダ語をきちんと勉強しておけばよかったと、つくづく残念です。わたしはのちに蘭学資料研究会（緒方富雄会長）の幹事長になったりするわけですし、洋学史研究にはオランダ語は必須ですからね(5)

　右の発言から大久保がオランダ語に堪能でなかったことが見て取れるが、実際、蘭学資料研究会が編集発行した『江戸幕府旧蔵洋書目録』（一九五七年）を見ても編者に大久保の名前は挙がっておらず、また、大著『幕末和蘭留学関係史料集成』（正・続、雄松堂出版、一九八二年）を繙いても、そこに編纂された膨大な史料群は全て日本語で記されたものである。以上から、蘭学資料研究会での大久保の仕事は、運営面では国会図書館との架け橋となりながら幹事長として同会を支え、研究面では日本史学的手法に基づいて幕末・明治期の蘭学・洋学に係る基礎史料を編纂することにあったと見ることができる。

二、大久保利謙の蘭学観

（1）大久保利謙の見た蘭学研究史

　かかる方針で蘭学研究を行っていた大久保は、一体「蘭学」をどのように眼差していたのだろうか。以下、この点について検討したい。

　東京帝国大学医科大学教授を務め、日本医史学に多大な影響を及ぼした呉秀三の訃に接した日本医史学会は、昭和五十七年（一九八二）に追悼特集を企画した。そこに寄稿した「洋学史家としての呉秀三先生」で、大久保は呉の業績を評価しつつ、日本蘭学研究史について次のように述べている。

　それ［＝呉秀三「洋学の発展と明治維新」］以前は、日本の洋学史、蘭学史の体系を一応こしらえましたのは明治十年にでた大槻修二（如電）の『日本洋学年表』であります。いわば大槻家洋学史ですが、開拓の功績は大きいのです。その後新村出先生の断片的な洋学の研究がありましたが、いずれも纏った洋学史というものではありません。蘭学史、洋学史を歴史学者として系統的にまとめたのは、おそらく板沢武雄先生が最初でありましょう。この板沢さんは、昭和二年にオランダに留学してそれから

> 洋学史の本格的調査を始められて基礎史料の調査蒐集を行って四年に帰国してそれから研究をまとめられまして、「蘭学の発達」を発表したのは昭和八年の十二月であります。また幸田成友先生は昭和三年に欧州留学、オランダで蘭学関係の調査をして帰られました。この二人は歴史学者として洋学史の草わけです。してみますと、それらより早い昭和四年にでましたこの「洋学の発展と明治維新」の先駆的意義がわかると思います。(6)

ここでは大槻如電『日本洋学年表』を研究史の嚆矢とするものの、あくまで大槻家の家学でしかないと断じ、それに続く蘭学・洋学研究として新村出の仕事を挙げるものの、研究領域に対する着目の早さのみを評価するに留まる。大久保が歴史学の仕事として総合的に蘭学・洋学史研究を行った画期と位置づけたのは、「岩波講座日本歴史」シリーズの一環として上梓された板沢武雄『蘭学の発達』であった。それでは『蘭学の発達』に、当時蘭学がどのように捉えられていたのかを見てみよう。以下は本書冒頭である。

> 本講座に於いて私［＝板沢武雄］の企図するところは、江戸時代に日本人がオランダ人若くはオランダ語を通じて、西洋の学術を如何に摂取したか、如何にそれを研究したか、如何にそれを応用したか、そしてその西洋学術が我が国史の進展過程に如何なる役割を演じたか、如何なる意義を有するものであるかといふことを略述するにある。ここに所謂西洋学術とは、その内容から見て、もつと適切に謂ふならば西洋の科学であるから、蘭学発達史は日本科学史の主要なる部分を占めるわけになるが、私はどこまでも独立的なものとしないで、国史研究の一分野として、又は一観点として、蘭学の発達を取扱うて見るつもりである。(7)

ここから分かるのは、板沢が西洋学術（蘭学）を「科学」と限定的に見ていることと、従来「蘭学」が日本史学研究の中に位置づけられてこなかったことである。特に後者の反省を踏まえて本書を成した板沢が最初に着手したのは、近世における「西洋の学術およびその研究の名称」についての整理であった。

(2) 板沢武雄の蘭学観

板沢は、はじめに南蛮時代の西洋学術に着目し、これを「南蛮学、略して蛮学、又蕃学に作る」とし、齎された学術については、神学、医学、天文学、地理学、印刷術、画法を挙げている。(8)

次に近世中期頃から登場した名称として「和蘭学、略して蘭学」を掲げる。板沢によれば、「蛮学」から「蘭学」への移行はただに名辞上の変更にとどまらず、担い手が通詞（の副業）から専門家に変化したことが重要であり、ここにおいてはじめて「独立した本格純正の学問として成立するに至つた」のである。さらにそれは、「実質的の更新、内容と学的態度の更新、学会に於ける新旗幟の樹立を意味」するものであった。(9)

続いて幕末に広く用いられた名称として「西洋学、略して洋学」を挙げる。「この洋学は蘭学と同じやうな心もちで用いられたものではあつたが、和蘭語学から仏蘭語・英語・魯語と、だんだん新しい語学研究が派生発達し、蘭学者の研究の範囲が拡大されてから用い出されたやうに思はれる」(10)としている。

最後に一般的な呼称として「泰西学、略して西学」を紹介しているが、これは「洋学」と同様であると簡単に片付けている。(11)以上の整理によって各時代の名称とその特色が明らかにされたが、本書で積極的にその意義が語られているのは蘭学時代のみである。

ついで板沢が言及したのは、「蘭学の発達」を検討する際の分析視点であったが、地理的視点（長崎、江戸、京畿、諸藩）、政治的視点（官学系統、私学系統）、発達史的視点（医学本草学、天文暦学、兵学）と三つの研究視座を挙げるものの、冒頭に記した見地から論を進めることを再確認して「序説」は締め括られる。(12)

その後板沢は、近世における日蘭交流の様相や、各地における蘭学の普及展開を概観した上で、第三章第四節「蘭学の内容と研究方法」では、発展史的視点から蘭学の分野について改めてまとめなおす。ここで板沢は「蘭学はオランダ語によりて摂取した西洋の科学」と見ており、その主流は、（一）医学・本草学、（二）天文学・暦学、（三）兵学の三分野であったと説いている。(13)

本書の最終章である「蘭学の影響」では、「蘭学の我が国思想界に及ぼせる影響は多方面であつた」としながらも、板沢はとりわけ「世界観」、「日本人が自国以外の世界的認識をいかにして深めて来たか」という問題に着目し、これらを（一）神話に現れた上代の世界観、（二）本朝、震旦、天竺の三国世界観、（三）「蛮学」によって齎された真正なる世界観、と発展史的に三段階に区分し、ここで「江戸時代蘭学の興隆」が「真正なる世界観」を「いよいよ確実深邃なものにした」と唱えるのである。さらには、蘭学が「国民的自覚と世界観（世界的自覚）」を「啓発喚起」し、「幕末維新の大転回期に啓蒙的の寄与をなした」とする見解まで提示している。(14)

以上、板沢武雄の分析を見てきたが、ここから少なくとも以下の四点が読み取れよう。一点目は、社会進化論的な歴史観に基づいていること。二点目は、蘭学を〈実用的〉な「西洋科学」に限定していること。三点目は、蘭学を〈先進的〉なものとして眼差していること。四点目は、日本の〈近代化〉に対する貢献という視点から蘭学を位置づけていることである。

(3) 大久保利謙の蘭学観

ではここで板沢の蘭学観を踏まえて呉秀三に話を戻そう。大久保は呉の「洋学の発展と明治維新」を次のように評価している。

[呉秀三「洋学の発展と明治維新」は、] 洋学の発展というものを、広範な歴史の中で意義づけ、洋学の発展というものが、日本の近代化と日本の現代にどういう意味を持っているかを追求して、最後にこう結んでおられます。「之によって是を観ると、日本に於ける近世の科学(即ち洋学)の進歩発達は、明治文化の基礎をなし、それと同時にその余力を以て我開国を指導して明治の革新を平和の内に誘致したのである。是れ即はち斯学(洋学)の発展は明治維新に與かって力あることで、私の筆はただ日本近世の科学発展史に過ぎざりしといへ、私はかかる意味に於て読者のそれを推判されやう望むのである」。洋学の発展と明治維新との関係をまことに鮮明によく解明しておられます[15]

大久保にとっての蘭学研究とは、近代化との紐づけ無しには考えられないものであった。この発想は至る所で確認でき、例えば、静岡を舞台とした地域洋学に係る講演「明治初期文化史上に於ける静岡」でも次のように述べている。

江戸時代の蘭学から、幕末の洋学、さらに明治の新しい近代科学へという展開のなかで、それをつらぬくものは科学的精神と申しますか、また科学的研究でありまして、これは学問それ自体としての展開としてそれが洋学史、蘭学史研究の上で重要なテーマとなっておりますから、今日、静岡の洋学史を申上げるについても、蘭学時代に遡らなければならないし、洋学、蘭学そのものの思想内容、学問内容などの主要な問題にも触れなければならないのでありますが[16]

ともあれ、蘭学をめぐる文脈を確認する限り、大久保の蘭学に対する眼差しはまさしく〈近代日本人〉の視線そのものと言え、さらには前時代に成された板沢武雄『蘭学の発達』の域を出るものでもなかった。[17]

三、大久保利謙の蘭学関係蒐書

確認してきたように、大久保の蘭学研究はオランダ語読解に対する能力と歴史観の制約から、日本語の一次史料を用いた幕末・明治の蘭学に係る基礎史料の整理が主であったが、旧蔵の近世和装本を概観する限り、和書、和刻漢籍、西洋書を原典とした和訳書、また、数は少ないものの蘭書も所有しており、幅広く蒐書したようである。以下、異彩を放つ旧蔵書について紹介する。[18]

(1) 蘭書

現在立教大学新座図書館に所収される蘭書は以下の二点である。なお、①は大久保利謙、②は父利武の所有に係る本である。

① 『新完ポケット蘭語辞書』(*Nieuw, volledig zakwoordenboek der nederduitsche taal.* Tweede druk, Leiden, D. Noothoven van Goor, 1850.)

② マーリン『仏蘭辞典』(Piter Marin: *Dictionnaire francois et hollandois.* Vierde druk, Amsterdam, Jan van Eyl; Rotterdam, Jan Daniel Beman en Zoon, 1762.)

まず、①は小型の蘭蘭辞書のライデン刊第二版で、書物そのものより第一扉に押印された「長崎東衙官許」(朱・陽)の存在が興味深い。[19]「東衙」とは東の役所、すなわち長崎東奉行所(立山役所)のことで、幕府は安政五年(一八五八)、長崎奉行に輸入洋書を検査することを命じ、立山役所がこれを担当した。当該朱印はその際の改印である。目下、「長崎東衙官許」朱印が捺された本は国立国会図書館ほか各所で散見されるが、前記『新完ポケット蘭語辞書』は大久保の許に辿り着く運命にあった。

続く②は十八世紀後半の蘭学者が大いに利用したマーリン『仏蘭辞典』の第四版である。[20]①とは異なり、四つ折判一、二〇八頁から成る大部の辞書で、同時代のオランダ語を調べる工具書として近世蘭学研究には不可欠の文献である。ただ、これと対になる『蘭仏辞典』が旧蔵書群の中に認められない点は不審である。

なお、目録で洋書に分類されている手稿「オランダ語文典」(Grammatica of nederduitsche spraakkunst. Leyden, Maatschappij tot nut van't algemeen, 1822.)は、[21]箕作阮甫が蘭文典から筆記体で翻刻し、和装本として上梓した『和蘭文典前編』の部分的な書写であり、本文はオランダ語ではあるが、蘭書ではなくいわゆる和刻本を底本としたものである。

(2) イエズス会系の漢訳洋書

近世後期から幕末にかけて蘭書を原典とする和訳書が多数

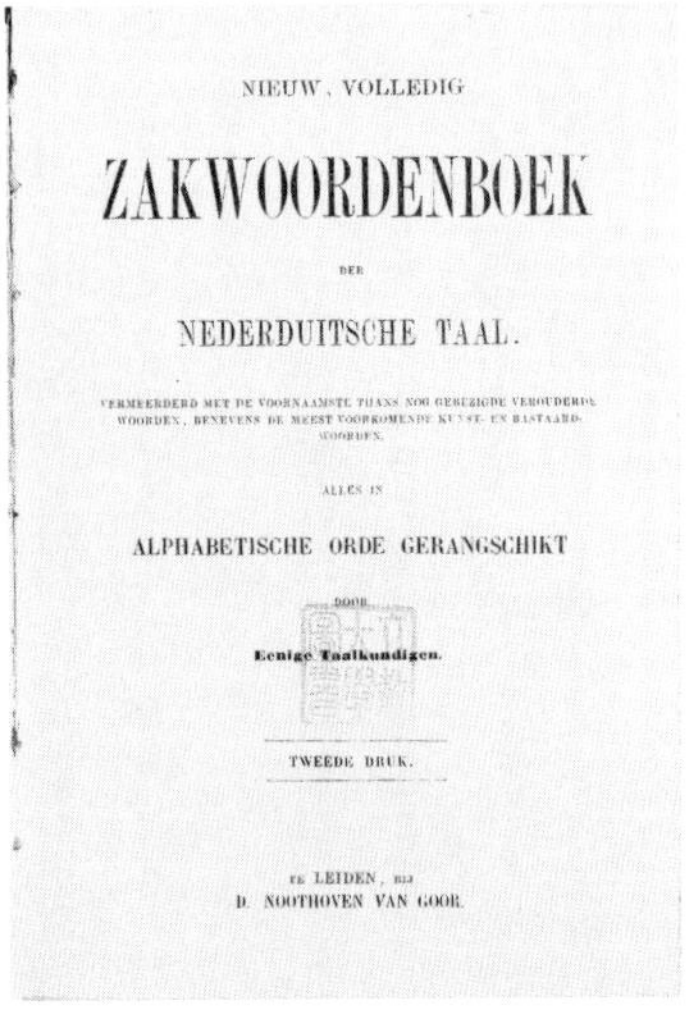

NIEUW, VOLLEDIG

ZAKWOORDENBOEK

DER

NEDERDUITSCHE TAAL.

VERMEERDERD MET DE VOORNAAMSTE THANS NOG GEBRUIKTE VEROUDERDE WOORDEN, BENEVENS DE MEEST VOORKOMENDE KUNST- EN BASTAARD-WOORDEN.

ALLES IN

ALPHABETISCHE ORDE GERANGSCHIKT

DOOR

Eenige Taalkundigen.

TWEEDE DRUK.

TE LEIDEN, BIJ

D. NOOTHOVEN VAN GOOR.

図1-1　『新完ポケット蘭語辞書』第二扉（立教大学図書館蔵）

図1-2　「長崎東衙官許」朱印（立教大学図書館蔵）

成立したが、主にオランダ語文法学、医学、理学、軍学に関わるものであった。これを踏まえて大久保の旧蔵書を概観すれば、医学書を積極的に蒐集した様子は見られないものの、オランダ語文法学、理学、軍学関係の和訳書については一定数所有していたようである。

稀覯書というよりは基本資料が揃えられた大久保コレクションの中で、一際異彩を放つのはいわゆる漢訳洋書の「泰西水法」である。該書は中国に水力機械技術を伝えた書物で、イタリア人イエズス会士ウルシス（Sabatino de Ursis、熊三抜）によって編まれた。

その内容もさることながら、この大久保旧蔵書には二つの奥書が認められ、その伝来が非常に刺激的である。一つ目の奥書は、「異称日本伝」などを著した儒者松下見林に係る本奥書で、「内膳正板倉君有泰西水法写本属予加和訓／余嘉其

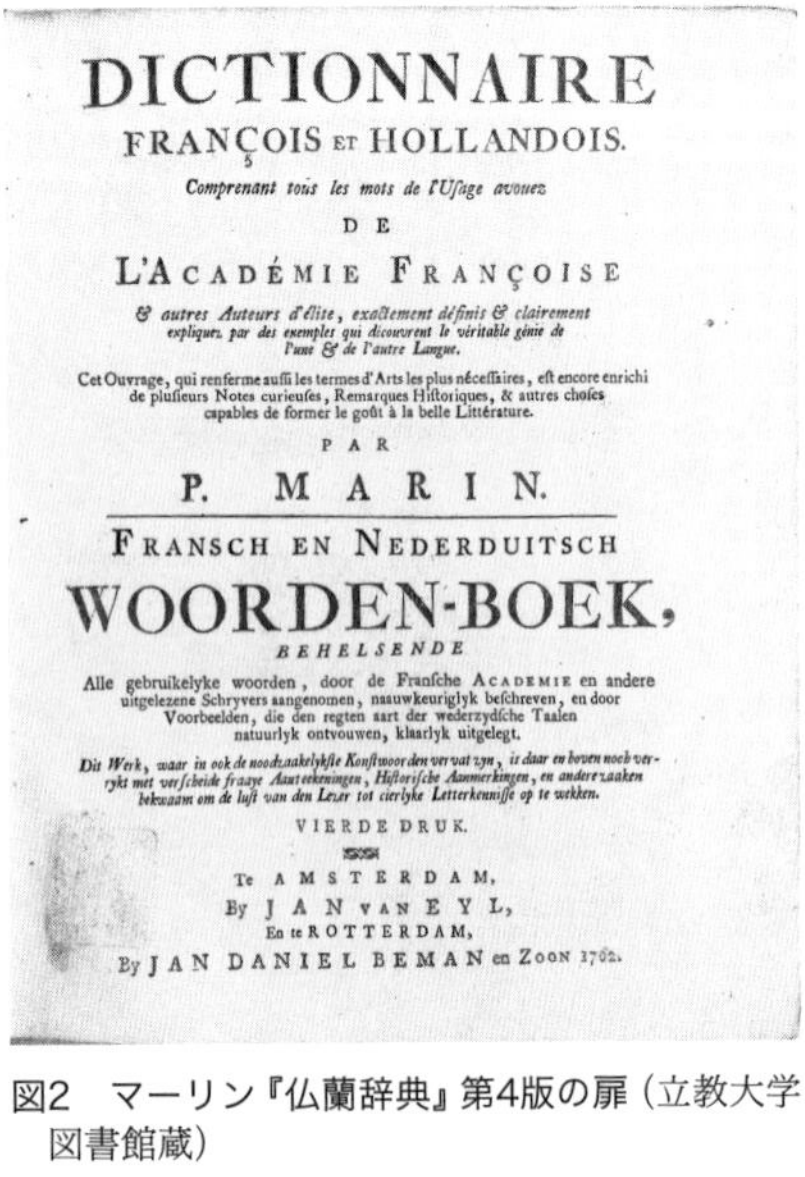

DICTIONNAIRE

FRANÇOIS ET HOLLANDOIS.

Comprenant tous les mots de l'Ufage avouez

DE

L'ACADÉMIE FRANÇOISE

& autres Auteurs d'élite, exactement définis & clairement expliquez par des exemples qui découvrent le véritable génie de l'une & de l'autre Langue.

Cet Ouvrage, qui renferme auſſi les termes d'Arts les plus néceſſaires, eſt encore enrichi de pluſieurs Notes curieuſes, Remarques Hiſtoriques, & autres choſes capables de former le goût à la belle Littérature.

PAR

P. MARIN.

FRANSCH EN NEDERDUITSCH

WOORDEN-BOEK,

BEHELSENDE

Alle gebruikelyke woorden, door de Franſche ACADEMIE en andere uitgelezene Schryvers aangenomen, nauwkeuriglyk beſchreven, en door Voorbeelden, die den regten aart der wederzydſche Taalen natuurlyk ontvouwen, klaarlyk uitgelegt.

Dit Werk, waar in ook de noodzaakelykſte Konſtwoorden vervat zyn, is daar en boven noch verrykt met verſcheide fraaye Aantekeningen, Hiſtoriſche Aanmerkingen, en andere zaaken bekwaam om de luſt van den Lezer tot cierlyke Letterkenniſſe op te wekken.

VIERDE DRUK.

Te AMSTERDAM,

By JAN VAN EYL,

En te ROTTERDAM,

By JAN DANIEL BEMAN en ZOON 1762.

図2　マーリン『仏蘭辞典』第4版の扉（立教大学図書館蔵）

志蘄尽力乎溝洫之必乃下筆以寒厚／望／寛文四季秋七月　松下見林」とある。文中の「内膳正板倉」とは、老中や京都所司代を歴任した板倉重矩のことで、元代の法医学書『無冤録』の和刻など各種の出版事業に尽力したことでも知られる。(22) 藩政の重要な位置に就いていた重矩が、寛文四年（一六六四）七月以前にイエズス会系の漢訳洋書「泰西水法」を所有していた事実は興味深い。

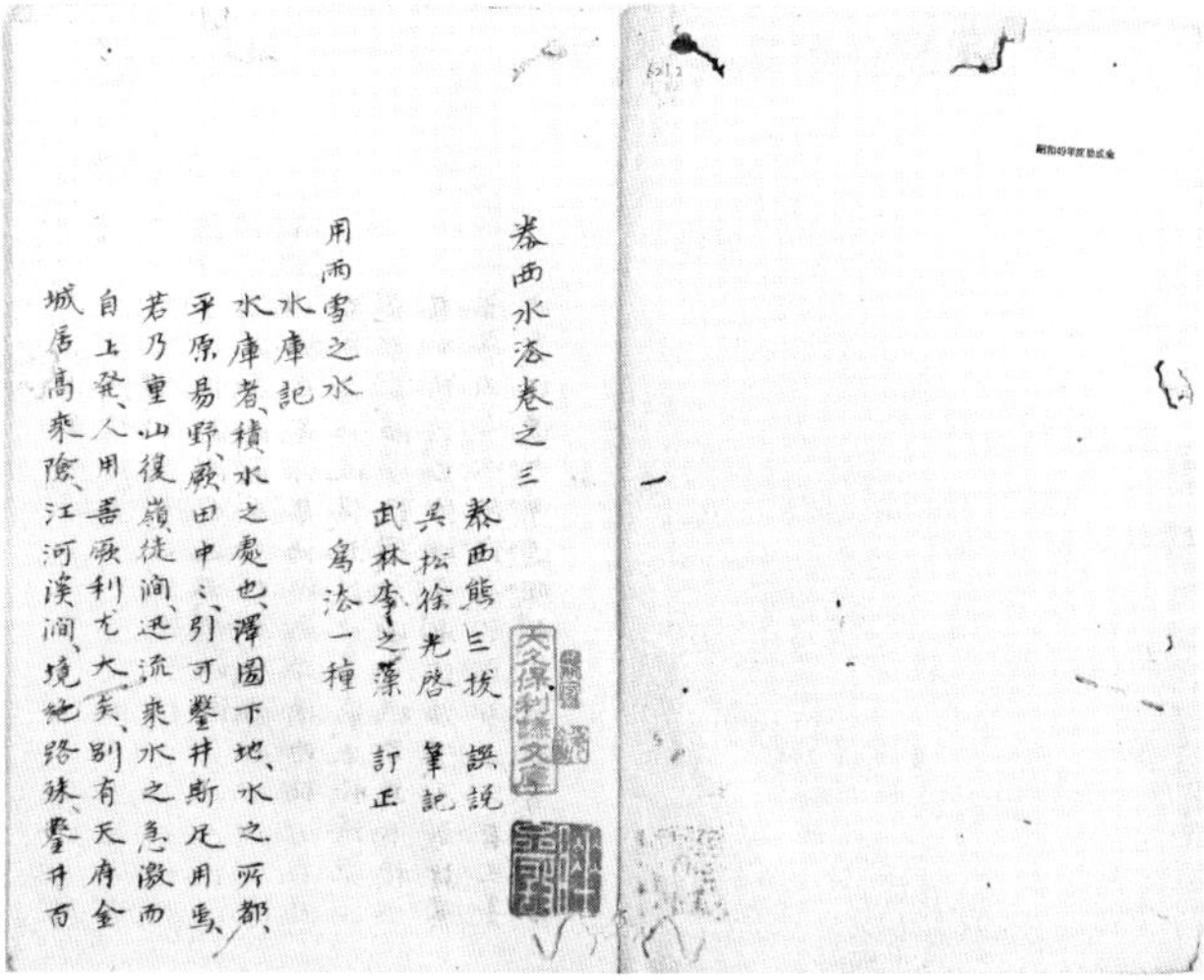

図3-1　熊三抜「泰西水法」巻之3の内題（立教大学図書館蔵）

また、もう一つの奥書は「長洲侯蔵書之巻未題此数言而其本襲伝写之／誤不啻帝帍媼偪如国読亦如存如亡予為長／嗟寛政甲寅十月十月書于万象亭窓下　十中不存三」(23)とあり、ここから板倉重矩から松下見林を経て長州毛利家に転写された一本が底本であることが分かるが、書写にあたって不備の多い写本に書写者が嘆いている様子が記されている。

(3) 蘭書からの和訳書

和訳書群の特色は、前述のオランダ語文法学、理学、軍学分野以外にも、歴史関係ならびに地理・地誌関係の書物が多く蒐集されていることである。

歴史関係で目に留まるところを言えば、ケンペル『日本

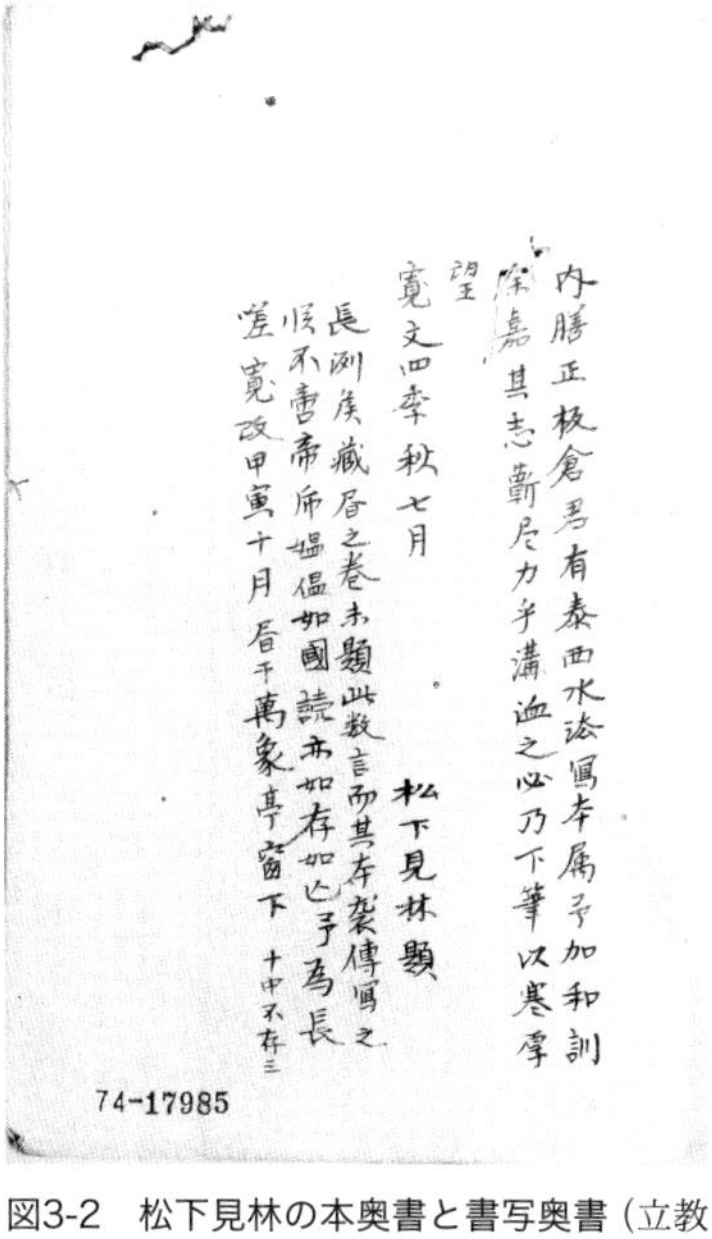

図3-2　松下見林の本奥書と書写奥書（立教大学図書館蔵）

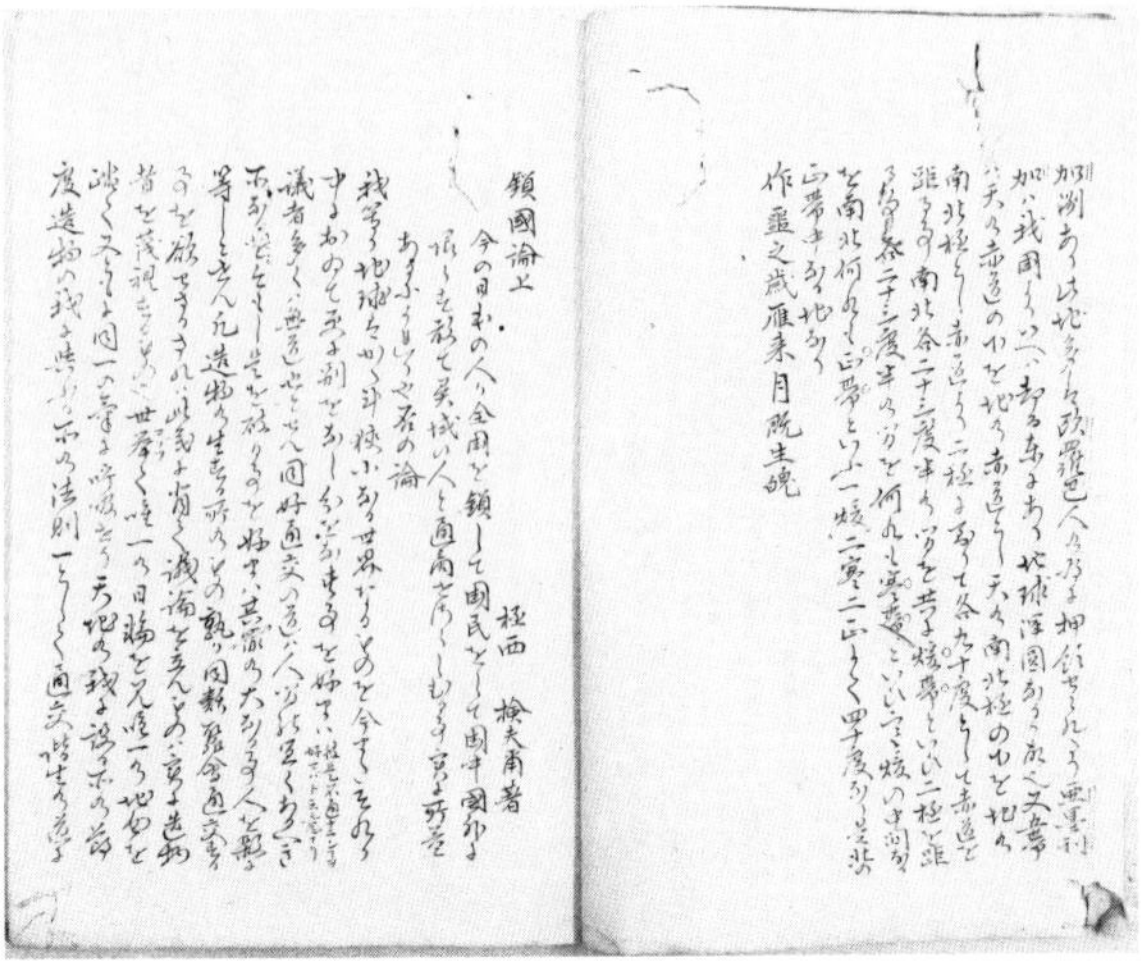

図4-1　志筑忠雄訳「鎖国論」上巻の内題（立教大学図書館蔵）

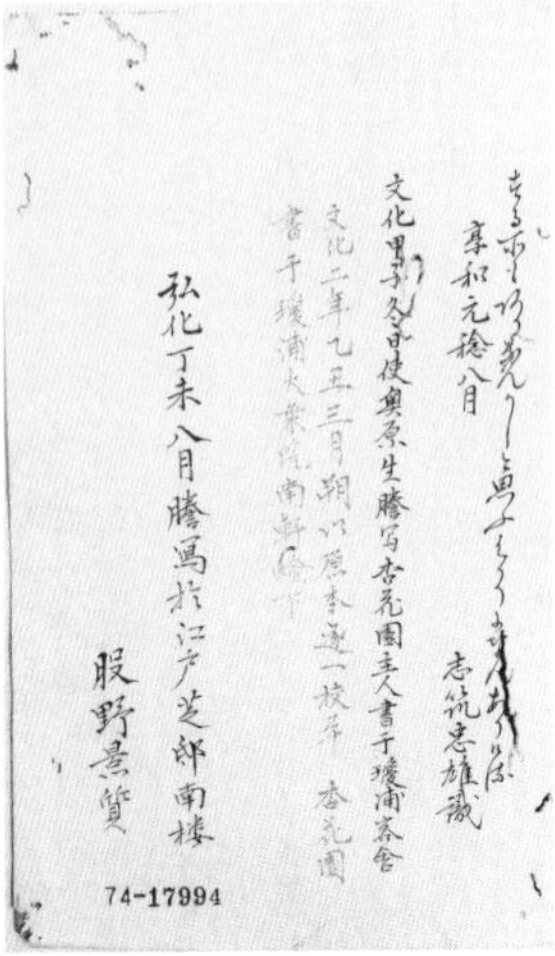

図4-2　志筑忠雄および大田南畝の本奥書と股野景質の書写奥書（立教大学図書館蔵）

誌』蘭語第二版（Engelbert Kaempfer: *De beschryving van Japan.* Tweede druck, Amsterdam, 1733.）所収付録第六編の、日本の対外関係に関する論文を訳出した志筑忠雄「鎖国論」（一八〇一成）が挙げられる。志筑訳「鎖国論」自体は近世後期に大いに読まれた本で、現存状況を見ても稀少本とは言えないが、この一本は文学者大田南畝の序と本奥書、さらに龍野藩儒股野景質の書写奥書を両備しており、先に見た「泰西水法」と同じく、該書の資料的価値はその伝来の在り様に見て取るべきである。[24]

その他、「西史略」写本二点も注意を払うべき書物と目される。「西史略」の原本は、オランダ王立陸軍士官学校の教授であったボスカが著した『一般史およびオランダ史概略』(Johannes Bosscha: *Schets der algemeene geschiedenis en van die des vaderlands.* Breda, Broese en comp., 1830.）で、初版は一八三〇年にオランダ・ノールトブラバント州の都市ブレダで上梓された。一八七四年には第十九版が発行されるほど普及した歴史書であったものの、その和訳書は国内にそれほど確認できないことから、大久保旧蔵の二点は『一般史およびオランダ史概略』の受容相を探る上で貴重である。

地理・地誌関係の書籍でわけて括目すべきは、若き日の志筑忠雄が著した世界に関する雑記帳「万国管闚」（一七八二

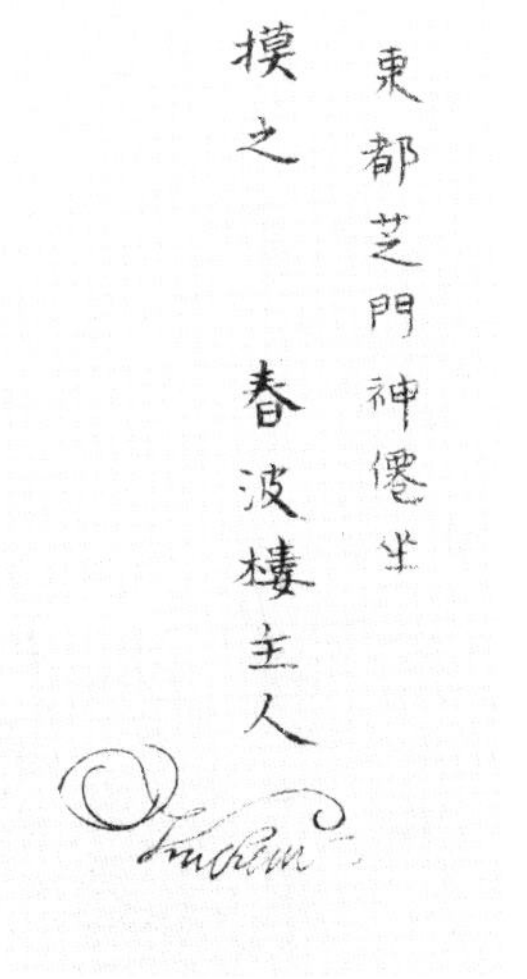

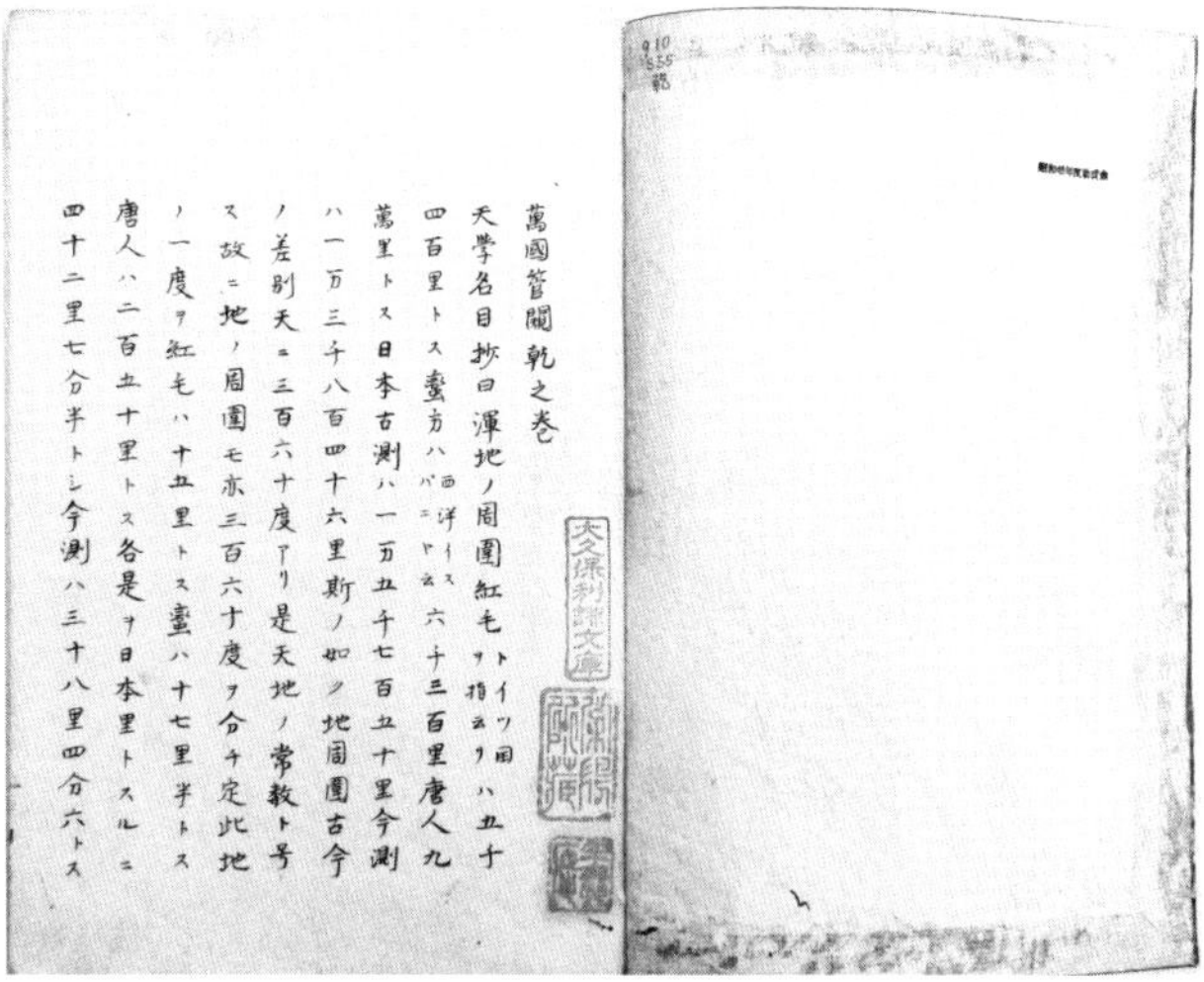

萬國管闚　乾之巻
天學名目抄曰渾地ノ周圍紅毛トイツ国ヲ指スハ五千
四百里トス臺方ハ六千三百里唐人九
萬里トス日本古測ハ一万五千七百五十里今測
ハ一万三千八百四十六里斯ノ如ク地周圍古今
ノ差別天ニ三百六十度アリ是天地ノ常数ト号
ス故ニ地ノ周圍モ亦三百六十度ヲ分チ定此地
ノ一度ヲ紅毛ハ十五里トス臺ハ十七里半トス
唐人ハ二百五十里トス各是ヲ日本里トスルニ
四十二里七分半トシ今測ハ三十八里四分六トス

図5-2　司馬江漢蘭文署名の写し（立教大学図書館蔵）　図5-1　志筑忠雄「万国管闚」乾之巻の内題（立教大学図書館蔵）

序）であろう。「万国管闚」についてはこれまで十六点の写本が確認されているが、(25)十七点目となる大久保旧蔵本は、江戸の蘭学者司馬江漢の書写に係る系統の写本で、驚くべきことに、紙数に始まり、後半部分の錯簡の配列、志筑忠雄序を跋文として備えていること、さらには半紙一葉における行数、ならびに一行における文字数まで岡山大学附属図書館池田文庫所蔵本と完全に一致する。なお、本奥書の蘭文署名の綴りが正確ではないことから、江漢自筆本と認められないことを付言しておく。

おわりに

前述したように、大久保利謙による蘭学研究は、その読解能力の問題からオランダ語史料を使用することなく、また、「日本の近代化」にとっていかなる位置を占めるのかという歴史観の制約を受けて行われたことから、その主な業績は日本語の一次史料を用いた幕末・明治期の制度や蘭学者の周辺などの基礎史料の編纂であったが、例えば『幕末和蘭留学関係史料集成』は、この分野を志す研究者にとっては今なお信頼性の高い重要な基礎史料集であり、大久保の仕事が日本蘭学史研究において重要な位置を占めるものであることは言を俟たない。

ただそれ以上に評価すべきは、日本近代史関連の一次史料の編纂に身を捧げながらも、狭義の専門領域を越えて蘭学研究界の発展に貢献した姿勢や、論文執筆にほとんど用いることのない蘭書・洋書やその和訳書、または版本、写本などを基礎的な文献から稀覯書まで熱心に蒐集した営為にある。

「蘭学」を通して見えた大久保の研究手法は、ある歴史的事項の究明のためには、狭義の枠組みに閉じこもらず同時代とその前後のあらゆる事にまで理解を志す、総合的な視野からのアプローチにほかならない。かかる歴史学研究の在り方は、細分化の一途を辿ることにより精密さは上昇したものの、外国語はおろか隣接分野にさえ目配りしないことが通常化し、閉塞しつつある今日の日本史学界に内省、視座、発想、そして展開をもたらしうる「知」となりうるのではないか。

注

（1）大久保利謙『日本近代史学事始め――歴史家の回想』（岩波書店、一九九六年）一〇五―一〇七頁。なお、ルビは省略した。以下同。

（2）杉本勲「蘭研30年の歩み」（『復刻版 蘭学資料研究』附巻、一九八七年）。

（3）上野図書館職員であった桑原伸介によれば、資料に基づく限り、蘭書は明治七年の十二月に、六〇六二冊、明治十年に六四五七冊の所蔵を数えたが、経緯は不明ながら、昭和二十八年の発見時には三六三〇冊となっていた。「座談会 蘭学資料研究会発足の思い出」（『参考書誌研究』第三八号、一九九〇年）四頁。

（4）前掲「座談会 蘭学資料研究会発足の思い出」六―七頁。角括弧は筆者による補記を示す。以下全ての引用文で同。

（5）前掲大久保利謙『日本近代史学事始め――歴史家の回想』一〇七頁。

（6）大久保利謙「洋学史家としての呉秀三先生」（『日本医史学雑誌』第二八巻四号、一九八二年）四九〇頁。

（7）板沢武雄『蘭学の発達』（国史研究会編輯〈岩波講座日本歴史〉、岩波書店、一九三三年）三頁。なお、旧字は現在通用する字体に改めた。以下、全ての引用文で同。

（8）前掲『蘭学の発達』三―五頁。

（9）前掲『蘭学の発達』三、五―七頁。

（10）前掲『蘭学の発達』七頁。

（11）前掲『蘭学の発達』四、七頁。

（12）前掲『蘭学の発達』七―八頁。

（13）前掲『蘭学の発達』七四―七七頁。本文で述べた三分野に関係する学問として、オランダ語学は勿論として、その他、植物学、動物学、鉱物学、物理学、化学、歴史、数学、測量学、地図学、地理学、砲術、航海術、造船術などが挙げられている。

（14）前掲『蘭学の発達』八三―八四頁。

（15）前掲大久保利謙「洋学史家としての呉秀三先生」四九〇頁。

（16）大久保利謙「明治初期文化史上に於ける静岡」（『蘭学資料研究会』第二一七号、一九六九年一月［『復刻版蘭学資料研究』第一七巻、龍溪書舎、一九八六年所収］）二三頁。

（17）本章の多くの部分は、拙稿「「蘭学」を腑分けする」（荒野泰典編『近世日本の国際関係と言説』溪水社、二〇一七年）の

第一章に基づいている。

(18) 立教大学図書館編集・発行『大久保利謙文庫目録　附　大久保利武コレクション』（一九九〇年）。

(19) 第一扉には、「長崎東衙官許」朱印のほか「川北文庫」（朱・陽）、「伊勢国朝明郡丹波印」（朱・陽）の両印も認められる。

(20) 志筑忠雄など十八世紀の蘭学者は、一七三〇年第二版を利用した。

(21) 前掲『大久保利謙文庫目録　附　大久保利武コレクション』二三一頁。

(22) 板倉重矩の出版活動については、湯谷祐三「京都所司代板倉重矩の知られざる出版活動——その思想と影響」（『名古屋外国語大学外国語学部紀要』第四五号、二〇一三年）、「京都所司代板倉重矩の知られざる出版活動——その思想と影響（承前）」（『名古屋外国語大学外国語学部紀要』第四六号、二〇一四年）を参照。

(23) 論旨上、「〓」字は通用字体に改めない。

(24) 拙著『「鎖国」という言説——ケンペル著・志筑忠雄訳『鎖国論』の受容史』（ミネルヴァ書房、二〇〇九年）二八九—二九〇、三四七、三五七頁など。

(25) 拙稿「志筑忠雄『万国管闚』の文献学的研究」（『雅俗』第一七号、二〇一八年）ならびに「神戸市立博物館蔵、有志筑忠雄序『万国管闚』について」（『国文研究』第六四号、二〇一九年）。

華族と歴史学――大久保利謙の華族研究と華族史料

小田部雄次

おたべ・ゆうじ――静岡福祉大学名誉教授。専門は日本近現代史。主な著書に『ミカドと女官』（恒文社、二〇〇一年）、『皇族』（中央公論新社、二〇〇九年）、『昭憲皇太后・貞明皇后』（ミネルヴァ書房、二〇一〇年）などがある。

大久保利謙は、華族を華族社会の枠内で分析せず、政治・経済・文化の諸側面とリンクさせながら、近代史の全体像の中に位置づけている。その手法は、客観的・実証的である。そのスタンスは、下級藩士という自身の出自や、祖父の大久保利通、伯父の牧野伸顕の政治的バランス感覚とも密接につながっていた。

はじめに――大久保史学との接点

(1) 二・二六事件研究からの出発

初学のころ、私は昭和初期の日本政治史に関心があった。卒論では二・二六事件をとりあげた。大学院では「戦争とファシズムの時代」を主なテーマとし、「世界史における1930年代」を中心に学んだ。

私が立教大学文学部史学科の大学院に進学したときには、大久保利謙先生はすでに立教を辞しており、当時赴任したばかりの粟屋憲太郎先生のもとで、修士論文の指導を受けた。理論のみならず、実証を重視した指導方針に従い、新史料の読破と発掘につとめた。まずは、国会図書館憲政資料室に通い、内務官僚であった松本学の日記と資料を日々読み継いだ。複写はできず、鉛筆でノートに書き写していった。日記は「くずし字」で、それを読むのに難儀したが、楽しみでもあった。松本は国維会のメンバーでもあり、牧野伸顕文書に国維会の思想的指導者であった安岡正篤の書簡があることもわかり、それも読んだ。二年ほど通い、のちに修士論文「松本学と日本文化聯盟」をまとめた。[1]

(2)徳川義親日記との出会い

博士課程に進んでから、国立公文書館などにも通った。米国国立公文書館では国際検察局関係資料の調査をし、そこに保管されていた徳川義親日記との出会いが、私と華族研究のはじまりとなった。[2]徳川日記の解読のため、明治以来の近代華族の歴史を整理することとなり、『華族会館史』[3]などの先行研究を蒐集し、大久保史学に触れるようになった。このころだったろうか、大久保先生からハガキをいただいた。それは私の拙い論文を送ったことへの礼状だったと思うが、私は大久保先生とお会いしたことは一度もなく、唯一の接点だった。「これからは君のような若い世代が華族を研究してほしい」というような趣旨と記憶するが、残念ながらそのハガキは紛失してしまった。

(3)大久保史学へのリンク

徳川日記の研究の過程で、華族財産関係資料を整理し、[4]美術品売立目録を活用した。[5]また、旧皇族の梨本宮伊都子妃の七十七年分の日記を読む機会も得て、それをまとめた。[6]佐賀鍋島藩主家の令嬢で、侯爵家の娘であった伊都子の生涯から、武家華族の女子の明治、大正、昭和のライフスタイルの一端が知れた。さらに私が関わった茨城県竜ケ崎市の戦前の名望家の蔵から大量の婦人雑誌などが見つかり、華族令嬢に対する地域名望家の婦人たちの意識の在り方なども想像できた。

こうした活動から、大久保史学ではあまり踏み込んでいなかった五爵制度の成立後から崩壊までの華族の歴史のおおよその曲折がわかり、華族社会全体を見通した通史をまとめることができた。[7]明治の近代日本の形成の文脈で華族制度研究の土台を築いた大久保史学に、昭和初期の政治史研究から華族制度に関心を持った一大学院生の拙い努力がリンクした瞬間でもあった。

その後、大久保先生の活躍や業績をさらに詳しく知ることになるが、立教大学での活躍、憲政資料室や国立公文書館の開設など、私は大久保先生が築かれた土台の上で研究者としての道を歩んでいたことに気づかされた。また、私がお世話になった先生には遠山茂樹、由井正臣など、大久保先生と深くつながる方々もおり、自分でも知らずに大久保史学の人脈の末端につながっていたことに驚いた。

一、大久保利謙の華族研究

(1)『華族会館史』

古代貴族制度の歴史

私が華族制度を学ぶにあたって、一番の基礎となったのが霞会館編『華族会館史』であった。華族会館の歴史を描きながら、華族の歴史をも実証的に丹念に追った貴重な文献である。大久保利謙執筆は、第一編「華族及び華族制度」、第三編第四章「日本鉄道会社創設」とされる。このうち第一編「華族及び華族制度」は、明治以前の貴族制度の沿革、明治維新と華族、華族令の制定と近代貴族制度の確立の三章で構成され、古代の貴族制度の歴史と明治維新における華族の創設、そして五爵制度の確立までを実証的に分析している。この第一編によって、まとまった研究の少ない古代の貴族制度の歴史的概観、明治維新期における華族設置から公侯伯子男の五爵制度にいたる時期の紆余曲折と、そこに一貫する新たな身分制度創設の論理を理解し、把握することができた。

そこでは小国分立時代の豪族のなかから国土を統一した皇室が現れ、そのもとに氏姓制度が発達し、大化改新後の律令制度によって古代貴族がその形態を整え、藤原摂関制度と古代官僚制のなかで公家階層が育っていったことが示された。

武家勢力の台頭

その後、平安末期から台頭した武家勢力が力を蓄えて、朝廷や公家に対抗しうる武家政権を打ち立て、徳川幕府の成立によって公家の地位は低下した。この間、公家は多くの家に分かれ、厳格な家格となって固定していき、二百五十年以上続いた徳川政権下においても、その伝統が続いた。ペリーの来航以後、徳川政権はその求心力を失い、明治維新を迎える。このとき、公家と武家が新時代の新たな貴族階級として位置づけられ、明治二年（一八六九）に公家と諸侯を併せた「華族」と称する新階層が生まれるのである。この「華族」は幕藩体制崩壊後の天皇を中心とした近代中央集権国家を支える新身分となるが、新国家を運営する具体的な権威や権力は伴っていなかった。また、新国家の制度改革が進むにつれて、華族たる条件や俸給、その国家との関わり方も変化していった。

さまざまな調査、立案、議論などを経て、明治十七年（一八八四）に公家、武家のみならず、国家への功労者なども組み込んだ五爵制度を基礎とした華族令が制定され、以後、昭和二十二年（一九四七）の華族廃止まで、その歴史は続いた。

天皇家の貴種性と世襲制の起源

古代貴族制度や華族設置から華族令制定までの流れは、今日でもかなり新鮮で踏み込んだ内容といえる。とりわけ二つの特徴をあげれば、その一は、古代貴族の源流を「大和朝廷の成立当初から皇室に服属していた諸豪族」に求め、この諸豪族の起源を「三国志の魏志の倭人伝に伝えられている小国家分立時代の各地の族長にあるであろう」としたことにある。そして、「邪馬台国の族長卑弥呼は呪術的支配者で民衆から隔絶した高貴な身分で、これが世襲されて王家の家系をなしていた」とした。また、「皇室もこのような豪族の族長の一つであった」とし、天皇家の起源を「大小の族長が分立していた」時代、すなわち紀元後一、二世紀としたのである。つまりは卑弥呼の時代には、天皇家はまだ「豪族の族長の一つ」であり、その後、「各地の諸豪族が次第に服属してほぼ四世紀ころに皇室を中心とする国土の統一がなった」とした。この説は、紀元前六百六十年に神武天皇が日向の国から瀬戸内海を経て紀伊国に上陸し、長髄彦らを平定して大和国の橿原宮で即位したとする記紀神話を、結果として否定するものであった。つまり、戦時中の皇国史観とは異なる天皇家の起源を提起したのであり、戦後当時の科学的かつ実証的な水準に基づいて天皇家の起源を明示したといえる。

また同時に、古代貴族の貴種性の根拠は古代豪族の族長の貴種性に起源があり、それが世襲されてきたことを重視した。これによって、古代貴族とそれから連なる近代貴族、すなわち華族の貴種性の根拠が代々世襲されてきた王である天皇にあり、古代貴族や華族もまた世襲を重要な存立要因としていることを指摘したのである。

華族令制定過程の精密な分析

特徴のその二は、幕末から明治二年（一八六九）の華族設置を経て、明治十七年（一八八四）の華族令制定までの十数年間の時期の叙述と分析が実証的で精密であること。これは大久保史学の研究対象が多く明治初期の近代国家形成期を中心になされてきたこととつながり、その文脈で華族の成立を調査し、叙述した結果でもある。たんに華族の成立のみを描いたというよりは、明治近代国家形成の全体像を描くなかで華族の成立を位置づけたからであろう。史料的にも、この時期がもっとも密度が高い。

たとえば、慶応元年（一八六五）末の公家の諸家一覧や、幕末の大名一覧には、維新後の公家華族・武家華族の母体となる家々の地位身分、禄高などが網羅されている。そしてこれらの家々が維新期にどのように扱われ、公家・武家内部にどのような変化が生じ、かつ公家・武家以外のどのような勢力が新興身分として加わっていったのかが、『法令全書』、『華族会館誌』、「太政類典」の基本史料はもとより、『岩倉公実記』、『広沢真臣日記』、『大隈重信関係文書』、西村茂樹『往事録』、「青木周蔵筆記」、三条実美文書、伊藤博文文書、井上毅文書、元田家文書など多様な個人文書にも目を通し、さらにはガリ版刷りの酒巻芳男『在りし日の華族制度』、深谷博治『華士族秩禄処分の研究』などの関係論文も駆使しながら、丁寧に論じられている。明治二年（一八六九）の華族設置から明治十七年（一八八四）の華族令制定までの多様な議論とその変遷については、現在でももっとも詳細で、まとまった記述といえよう。

なお、華族令制定以後の明治、大正、昭和の時期の華族社会の変動についても、その基本となる骨格は提示されており、この時期の華族研究を進める後進の研究者たちへの有益な指標となっている。しかも、この時期の研究の深化は、現在でも十分とはいえず、たとえば、満州事変の翌昭和七年（一九三二）に宮内省宗秩寮で一代華族論の設定が提案されているとの指摘がなされているが、いわゆる一九三〇年代論や日本ファシズム論の文脈でこの問題が十分に論じられてはこなかった。現在でも、先の戦争と華族制度の関係を分析する上での重要テーマの一つとなっているのではないだろうか。

日本鉄道会社の創設

大久保執筆の『華族会館史』第三編第四章「日本鉄道会社の創設」は、明治期の鉄道建設と華族資本との関係を実証的に追ったものである。華族はかつての禄高に応じた一時金を得て、近代資本主義の経済システムに組み込まれていくが、華族が受領した金禄公債証書の額面総額は三〇二七万九〇〇五円で、これをもとに当時の国立銀行の資本総額の四七％以上の資本をもつ第十五国立銀行を設立し、その運営により華族の経済基盤を安定させていった。第十五国立銀行は明治三十年（一八九七）に満期となり普通銀行の十五銀行となる。そして日本鉄道会社の一三二万株の二三％を所有する筆頭株主となる。こうした経緯を大久保は史料に基づいて丹念に描き、日本鉄道会社を華族の企業としてもっとも成功したものとして位置づけた。

周知のように、明治期において、かつて石高の高かった旧藩主たちは巨額の金禄公債をもとに巨額の配当を得、その豊かな経済力を誇った。明治三十一年（一八九八）の高額所得者には三井や三菱などの財閥にまじって、旧藩主であった前田利嗣侯爵（石川）が第三位、島津忠重公爵（鹿児島）が第五位の位置にあり、十七位までに旧藩主家で十家を占めた。

その後、景気の変動などで資産家としての武家華族の経済基盤が動揺し、その対応を余儀なくされていく。時代の変化を見据えて家政整理などを行った家と、従来のままの放漫財政を続けた家とでは、その興亡に大きな落差が生じた。また、もともと資産力がなかった中小藩主家からなる武家華族、公家華族、維新や戦争で身分を得た勲功華族のなかには、平民社会の底辺で悲惨な生活を強いられる人々も現れた。

『華族会館史』はそうした華族の経済的没落を詳細には描かなかったが、その前提となる明治期の経済基盤を綿密に分析し、明治・大正・昭和期の華族社会の流れの道筋を提示した。たとえば「日本鉄道会社の創立」に続く第三編第五章「戦争、事変、災害に対する処置」では、西南役、各種災害（磐梯山爆発、各県水害、濃尾震災、陸海嘯及び東北飢饉、関東大震災）、日清戦争、日露戦争その他、太平洋戦争と本館の接収の各節がある。その「西南役」では、華族階級の軍事援護の動きを史料で語らせ、「シーボルト氏貴族社会概説」など欧州貴族社会における活動を参考に議論を進めていたことなどが記されている。「日露戦争その他」では、華族階級の陸海軍への恤兵義捐金額や軍籍にあった華族数、戦死して追弔祭がなされた十五名の華族の戦死日時・場所・官名・氏名などが記されている。これらの情報は、華族と戦争の関係を研究するにあたっての基本史料として現在でも貴重なものである。大久保の執筆担当箇所ではないが、大久保もこれらの史料について熟知していたろう。

(2)『華族制度資料集』と『華族制の創出』

『華族制度資料集』について

『華族会館史』のほか、大久保の華族研究の代表作としては『華族制度資料集』(8)と『華族制の創出』(9)があげられる。

『華族制度資料集』には華族の創設期を中心とした基本史料が網羅されている。第一編「版籍奉還と華族の設置」、第二編「賞典禄関係」、第三編「華族会館関係」、第四編「部局長及び宗族制関係」、第五編「華族令関係」、第六編「華族世襲財産法関係」、第七編「宗秩寮関係」、第八編「授爵及び陞爵表」、第九編「貴族院関係」、第十編「索引」からなり、華族を多面的にとらえている。

多くは明治期の史料であるが、第八編「授爵及び陞爵表」の「授爵年表」には明治十七年（一八八四）の華族令制定から最後の授爵者である昭和十九年の原嘉道までの全授爵者の氏名と爵位と授爵年月日が記されている。また「陞爵年表」、「爵位返上年表」もあり、授爵、陞爵、返上の動態が把握できる。そして「爵位別有爵者数変遷表」で、各年次における公侯伯子男爵のそれぞれの家数とその変遷、華族家総数を追うことができ、華族令設置当時は五〇九家であった華族が漸増し、日露戦争後の明治四十年（一九〇七）に九〇三家と急増、そして昭和三年（一九二八）に九五〇家となり、日本国憲法施行による昭和二十二年（一九四七）の華族廃止時には八八九家であったことがわかる。

そのほか、「参賀者参拝等心得」、「宮中席次」など、今日では失われてしまったかつての諸慣行などを伝える史料も多い。「華族世襲財産法」や「華族懲戒例」なども華族社会の特殊かつ固有の姿を教えてくれる。総じて、『華族制度資料集』の史料群は、華族とはいかなるものであったかを雄弁に語っているのである。

『華族制の創出』は、明治期の華族制度成立に関する大久保の論文集である。対象となるのは、明治初期の華族設置前後から華族令制定までの時期であり、その前提としての古代貴族制についての概要が述べられている。『華族会館史』よりも、華族制度の形成の歴史が時系列的にも、また明治初期の政治史との関連性についても、詳細で丁寧に論じられている。そもそも大久保は華族成立史だけを独立させて論じようとはしておらず、幕末から明治維新政府形成にいたる近代国家成立史の研究に主眼があり、その文脈との連関で華族制度を解明しようとしているのであり、大久保の華族論のみで大久保史学の位置づけを語ることはできまい。

単線的ではない歴史のダイナミズム

とはいえ、華族制度史は研究蓄積の少ない分野であり、大久保の華族研究の意義と価値は大きい。なかでも「徳川幕府の対朝廷政策」「江戸時代の公家制度」などは、近代華族の在り方の前提となるものであり、近代華族がどのような内実で構成されているのかを知る手がかりとなっている。また「華族と海外留学」などは、激動の時代における華族たちの「生き方の新しさ」を克明に追っている。伝統的勢力が、むしろもっとも開明的な存在に変質していく姿は、ある意味、歴史の逆説的なおもしろさを伝えている。また「華族をめぐる世論」や「華族の政治的覚醒」などは、時代のなかで多面的な顔を見せる華族の実像に迫っており、単線的ではない歴史学のダイナミズムを感じさせる。

大久保史学のこうしたテーマの多様性や、問題関心の奥の深さは、大久保の華族としての置かれた独自の位置とも関連しているようだ。

二、華族出身の研究者とその華族研究

(1) 華族の職業

華族の職業は多様である。大正四年（一九一五）現在の華族家当主の職業を見ると、九二六名のうち、約六一％にあたる五六九名が「無職業かあるいはそれに準ずる者」であった。つまりは資産があるので、一般人のように職業を持たなくても生活ができたのである。これらの家こそが本来の意味での貴族階級であり、華族らしい華族であった。これに次ぐのが「公務および自由業」であり、二二七名いた。公務とは多く官公吏であり、なかでも上流華族である公侯爵は宮内官僚の職にあった。ほかに陸海軍軍人も多く、これは日清日露戦争で授爵した軍人が多かった結果であった。「公務および自由

業」に次ぐのが「銀行業」であり、三十名あった。経済発展の功績で授爵した財閥家などがここにふくまれよう。[10]

(2)研究者としての華族

ちなみに「公務および自由業」のなかで、「教育に関する業」は伯爵一名、子爵四名、男爵七名、計十二名あった。しかし、これら職業としての教育者である十二名とは分類が異なる、研究者としての華族も数多くいたのである。以下、列挙すれば、もっとも多いのが鳥類研究者であり、山階鳥類研究所を創設した山階芳麿侯爵、「鳥の公爵」と呼ばれた鷹司信輔公爵、カンムリツクシガモの発見者である黒田長礼侯爵、絶滅鳥ドードーの研究者である蜂須賀正氏侯爵、山岳鳥類研究草分けの清棲幸保伯爵、邸内に標本館を設けた松平頼孝子爵、「鳥の博物館」館長で黒田長礼の長男である黒田長久侯爵、朱鷺の保護にあたった農林省林業試験場鳥獣研究科長の池田真次郎男爵などの名があげられよう。

(3)多岐にわたる研究分野

鳥類研究以外では、医学・蘭学・本草学を修め「博覧会男」と称された田中芳男男爵、タカチホヘビを発見した英彦山天台修験座主の高千穂宣麿男爵、徳川林政史研究所と生物学研究所を設立した徳川義親侯爵、甲虫学の権威で愛媛大学農学部昆虫学教室の講師などをつとめた久松定成伯爵、昆虫学者の仁礼景雄男爵、昆虫学者で三笠宮百合子の実父である高木正得子爵、水産学者で農林省淡水区水産研究所副所長などをつとめた島津忠秀公爵、同じく水産学者でアミ類約五十種の新種を発見し滋賀大学講師もつとめた井伊直愛伯爵、枢密院議長であった原嘉道男爵の長男で戦後は東大教授となった植物学者の原寛男爵などがいる。[11]また、雲の研究者の阿部正直伯爵、湖沼学者の田中阿歌麿子爵なども知られる。異色な経歴だが、京都学連事件で爵位を返上した石田英一郎男爵は、後に文化人類学者として活躍し、日本民族学会会長をつとめた。

そして史学研究者として知られるのは、日本古代史を専門とする歴史家で、国立民俗博物館初代館長をつとめた井上馨侯爵家の末裔である井上光貞、先の徳川林政史研究所を設立した徳川義親侯爵、公家の飛鳥井伯爵家の末裔で日本近代史研究者の飛鳥井雅道京大名誉教授などがいる。大久保利謙もまたこうした華族研究者の系譜にあり、維新三傑の一人である大久保利通侯爵の孫であり、宮中の重鎮であった牧野伸顕伯爵の甥でもあった。しかも昭和十八年(一九四三)に爵位を継いで、利謙自身も侯爵だった。

(4)なぜ華族は研究者になるのか

大学院生のころ、イギリスなどでは研究者の多くは貴族階級の子弟であり、一般庶民階級から研究者になる道は険しいというような話を聞かされた。確かに、大学を卒業してからも数年以上も研究生活を続け、その間、生活のための収入をどうやって得ていくのか、庶民階級出身者ではなかなか難しいだろう。家族のめんどうもみなければならない場合は、研究どころではあるまい。だから、日本のように貴族階級でもない子弟が研究者になれるという「優雅で贅沢な」社会のほうが不思議だとも言われた。確かに、資金と時間がなければ研究は続けられない。

さて、「なぜ華族は研究者になるのか」を考えるに、個人的資質と社会的環境という大きな二つの条件があると思う。徳川林政史研究所を設立した徳川義親を例にあげれば、義親の実父は幕末に活躍した松平春嶽である。春嶽の四男であったため越前松平家を継ぐことはなかったが、幕末から明治維新期にかけての大名華族の去就に強い関心を持ち、かつその子弟が学習院での同級生であったりするなど人脈的にもつながりが深かった。網の目のような複雑な婚姻関係で親戚となっている華族家の数も多い。義親の四人の姉は、それぞれ松平康荘侯爵夫人、徳川厚男爵夫人、毛利五郎男爵夫人、三条公美公爵夫人である。そのため日常的に、日本の歴史や代々の家の系譜などに触れたりもした。しかも、義親は徳川御三家の尾張家の長女と結婚し、尾張徳川家の当主となった。この間、義親は東京帝国大学史学科で林政史をテーマに卒業論文の「木曽山」を提出しており、これは尾張藩の木曽の御料林の管理・運営とも密接に関係した研究であり、かつその後の近世史研究の基礎ともなった。また、尾張徳川家の代々の家宝を調査整理し、徳川美術館で保管するシステムも整え、代々の家宝の散逸を防いだ。とくに有名な話としては、絵巻物であった隆能源氏を切断して一枚ずつにし、これが一般に公開されて世界中の人々の目に触れる機会を増やしたのである。そもそも義親が尾張徳川家の当主になった背景には、義親の林政史研究にもとづく経営管理能力、そして家の財政を運営する理財の才能が認められたからともいわれる。なお、義親は他方で、史学科卒業後に植物科に入学し、卒業後、生物学研究所を設置している。この生物学研究が発展し、後に日本軍占領下のシンガポールの昭南博物館長・植物園長となり、捕虜であったイギリス人研究者でのちにケンブリッジ大学名誉教授となるE・J・H・コーナーとも親交を深めた。また、同じく生物学研究者でもあった昭和天皇に、東南アジアで採集した発光カタツムリを献上したりして、昭和天皇との絆を深めていた。しかも、義親は自身の子供たちの婚姻などにより、秩父宮雍仁、朝香宮鳩彦、大炊御門経輝侯爵、西

郷吉之助侯爵、佐竹義栄侯爵、大給左伯爵らとも姻戚になっていたのである。(12)

個人的資質という第一の条件だが、華族に限らず上流階級の子弟たちのなかには、「親の七光り」で、さほどの能力もないのに、実力以上の地位や身分を享受する者もあったろう。しかし、「七光り」を放つ親となるには、相応の実力がなければなれず、その才能を受け継いでいる子孫であれば、それなりの能力があり、ときに親以上の能力を発揮する者も当然いるわけである。政治経済の能力がある親から、研究者としての才能を持つ子孫が出ることもあろう。義親の場合は、実父の春嶽や養子先の尾張徳川家という「七光り」に埋もれることなく、自らの才覚を磨き、養子先となった尾張徳川家の歴史への関心を高め、代々の家宝などを活用しながら、学者としての力量を高めていったといえる。

研究対象への関心の強さについて付言すれば、一般論としては、自らの出自や家系に関わる問題への関心の強さがあろう。昭和天皇や新天皇の徳仁などは日本の歴史や歴代天皇への関心が強かったが、さすがに皇室の存在の根幹にふれる危険もあるというので、昭和天皇は博物学、新天皇徳仁は水運史へとテーマを変えたといわれる。そもそも皇室では神武天皇以来の歴代天皇の五十年祭や百年祭、あるいは千年祭の例祭をおこなう際に、著名な学者などから、その事蹟の進講を受けており、祖先の時代とその業績への関心は高い。新天皇徳仁が後奈良天皇の時代の皇室財政の逼迫と、天皇自身の清楚な生活に強い関心を持っているのもそうした進講の一つの学習成果ともいえよう。

皇室のみならず、名門と称される家ほど、祖先への供養や例祭に強い関心があり、自分につながる歴史への関心が高まる機会は多いとみなせる。そうした文脈で考えれば、維新の功績者の子孫である井上光貞や大久保利謙が、自らの出自への関心から家の歴史に視野を広げ、さらには史学研究そのものを選んだのは、むしろ当然の心理に思える。やや余技的にみえる鳥類学や湖沼学に進むことよりも、自身の出自や家系への興味を示すほうが、むしろ自然な流れと理解できる。

(5) 研究者としての環境条件

上記のような研究者としての個人的資質は一般庶民階級の子弟にも大いにあるだろうから、実際は研究者としての社会的環境のほうが重要であろう。史学研究に限定して、経験的にいくつかあげれば、第一に研究を継続する経済力、第二に余裕ある研究時間、第三に史料入手を可能とする環境の存在、第四に自らの研究を継続しうる組織なり人脈との良好な関係などが思いつく。第一の経済力と第二の時間については、前述した。第三の史料入手は、まずは自分の個人所有の史料が多くあるほうがいい。長い歴史のある名門の家であれば、他者に気兼ねすることなく、自らの研究にそれらの史料を駆使することができる。尾張徳川家を継いだ義親のように、家によっては当主が自由に使える代々の史料や遺品などが大量に残っており、調査のやりがいもあるはずだ。そして、名門の子弟であれば社会的信頼もあるし、また人脈も多い。史料の入手が比較的容易になろう。新天皇徳仁は、京都での国際会議の夜、お忍びでホテルを出て醍醐寺を訪問し、醍醐寺にある歴代天皇が自ら書いた古文書を出してもらい、飢餓になったときの天皇がどういう行動をとったのかなど学んだりしたという。[13]こうした「閲覧」は歴代天皇の子孫である新天皇(当時は皇太子)だから、許可されたともいえよう。

第四の研究継続の組織と人脈との良好な関係も重要である。自らの研究を深化させ発展させるためにも、同じ研究を志す優れた仲間の存在があるかないかでは結果が異なろう。また自らの研究の発表の場が全くないのと、しばしば報告などができる場があるのでは、研究の進展の速度や水準は大いに違っていく。大久保利謙の場合、戦後の社会科学的な基礎訓練を受けた学者たちとの交流が大きかった。それは、戦前の精神主義的な、かつ皇国史観イデオロギーに束縛された研究スタイルではなく、実証と論理を重ねて歴史の真実に近づこうとする研究姿勢を是とする人々との交流であった。その底流には、マルクス主義と一線を劃していながらも、「マルクス主義歴史家の業績を評価し、あるいは親交を結ぶことにこだわりをもたなかった」[14]とされる、リベラリズムがあり、そのリベラリズムが大久保の柔軟な史料解釈と歴史理論を育てたとみなせよう。

ほかにもいろいろな条件はあろうが、大久保の場合、上記の四つの社会環境をかなりの程度まで備えていたといえるのではないだろうか。そのことが、研究者としての個人的資質とあいまって、『華族会館史』、『華族制度資料集』、『華族制の創出』はじめ、多くの優れた研究を残しえた要因だったのではないか。

三、大久保の華族としての位置とその華族論の特徴

(1)「身びいき」のなさ

大久保の華族研究の一番の特徴は、常に史料に基づいた客観的評価を求めていたことだろう。それは自らが侯爵であったにもかかわらず、そこからくる大久保侯爵家や華族全般への「身びいき」がなかったと言い換えることもできる。

そもそも維新政権とその後の近代の歴史における大久保家の立場と評価は微妙なものがあった。西郷隆盛や木戸孝允とともに維新三傑の一人と称され、維新後は内務省を設置して自ら初代の内務卿となり、学制、地租改正、徴兵制の実施に貢献し、「富国強兵」を掲げる殖産興業政策を進めるなど、日本の近代化と近代日本官僚制の創設に重要な役割を果たした。しかし、情が薄く、冷徹な能吏のイメージが強いため、俗世間では同じ薩摩出身の西郷隆盛に比べて、今ひとつ国民的人気がないのも確かであった。西南戦争をピークとする士族の反乱には政府側の立場についてその鎮圧につとめ、郷土の人々の感情を損ねた面もあろう。とはいえ、歴史の客観的評価と、個人への感情的思い入れはまったく次元が違う問題であり、旧体制の復活を模索した西郷に近代日本の形成をゆだねることは難しく、そうした西郷への人気の高さは、いわゆる「判官びいき」であり、歴史学上の客観的評価とは別な基準によるものといえる。おそらくは、大久保はそうした「判官びいき」ではない、近代日本の形成にかかわる客観的な評価を自ら再確認したかったのではなかろうか。

(2) 勲功華族としての政治的位置

さらに華族としての大久保家は、侯爵という高い爵位を得たが、いわゆる公家や武家という伝統的な上層階級の出身ではなく、士族、それも下級藩士という身分ながら、維新での国家への貢献が評価されての結果であった。そのためもあろう、大久保の華族への視線は、公家や藩主といった伝統的勢力への賞賛にはなく、その法的な制度や、実際の活動などに注がれている。

また、かつての幕府勢力の維新に残した功績や役割も正当に評価し、たとえば、大久保は『佐幕派論議』で、明治初年の西洋学術、思想、文化の導入と日本への植えつけに、旧幕臣ないし、旧幕府系の洋学者たちの功績が極めて大きいとし、幕末期に幕府が設置した蕃書調所に高い評価を与えている。そして、政治的には薩長討幕派が勝ったが、文化的には幕末幕府の方に分があるとまで指摘した。(15) この視野の広さと、分析の公平さは、派閥や政治的立場を超えた、より純粋な歴史的事実への学究的探求心から生まれたものだろう。

(3) 祖父や伯父につながるバランス感覚と分析能力

こうした探求心は、たんに史料蒐集のみならず、歴史の分析手法へのあくなき挑戦にもつながり、アカデミズム史学の範疇を超え、ジャーナリズム史学も組み込み、マルクス主義歴史家の業績も評価し、かつ親交も結ぶという幅広いリベラリズムの姿勢を貫いたといえよう。そして現実政治への関心も高く、自らの学問と同時代の動きを常にリンクさせていた。

それはある意味、政界官界中枢の政治的かけひきの場からは距離を置いていたが、祖父の利通や伯父の牧野伸顕ら上級官僚と似たバランス感覚と分析能力を有していたことの証にもみえる。

(4) 飛鳥井雅道との歴史認識の違い

では、同じ華族階級出身の歴史研究者で研究対象とする時代やテーマが近い飛鳥井雅道との違いはどこにあるのだろう。公家華族出身の飛鳥井雅道とは、その研究時期が明治維新を中心とした近代天皇制国家成立期にあるなど共通点もあり、公家華族と勲功華族の違いの見分けがつけにくい。しかし、それぞれ時期によって研究対象への思い入れの強さや評価の微妙な違いはあるとしても、公家華族出身の飛鳥井は自分の家と天皇家との長いつながりの歴史を大久保より強く意識しているようにみえる。そもそも飛鳥井は仏文専攻でその業績に森鷗外論などがあるように大久保より文学への関心が高い。ある意味、文学や文化を重視した公家の家系をおもわせる。また、飛鳥井は幸徳秋水、坂本龍馬、中江兆民ら「孤高の反逆者」に強い関心を持ち、これは昭和初期の「赤化華族」に通ずるものがあるのではないかと推測されてもいる。[16]つまりは天皇に歴史的につながりの深い公家出身であるだけに、その伝統性や封建性から脱却しようとして、あえて天皇と対立する労働運動家や知識人に近づいたという面があると考えられるのである。実際、飛鳥井自身は公家華族家の長男でありながら弟に家督相続を譲っている。

公家華族ゆえに天皇との結びつきから逃れたがった飛鳥井、勲功華族ゆえにもともと天皇との距離があった大久保、そのあたりの微妙さが、両者の歴史認識とその叙述に感じられる。たとえば、飛鳥井は西郷隆盛を好み、大久保利通に冷ややかだ。大久保利通に対して「行動は陰険だが、歴史はモラルではなく、現実の必要によって動かざるをえない」[17]、「実際上の総理大臣、独裁者」[18]、「それまでの女性的・公家的な天皇を男性的・武士的原理のもとにつくりかえようとした」[19]など、つきはなした評価が多い。

歴代の皇室と密接につながってきた公家の末裔が近代的自我を得て模索した研究と、維新という時代にあって皇室の権威を意識しながら近代国家を構築しようとした勲功華族の子孫の研究の違いが、飛鳥井雅道と大久保利謙との学風にほのみえる気がする。

注

(1) 小田部雄次「日本ファシズムの形成と「新官僚」——松本学と日本文化聯盟」(『日本ファシズム (1) 国家と社会』大月書店、一九八一年)。

(2) 同『徳川義親の十五年戦争』（青木書店、一九八八年）。
(3) 霞会館編『華族会館史』（非売品、一九六七年）。
(4) 岡部牧夫・小田部雄次『華族財産関係資料』（不二出版、一九八六年）。
(5) 小田部雄次『家宝の行方』（小学館、二〇〇四年）。
(6) 同『梨本宮伊都子妃の日記』（小学館、一九九一年）。
(7) 同『華族』（中公新書、二〇〇六年）。
(8) 霞会館諸家資料調査委員会編『華族制度資料集』（吉川弘文館、一九八五年）。
(9) 大久保利謙『華族制の創出　大久保利謙歴史著作集3』（吉川弘文館、一九九三年）。
(10) 柳沢統計研究所編『華族静態調査』（柳沢統計研究所、一九一九年）。
(11) 科学朝日編『殿様生物学の系譜』（朝日選書、一九九一年）。
(12) 前出、小田部『徳川義親の十五年戦争』。
(13) 小山泰生『新天皇と日本人』（海竜社、二〇一八年）一八二―一八三頁。
(14) 遠山茂樹「追悼大久保利謙先生――七〇年の業績とその背景」（『みすず』四二〇〈追悼　大久保利謙〉、一九九六年）。
(15) 大久保利謙『佐幕派論議』（吉川弘文館、一九八六年）。
(16) 松尾尊兊「亡友飛鳥井雅道君　追憶の断片」（『日本近代精神史の研究』京都大学学術出版会、二〇〇二年、付録）。
(17) 飛鳥井雅道『文明開化』（岩波書店、一八八五年）一三六頁。
(18) 同『近代愛媛の開花』（愛媛県文化振興財団、一九八六年）一七頁。
(19) 同『鹿鳴館』（岩波書店、一九九二年）三六頁。

執筆者一覧（掲載順）

佐藤雄基	松沢裕作	松田宏一郎
箱石　大	マーガレット・メール	
小澤　実	今井　修	松田好史
葦名ふみ	大島明秀	小田部雄次

【アジア遊学248】
明治《めいじ》が歴史《れきし》になったとき
史学史としての大久保利謙

2020年5月29日　初版発行

編　者　佐藤雄基《さとうゆうき》
発行者　池嶋洋次
発行所　勉誠出版株式会社
〒101-0051　東京都千代田区神田神保町3-10-2
TEL：(03)5215-9021(代)　FAX：(03)5215-9025
〈出版詳細情報〉http://bensei.jp/

印刷・製本　㈱太平印刷社
組版　デザインオフィス・イメディア（服部隆広）
ISBN978-4-585-22714-4　C1321

245アジアの死と鎮魂・追善

原田正俊　編

246和漢のコードと自然表象―十六、七世紀の日本を中心に

島尾新・宇野瑞木・亀田和子　編

近代歌人による源実朝の発見と活用―文化資源という視点から　松澤俊二
小林秀雄『実朝』論　多田蔵人

242 中国学術の東アジア伝播と古代日本

榎本淳一・吉永匡史・河内春人　編

序言　榎本淳一

Ⅰ　中国における学術の形成と展開

佚名『漢官』の史料的性格―漢代官制関係史料に関する一考察　楯身智志
前四史からうかがえる正統観念としての儒教と皇帝支配」―所謂外戚恩沢と外戚政治についての学術的背景とその東アジア世界への影響　塚本剛
王倹の学術　洲脇武志
魏収『魏書』の時代認識　梶山智史
『帝王略論』と唐初の政治状況　会田大輔
唐の礼官と礼学　江川式部
劉知幾『史通』における五胡十六国関連史料批評―魏収『魏書』と崔鴻『十六国春秋』を中心に　河内桂

Ⅱ　中国学術の東アジアへの伝播

六世紀新羅における識字の広がり　橋本繁
古代東アジア世界における貨幣論の伝播　柿沼陽平
九条家旧蔵鈔本『後漢書』断簡と原本の日本将来について―李賢『後漢書注』の禁忌と解禁から見る　小林岳
古代東アジアにおける兵書の伝播―日本への舶来を中心として　吉永匡史
陸善経の著作とその日本伝来　榎本淳一

Ⅲ　日本における中国学術の受容と展開

『日本書紀』は『三国志』を見たか　河内春人
日本古代における女性の漢籍習得　野田有紀子
大学寮・紀伝道の学問とその故実について―東坊城和長『桂藥記』『桂林遺芳抄』を巡って　濱田寛
平安期における中国古典籍の摂取と利用―空海撰『秘蔵宝鑰』および藤原敦光撰『秘蔵宝鑰鈔』を例に　河野貴美子
あとがき　吉永匡史・河内春人

243 中央アジアの歴史と現在 ―草原の叡智

松原正毅　編

まえがき　アルタイ・天山からモンゴルへ　松原正毅
総論　シルクロードと一帯一路　松原正毅
中央ユーラシア史の私的構想―文献と現地で得たものから　堀直
中央アジアにおける土着信仰の復権と大国の思惑―考古学の視点から　林俊雄
聖者の執り成し―何故ティムールは聖者の足許に葬られたのか　濱田正美
オドセルとナワーンの事件（一八七七年）から見る清代のモンゴル人社会　萩原守
ガルダン・ボショクト・ハーンの夢の跡―英雄の歴史に仮託する人びと　小長谷有紀
描かれた神、呪われた復活　楊海英
あとがき　小長谷有紀

244 前近代東アジアにおける〈術数文化〉

水口幹記　編

序　水口幹記
総論―〈術数文化〉という用語の可能性について　水口幹記

Ⅰ　〈術数文化〉の形成・伝播

人日と臘日―年中行事の術数学的考察　武田時昌
堪輿占考　名和敏光
味と香　清水浩子
郭璞『易洞林』と干宝『捜神記』―東晋はじめ、怪

240 六朝文化と日本 —謝霊運という視座から

蒋義喬　編著

241 源実朝 —虚実を越えて

渡部泰明　編

239 この世のキワ　—〈自然〉の内と外

山中由里子・山田仁史　編

アジア遊学既刊紹介

237 鏡から読み解く2～4世紀の東アジア ―三角縁神獣鏡と関連鏡群の諸問題

實盛良彦　編

238 ユーラシアの大草原を掘る ―草原考古学への道標

草原考古研究会　編